稳健参数设计
高性能、高一致、高稳健的法宝

韩之俊 单汩源 满 敏◎编著

机械工业出版社
CHINA MACHINE PRESS

本书共分12章，第1章介绍稳健参数设计的基本概念、基本原理及其与传统实验设计的区别；第2章至第4章介绍传统实验设计，包含方差分析、回归分析和正交实验设计；第5章至第10章介绍稳健参数设计，包含静态特性（望目、望零、望小、望大）、多特性、动态特性（主动型、被动型）和计数分类值特性的稳健参数设计；第11章介绍关于信噪比的若干命题；第12章介绍稳健参数设计在各个工程领域的应用。

本书体系完整、案例丰富、可操作性强，可供技术开发、产品设计、生产制造、质量管理等领域的工程师阅读参考，也可作为理工科大学的本科生、研究生教材。

图书在版编目（CIP）数据

稳健参数设计／韩之俊，单汨源，满敏编著. —北京：机械工业出版社，2021.11
ISBN 978－7－111－69530－1

Ⅰ.①稳… Ⅱ.①韩… ②单… ③满… Ⅲ.①质量管理 Ⅳ.①F273.2

中国版本图书馆CIP数据核字（2021）第221388号

机械工业出版社（北京市百万庄大街22号 邮政编码100037）
策划编辑：朱鹤楼　责任编辑：朱鹤楼
责任校对：李　伟　责任印制：李　昂
北京联兴盛业印刷股份有限公司印刷
2022年1月第1版·第1次印刷
180mm×250mm·20.25印张·1插页·337千字
标准书号：ISBN 978－7－111－69530－1
定价：99.00元

电话服务　　　　　　　　　网络服务
客服电话：010－88361066　　机　工　官　网：www.cmpbook.com
　　　　　010－88379833　　机　工　官　博：weibo.com/cmp1952
　　　　　010－68326294　　金　　书　　网：www.golden-book.com
封底无防伪标均为盗版　　机工教育服务网：www.cmpedu.com

前言

20世纪50年代，日本著名质量工程学家田口玄一博士首次用信噪比（SN比）来评定计测系统功能的稳健性。1958年，在他的著作《实验设计法》中，又用信噪比来评定产品功能的稳健性，信噪比的应用范围超出了原来的计测领域。1972年，日本标准化协会出版了《实验和计测方法对比用的SN比手册》。1980年，日本标准化协会和美国供应商协会（ASI）合作出版了"质量工程学"系列丛书。《质量评价用的SN比》为该丛书的第三卷，其中介绍了信噪比在计测系统功能和产品功能稳健性评价中的应用。20世纪90年代，信噪比的应用又有了新的突破，扩展到了电子电路设计、动态特性功能窗、化学反应的信噪比和复数信噪比等。

稳健参数设计是质量工程学的重要组成部分，属于开发设计阶段的质量工程学。质量的形成有一个过程，技术开发质量是源流质量，产品设计质量是上游质量，产品制造质量是中游质量，客户使用质量是下游质量。虽然客户关心的是使用质量，但是质量改进应当从源流质量开始。稳健参数设计可以应用于技术开发、产品设计、产品制造各个阶段，它以噪声因子模拟各种噪声（如内噪声：劣化、老化；外噪声：客户使用环境；产品间噪声：制造误差），以信噪比评定系统的稳健性，以正交表设计实验方案，以统计方法分析实验结果，最终找到稳健性最好、成本最低、周期最短的系统参数的最佳搭配。

近年来，稳健参数设计在日本得到了大力推广与应用。许多著名的日本公司都在应用稳健参数设计进行技术开发和产品设计，并卓有成效。其中部分成果会通过日本每年召开一次的品质工学大会进行发布。可以说，稳健参数设计技术是日本制造业高质量发展的秘密武器之一。由于对日本经济和工业的卓越贡献，田口博士曾经三次荣获日本质量管理最高奖——戴明奖，并于1989年获得日本政府授予的蓝绶褒章。

稳健参数设计于1980年由田口博士和美籍华人吴玉印教授传入美国，最先在福特汽车公司及其供应商中推广与应用，后来很快传播到全美国，并被称为"田口方法"。在美国供应商协会（ASI）的大力推广下，许多著名的美国公司都在应用稳健参数设计进行技术开发和产品设计，并取得了丰硕成果。美国供应商协会每年还会专门召开一次田口方法成果发布会。田口博士于1986年获得洛克威尔奖章（Willard F. Rockwell Medal），于1996年获得美国质量协会（ASQ）授予的休哈特奖章（Shewhart Medal），并被评为"世界十大杰出工程师之一"。

1985年，田口方法由南京理工大学的章渭基教授和韩之俊教授正式引入我国。中国兵器工业质量协会成立了田口方法推广应用技术委员会，在原中国兵器工业总公司质量司解艾兰司长的亲自领导下，从1985年至2000年连续15年邀请田口博士讲学和现场指导，韩之俊教授全程参与，并负责技术总对接。中国兵器工业质量协会从1987至2000年连续召开14次田口方法成果发布会，在提高兵器研制质量、降低研制成本、缩短研制周期等方面取得了突出成效。1994年，我国政府授予田口博士"中国政府友谊奖"。

韩之俊教授曾先后荣获原国防科工委、原中国兵器工业总公司、原国家人事部、原国家质量监督检验检疫总局、原江苏省质量技术监督局授予的各种质量管理奖项，并享受国务院政府特殊津贴。2014年，南京市人民政府授予韩之俊教授南京市市长质量奖（个人）。

韩之俊教授从1985年开始，连续30多年悉心研究并大力推广田口方法：培养了致力于研究田口方法的硕士研究生40多人，博士研究生20多人；出版著作《三次设计》《质量工程学》《测量质量工程学》《质量管理》等，发表论文150多篇；荣获原兵器工业部科技进步二等奖、原航天工业部科技进步二等奖以及原国防科工委科技进步三等奖各一项；亲自指导逾百家企业应用稳健参数设计技术改进产品研制质量。

2014年，国际标准化组织发布了稳健参数设计标准：ISO 16336:2014《统计与相关方法在新技术和产品开发过程中的应用 稳健参数设计》。2016年，日本发布了国家标准JIS Z 9061:2016《统计与相关方法在新技术和产品开发过程中的应用 稳健参数设计》，该标准等同采用ISO16336:2014。

2016年以来，湖南满缘红质量技术创新发展有限公司在韩之俊教授的带领下，大力推广应用稳健参数设计技术，指导中电工业互联网有限公司、远东电缆有限公司、福耀玻璃工业集团股份有限公司、江苏阳光集团有限公司、湖南泰嘉新材料科技股份有限公司、厦门盈趣科技股份有限公司、浙江亚特电器有限公司、双登集团股份有限公司、扬子江药业集团有限公司等，应用稳健参数设计技术在提高产品质量、降低产品成本、缩短产品研制周期等方面卓有成效。

本书具有以下特点：

(1) 内容系统，逻辑性强

本书共有12章，分为四个层次：第一层次为第1章，介绍稳健参数设计的基本概念、基本原理及其与传统实验设计的区别；第二层次为第2章至第4章，介绍传统实验设计；第三层次为第5章至第10章，介绍稳健参数设计；第四层次为第11章和第12章，介绍关于信噪比的若干命题及稳健参数设计在各个工程领域的应用。前一层次都是后一层次的基础。

(2) 知识前沿，技术先进

本书介绍了国内外稳健参数设计的最新知识和应用成果。从系统的输出特性来说，除了介绍连续性计量值系统的稳健参数设计，还介绍了离散型计数分类值系统的稳健参数设计，除了介绍静态特性（望目、望零、望小和望大）的稳健参数设计，还介绍了动态特性（主动型、被动型）和多个输出特性的稳健参数设计；从信号因子来说，除了介绍单信号因子的稳健参数设计，还介绍了双信号因子的稳健参数设计；从信噪比来说，除了介绍静态特性、动态特性信噪比情形下的稳健参数设计，还介绍了复数信噪比和化学反应的信噪比等情形下的稳健参数设计。

(3) 案例丰富，代表性强

本书有许多代表性的案例，特别是第12章介绍了稳健参数设计在机械、电气、电子、冶金、热处理、车辆、能源、纺织服装、电线电缆、制药、食品、生物和测量等工程领域的大量应用案例。这些案例中的绝大多数是在本书作者的指导下完成的，并且效果很好，具有很高的参考价值。

(4) 软件演示案例，可操作性强

书中所有案例都是用Minitab软件来演示的，省去了繁复计算，该软件用户界面良好，操作方便。

虽然本书在框架构思和材料收集方面花费了相当长的时间，但是初稿的真正写作是从2020年2月1日开始的，至3月30日完成。在此期间，新冠肺炎疫情疯狂肆虐全球。在中国共产党的坚强领导下，中国人民众志成城地投入到全面抗击新冠肺炎疫情的战斗之中，广大医务工作者、解放军、志愿者等舍小家为大家，奔赴抗疫第一线，有的甚至献出了自己宝贵的生命。在此期间，本书作者整天"宅"在家中，夜以继日地写作。在 2020 年 2 月 21 日晚上，湖南满缘红质量技术创新发展有限公司组织了一场名为"以质战疫，以稳健质量提质增效"的公益性线上讲座。通过这个线上讲座，韩之俊教授介绍了稳健参数设计的思想和方法，列举了"应用稳健参数设计技术，加快研制抗病毒新药"和"应用稳健参数设计技术，优化 SMT 波峰焊工艺"的案例，引起了 7500 多名线上学员的浓厚兴趣和热烈互动。

在本书即将出版发行之际，缅怀质量工程大师田口玄一博士、吴玉印教授和章渭基教授在稳健参数设计方面的突出贡献。本书第 10 章和第 11 章主要参考了吴玉印教授的专著《田口式的稳健性设计》，谨致崇高的敬意和衷心的感谢。此外，我们还要衷心感谢福耀玻璃工业集团股份有限公司、中电工业互联网有限公司、远东电缆有限公司、江苏阳光集团有限公司、浙江亚特电器有限公司、双登集团股份有限公司、扬子江药业集团有限公司等毫不吝惜地提供了卓有成效的稳健参数设计应用案例，以及湖南满缘红质量技术创新发展有限公司全体员工的配合和支持。

最后，希望本书的出版能为我国制造业的高质量发展贡献绵薄之力。

韩之俊　单汨源　满　敏

2021 年 11 月 12 日

目录

前言

第1章 稳健参数设计概论 / 001

- **1.1 质量工程学与稳健参数设计** / 001
  - 1.1.1 质量工程学 / 001
  - 1.1.2 三次设计 / 001
  - 1.1.3 稳健参数设计 / 002
- **1.2 传统实验设计与稳健参数设计的区别** / 003
  - 1.2.1 目的和假设不同 / 003
  - 1.2.2 对交互作用的处理方法不同 / 004
  - 1.2.3 选用的正交表不同 / 005
  - 1.2.4 分析方法不同 / 006
- **1.3 稳健参数设计的基本概念** / 006
  - 1.3.1 普通名词、术语 / 006
  - 1.3.2 专业术语、定义 / 006
- **1.4 稳健参数设计的基本原理** / 009
  - 1.4.1 产品质量等于产品上市后给社会造成的损失 / 009
  - 1.4.2 质量损失函数 / 009
  - 1.4.3 质量波动源于三种噪声 / 014
  - 1.4.4 源流质量管理 / 014
  - 1.4.5 科学选择输出特性 / 015
  - 1.4.6 以噪声因子模拟噪声，以信噪比作为稳健性评定指标 / 015
  - 1.4.7 用特殊正交表设计实验方案 / 016
  - 1.4.8 两步优化方法 / 016
  - 1.4.9 进行确认实验，验证信噪比增益的重现性 / 017
- 思考与练习 / 017

第2章 方差分析 / 019

2.1 响应、因子与水平 / 019
2.1.1 响应 / 019
2.1.2 因子 / 019
2.1.3 水平 / 019

2.2 单因子方差分析 / 020
2.2.1 实验数据表 / 020
2.2.2 案例2-1 / 020

2.3 双因子方差分析（不考虑交互作用）/ 024
2.3.1 实验数据表 / 024
2.3.2 案例2-2 / 025

2.4 双因子方差分析（考虑交互作用）/ 027
2.4.1 交互作用的概念 / 027
2.4.2 实验数据表 / 028
2.4.3 案例2-3 / 028

思考与练习 / 031

第3章 回归分析 / 034

3.1 概述 / 034
3.1.1 回归分析的研究对象 / 034
3.1.2 回归分析的基本步骤 / 034
3.1.3 回归方程的类型 / 035

3.2 一元线性回归 / 035
3.2.1 案例3-1 / 035
3.2.2 案例3-2 / 038

3.3 一元比例式回归 / 041
3.3.1 问题的提出 / 041
3.3.2 案例3-3 / 042

思考与练习 / 044

第4章 正交实验设计 / 048

4.1 正交表简介 / 048
4.1.1 二水平正交表 / 048

4.1.2　三水平正交表　　　　　　　　　　　　　　／049
　　　4.1.3　特殊正交表　　　　　　　　　　　　　　　／050
　4.2　二水平正交实验设计　　　　　　　　　　　　　　／051
　　　4.2.1　基本步骤　　　　　　　　　　　　　　　　／051
　　　4.2.2　案例 4-1　　　　　　　　　　　　　　　　／052
　4.3　三水平正交实验设计　　　　　　　　　　　　　　／057
　　　4.3.1　基本步骤　　　　　　　　　　　　　　　　／057
　　　4.3.2　案例 4-2　　　　　　　　　　　　　　　　／057
　4.4　正交实验设计的原理　　　　　　　　　　　　　　／060
　4.5　多响应的正交实验设计　　　　　　　　　　　　　／061
　　　4.5.1　多响应正交实验设计的方法　　　　　　　　／062
　　　4.5.2　案例 4-3　　　　　　　　　　　　　　　　／062
　　　思考与练习　　　　　　　　　　　　　　　　　　／067

第5章　望目特性的稳健参数设计　　　　　　　　　　／070

　5.1　望目特性的信噪比与灵敏度　　　　　　　　　　　／070
　　　5.1.1　望目特性的信噪比（目标值 $m>0$）　　　　　／070
　　　5.1.2　望目特性的灵敏度　　　　　　　　　　　　／071
　5.2　望目特性稳健参数设计的基本步骤　　　　　　　　／071
　5.3　可计算系统的稳健参数设计　　　　　　　　　　　／073
　5.4　不可计算系统的稳健参数设计　　　　　　　　　　／082
　5.5　望零特性的信噪比　　　　　　　　　　　　　　　／086
　　　思考与练习　　　　　　　　　　　　　　　　　　／087

第6章　望小特性的稳健参数设计　　　　　　　　　　／088

　6.1　望小特性的信噪比　　　　　　　　　　　　　　　／088
　　　6.1.1　定义式　　　　　　　　　　　　　　　　　／088
　　　6.1.2　计算式　　　　　　　　　　　　　　　　　／088
　6.2　望小特性稳健参数设计的基本步骤　　　　　　　　／088
　　　思考与练习　　　　　　　　　　　　　　　　　　／092

第7章 望大特性和静态功能窗的稳健参数设计 / 094

- 7.1 望大特性的信噪比 / 094
- 7.2 望大特性的稳健参数设计 / 094
- 7.3 静态功能窗的稳健参数设计 / 098
  - 思考与练习 / 101

第8章 多特性的稳健参数设计 / 103

- 8.1 综合平衡法 / 103
- 8.2 信噪比之和法 / 106
  - 思考与练习 / 116

第9章 动态特性的稳健参数设计 / 118

- 9.1 动态特性的信噪比与灵敏度 / 118
  - 9.1.1 零点比例式的情形 / 118
  - 9.1.2 线性式的情形 / 120
  - 9.1.3 参考点比例式的情形 / 121
- 9.2 动态特性稳健参数设计的基本步骤 / 122
- 9.3 主动型动态特性稳健参数设计 / 132
- 9.4 被动型动态特性稳健参数设计 / 142
  - 思考与练习 / 148

第10章 计数分类值特性的稳健参数设计 / 152

- 10.1 计数分类值特性与计量值特性的区别 / 152
- 10.2 分为两类，只有一种错误的情形 / 156
  - 10.2.1 p 值越大越好的情形 / 156
  - 10.2.2 p 值越小越好的情形 / 157
  - 10.2.3 其他百分率数据的情形 / 157
- 10.3 分为两类，有两种错误的情形 / 158
  - 10.3.1 问题的提出 / 158
  - 10.3.2 标准错误率的确定 / 160
  - 10.3.3 标准信噪比的计算 / 161

	10.3.4 案例 10-1	/ 162
	10.3.5 案例 10-2	/ 163
10.4	分为两类，信号因子真值未知的情形	/ 166
10.5	分为三类及以上，信号因子真值已知的情形	/ 168
	10.5.1 信噪比计算公式	/ 168
	10.5.2 案例 10-3	/ 169
10.6	分为三类及以上，信号因子真值未知的情形	/ 171
10.7	分为三类及以上，无信号因子的情形	/ 174
	思考与练习	/ 175

第 11 章 关于信噪比的若干命题 / 179

11.1	一些特殊情形	/ 179
	11.1.1 在系统比较中使用信噪比	/ 179
	11.1.2 非线性公式的情形	/ 179
	11.1.3 非动态特性的信噪比的使用场合	/ 180
11.2	双信号因子的情形	/ 180
	11.2.1 两个信号因子相乘的情形	/ 180
	11.2.2 两个信号因子相除的情形	/ 183
	11.2.3 正交表中不同实验的信号因子水平不同的场合	/ 186
11.3	化学反应的信噪比	/ 188
	11.3.1 第一种情形:无副反应(反应生成物质量 Y 与反应时间 T)	/ 188
	11.3.2 第二种情形：无副反应（反应率 p 与反应时间 T）	/ 189
	11.3.3 第三种情形：有副反应的情形(动态功能窗)	/ 190
11.4	复数特性的信噪比	/ 194
	11.4.1 电流电路的理想功能	/ 194
	11.4.2 复数信噪比	/ 195
	11.4.3 艾米特型	/ 198
	11.4.4 滤波电路的设计	/ 202
11.5	不完整数据的情形	/ 212
	11.5.1 不完整数据的类型	/ 212
	11.5.2 不完整数据的处理方法	/ 213
	11.5.3 序列近似法	/ 215
	11.5.4 数字型例子	/ 216
	思考与练习	/ 218

第12章　稳健参数设计在工程领域的应用　/ 221

- 12.1　在机械工程中的应用　/ 221
- 12.2　在电气工程中的应用　/ 230
- 12.3　在电子工程中的应用　/ 238
- 12.4　在冶金工程中的应用　/ 243
- 12.5　在热处理工程中的应用　/ 246
- 12.6　在车辆工程中的应用　/ 249
- 12.7　在能源工程中的应用　/ 259
- 12.8　在纺织服装工程中的应用　/ 263
- 12.9　在电线电缆工程中的应用　/ 271
- 12.10　在制药工程中的应用　/ 281
- 12.11　在食品工程中的应用　/ 290
- 12.12　在生物工程中的应用　/ 300
- 12.13　在测量工程中的应用　/ 301
- 12.14　稳健参数设计在各个领域的应用提示　/ 304

参考文献　/ 307

附录　/ 308

- 附录 A　稳健参数设计常用正交表　/ 308
- 附录 B　稳健参数设计符号名词对照表　/ 310

第1章 稳健参数设计概论

1.1 质量工程学与稳健参数设计

质量工程学在日本被称为"品质工学",由日本著名质量工程学家田口玄一博士创立。稳健参数设计是质量工程学的一部分,下面介绍两者的区别与联系。

1.1.1 质量工程学

本书中的质量工程学是由日本著名质量工程学家田口玄一博士定义的术语,在日本被称为"品质工学",在国际上又被称为"田口方法"。它包含以下内容:

1) 线外质量工程学——开发设计阶段的质量工程学,主要研究稳健技术开发、稳健产品设计和稳健工艺优化;

2) 线内质量工程学——制造阶段的质量工程学,主要研究在制造阶段如何提高生产率,保证产品质量;如何确定最优的检查间隔和控制界限来调节工序,建立预防维护系统,设计工序连接系统朝着完全自动化生产的目标发展等;

3) 测量质量工程学——线外、线内质量工程学在测量工程中的应用,主要研究测量系统的稳健设计以及测量系统的周期检定和校准。

1.1.2 三次设计

线外质量工程学认为,产品或过程的优化设计分为三个阶段进行。

1. 系统设计

第一个阶段是系统设计。系统设计的目的是发明一个新系统。系统设计要有创造性,可以申请专利保护。如果有了一个新系统,在一定的条件下经测试可行,那么系统设计就完成了。

2. 参数设计

第二个阶段是参数设计。为了使系统在各种制造条件和用户使用条件下具有稳健性，应对系统进行稳健参数设计。稳健参数设计就是选择系统中各个参数名义值的最佳组合，使得系统能够抵抗各种噪声的干扰，具有稳健性。

3. 容差设计

第三个阶段是容差设计。通过在质量和成本之间进行权衡，确定各个参数的公差范围。质量损失函数可以将质量换算为损失，从而确定原材料或元器件的质量水平是否需要提高。应该注意到，通过容差设计改进产品质量会导致成本的提高，但是质量总损失会降低。

在三次设计中，系统设计是基础（解决从无到有的问题），参数设计是核心（解决高质量、低成本、短周期的问题），容差设计是锦上添花（在保证质量总损失最小的前提下，确定最适宜的质量水平）。但是，许多产品设计工程师不知道稳健参数设计，不知道在很多情况下不增加成本就可以改进产品功能的稳健性。因此，系统设计完成后只能要求工程师通过容差设计来改进产品质量，结果是稳健性改进有限，但成本却大幅度提高。

1.1.3 稳健参数设计

稳健参数设计简称为稳健设计，可以用在技术开发、产品设计和工艺优化各个阶段，特别是应用在技术开发阶段，可以开发出具有先行性、通用性、再现性的技术。

1. 先行性

在产品策划前开始开发和研究活动，可以利用实验室的条件，通过对试验件进行研究，优化一系列产品的基本功能。

2. 通用性

改进一系列产品而不是单个产品。一旦系列产品功能的稳健性得到优化，只要通过直接调节，计划开发的新产品就能迅速完成设计，并且在生产和使用过程中保持稳健性。这样就能以最低的开发成本，在最短的时间内得到功能稳健的新产品。

3. 再现性

上游的实验室研究的结论，能够在下游的生产和用户使用中得到再现。

由此可见，稳健参数设计缩短了产品的研发周期，让企业能在竞争对手之前将产品推向市场，从而在相似产品进入市场前得到最大的收益。

1.2 传统实验设计与稳健参数设计的区别

本书第 2 章方差分析、第 3 章回归分析和第 4 章正交实验设计是传统的实验设计，其他各章是稳健参数设计。本节说明这两种实验设计方法的区别，切不可认为田口玄一博士创立的稳健参数设计就是传统的实验设计。

1.2.1 目的和假设不同

传统实验设计法由英国统计学家费歇尔爵士在 20 世纪 20 年代创建，比田口玄一博士创建的稳健参数设计法早 30 年左右。

从本质上讲，传统实验设计法是一种有效设计实验并分析结果的方法，它探索因果关系，主要用于生物、医学、农业和社会科学等研究领域。当实验设计法在科学领域应用时，只能有一种因果关系，也就是说，只有一个方程来描述特定的现象。然而，在工程领域，如果要实现特定的目标或产品功能，会有很多种设计方法，因此也就会存在很多的方程。工程师们需要找到最佳的设计，这就是以最低的成本实现抵抗各种噪声干扰的稳健功能的设计。这也就是稳健参数设计法要解决的问题之一。通过以上比较，可以看到稳健参数设计法和传统实验设计法在目标上是不同的。

传统实验设计法的一个重要问题是：缺乏对因子之间相互关系的研究，仅仅研究可控因子之间的交互作用。因此，在科学研究中，经常用可控因子之间的交互作用来解释各种现象。

当一个因子变化的结果影响另一个因子变化的结果时，我们就称这两个因子之间有交互作用。例如，因子 A 有两个水平 A_1、A_2，当另外一个因子 B 处于 B_1 水平时，A_1 水平的结果和 A_2 水平的结果相比有一个量值；当 B 处于 B_2 水平时，A_1 水平的结果和 A_2 水平的结果相比的量值有了变化。因此，交互作用就是因子影响结果的不一致或不再现。

传统观念里，产品首先是设计，其次是制造，最后是销售，质量改进通常是基于用户的意见反馈。而在质量工程学中，必须在产品功能的稳健性进行优化后再设计产品，应用质量工程学的最好阶段是技术开发和产品设计阶段。交互作用会导致结论不一致或不再现，所以必须尽量避免可控因子之间的交互作用，这是提高研究工作有效性的最重要方法。

传统实验设计法的另一个重要问题是：因子影响效果的重要性是通过统计方法相对随机误差进行测试的，随机误差与统计过程控制图中的随机原因很相似。而在质量工程学中，噪声包含所有的干扰源：内噪声、外噪声和产品间噪声，每个干扰源对实验的影响都比随机误差大得多。在稳健参数设计中，噪声因子是有目的地引进的，并且有目的地在实验中进行放大。

传统实验设计法基于两个重要假设：
1）噪声服从正态分布；
2）噪声有相同的变异性。

在质量工程学中，噪声因子的分布并不一定要服从正态分布。例如，产品随时间的劣化、老化就不服从正态分布。但是，真正重要的是，在质量工程学中没有噪声变异性相同的例子。我们真正要做的是确定可控因子两个水平的变异性是否存在差异，如果存在较大差异，就选择变异性较小的可控因子水平，这样就得到了稳健的条件。换句话讲，如果存在相同的变异性，使变异性最小化的参数设计的目的就不可能达到。也就是说，相同变异性假设在稳健参数设计中不存在。

稳健参数设计不是传统实验设计。传统实验设计的观点和研究方法，不应和稳健参数设计的观点及研究方法混为一谈。

1.2.2 对交互作用的处理方法不同

业界对稳健参数设计法有一种误解，就是该方法不重视交互作用。其实，这种说法是错误的。事实上，在稳健参数设计法中存在两种交互作用：
1）可控因子和噪声因子之间的交互作用；
2）可控因子之间的交互作用。

根据稳健参数设计的观点，第一种交互作用是有利的，第二种交互作用是有害的。可控因子是指可以优选，并且在稳健参数设计后固定在某一名义值的因子；而噪声因子是指由于某些原因不可能控制的因子。

为了解释第一种交互作用，我们用两种材料劣化的情况作为例子。材料的类型是可控因子（A_1，A_2），劣化是噪声因子，如果实验结果显示材料 A_1 的劣化非常明显，而材料 A_2 的劣化不太显著，此时，材料的类型变了，劣化的影响也变了。

通过分析可控因子和噪声因子之间的关系，就可以得到一个相对稳健的材料 A_2。在稳健参数设计中，这样的发现是非常重要的。

为了发现这样的交互作用，就要计算和比较信噪比。信噪比是评定质量稳健性的最佳指标。信噪比越大，劣化就越少。这样，就很容易进行分析，只要比较可控因子两个水平的信噪比就行了。

信噪比在通信领域的应用已近一个世纪。1958 年，田口博士在他的著作《实验设计法》中，应用信噪比来评定产品功能的稳健性。20 世纪 70 年代，田口博士在稳健参数设计中引入信噪比的概念来研究可控因子和噪声因子的交互作用。交互作用的计算十分繁复，需要大量的时间，而引入信噪比可以简化数据的计算。

第二种交互作用，即可控因子之间的交互作用，在稳健参数设计中是有害的，必须设法避免。也许你会问，交互作用是客观存在的，能避免或消除吗？回答是，交互作用的存在取决于应用什么样的测量系统进行分析。换句话讲，这取决于用来分析的输出特性的类型，而传统的实验设计没有认识到这个原理。

如前所述，交互作用是不一致、不再现的同义词，稳健参数设计的目的就是预测那些可能在市场上出现的问题，从而指导技术开发或产品设计，即根据实验室的结论设计产品，而这些结论必须无交互作用，且在大型生产或用户使用时具有再现性。

那么，如何选择一个好的输出特性去避免可控因子之间的交互作用呢？用信噪比，特别是动态特性的信噪比。大量的案例研究已经证明，运用这样的信噪比，实验的结论将在下游得到很好的再现。

但是，很难确保所选择的信噪比在可控因子之间没有或只有较小的交互作用。因此，在实验室进行研究时，需要检验交互作用是否存在。为了达到这个目的，可以采用田口博士推荐的特殊正交表。

1.2.3 选用的正交表不同

传统实验设计法，为了减少实验次数，选择常规正交表$L_n(t^q)$，如：2^n、3^n

系列正交表。这类正交表的一个共同特点是，任意两列的交互作用列是在指定的列，这些指定的列不能再安排因子，否则会出现主效应和交互效应的混杂。

稳健参数设计法，田口博士推荐使用特殊正交表，如：$L_{12}(2^{11})$、$L_{18}(2^1 \times 3^7)$、$L_{36}(2^{11} \times 3^{12})$。这类正交表的一个共同特点是，任意两列的交互作用平均分配在各个列上，每个列上都可以安排因子，而无须专门安排交互作用，这样可以大大提高实验的效率。

1.2.4 分析方法不同

传统实验设计法，先对输出特性的数据建立数学模型，然后根据数学模型进行优化。这种做法有三个弊端：一是可控因子之间的交互作用往往较大；二是模型的误差也较大；三是不能有效地引入噪声因子来评定稳健性。

稳健参数设计法，用噪声因子模拟各种干扰，用信噪比来评定稳健性。信噪比是两种能量（信号的功率与噪声的功率）之比，其数据具有可加性，可以大幅度减少可控因子之间的交互作用。

综上所述，在稳健参数设计中不考虑可控因子之间的交互作用是经过深思熟虑的，其基本步骤是：

1）选择计量值输出特性；
2）将计量值输出特性转化为信噪比分析；
3）采用特殊正交表；
4）进行确认实验，验证最佳方案的再现性。

1.3 稳健参数设计的基本概念

1.3.1 普通名词、术语

本书引用了 GB/T 3358.3—2009《统计学词汇及符号 第 3 部分：实验设计》中的词汇及符号，书中对这些词汇和符号不再加以说明。

1.3.2 专业术语、定义

此外，本书还定义了以下专业术语。

1. 功能 (function)

功能指的是系统为实现其目标而进行的工作。功能可以用输入–输出关系的数学形式表示。

2. 稳健性 (robustness)

稳健性指的是在各种噪声条件下，系统功能的可变性程度。

系统功能可以通过稳健性来评定。信噪比是评定稳健性的量化指标，信噪比越大，稳健性越好。

3. 信噪比 (signal-to-noise ratio)

信噪比的概念源自通信理论，其原义是信号功率与噪声功率之比，并且用dB（分贝）值表示。在稳健参数设计中，信噪比指的是功能变异中有益效应与有害效应之比，或者有用功与无用功之比，并且用db（分贝）表示，以示与通信理论中信噪比dB的不同。

由输入信号值的有意变化引起的输出响应变化是有用的效应，当理想功能为零点比例式时，通过零点的直线的斜率是有用的项；由噪声因子引起的输出响应变化是有害的效应，噪声因子的影响使得实际功能偏离理想功能。

4. 灵敏度 (sensitivity)

灵敏度指的是由输入变量的单位变化引起的输出响应的变化量。

灵敏度通常用db（分贝）值表示。对于动态特性的情况，灵敏度为输入信号的线性系数β的平方β^2；对于望目特性的情况，灵敏度为输出特性的平均值μ的平方μ^2。

5. 噪声 (noise)

噪声指的是干扰系统功能的变量。

噪声由内噪声、外噪声和产品间噪声组成。产品材料或元部件老化、变质、磨损等，这些是内噪声；用户的使用条件，如温度、湿度、电压等不同，这些是外噪声；制造过程中5MIE（人力、机器、材料、方法、测量、环境）的变化，这些是产品间噪声。

6. 信号 (signal)

信号指的是系统的输入变量，用户有意更改该变量以获得输入–输出关系中预期的响应值。

信号分为主动信号和被动信号。主动信号是用户操作系统以获得预期的响应，例如，用方向盘的旋转角度来改变车辆的方向；被动信号是用户通过响应读取未知的输入值的一种方法，例如，热测量中被测物体的温度。在这两种情况下，输出响应都会因信号值的改变而改变。但是，用户希望在主动情况下能获得响应的值，而在被动情况下能获得信号的值。

用户操作条件中的任何变量，要么是信号，要么是噪声。

7. 动态特性（dynamic characteristics）

动态特性指的是根据信号的值不同有多个理想目标值的输出响应。

动态特性与信号之间的关系可以用输入 – 输出函数的形式表示。在大多数情况下，系统功能的输出响应是动态特性。

根据信号的类型，动态特性分为主动型动态特性和被动型动态特性。所有行走机械的操作特性均为主动型动态特性，而所有测量系统的测量特性均为被动型动态特性。

8. 静态特性/非动态特性（static characteristics/non-dynamic characteristics）

静态特性/非动态特性指的是具有固定目标值的输出响应。

根据目标值的不同，静态特性可分为四类：望目特性、望零特性、望小特性和望大特性。望目特性为正数，目标值大于零，如产品的尺寸等；望零特性可正可负，目标值为零，如产品的翘曲等；望小特性为正数，目标值为零，如产品中杂质的含量等；望大特性为正数，目标值为无穷大，如产品的强度等。

9. 内设计（inner array）

对可控因子/标示因子进行的实验安排，称为内设计。

由于在一组实验中需要考虑许多设计参数作为可控因子，因此，推荐用正交表进行内设计，用于内设计的正交表称为内表。内表中的每个实验将运用信噪比和灵敏度来评定其稳健性。

10. 外设计（outer array）

对噪声因子/信号因子进行的实验安排，称为外设计。

当在一组实验中需要考虑多个噪声因子时，既可以用正交表进行外设计，也可以用复合噪声因子进行外设计。用于外设计的正交表称为外表。

1.4 稳健参数设计的基本原理

稳健参数设计以质量损失函数度量产品的质量,并谋求低成本下的高质量,提高产品的可生产性。其基本原理,可以概括如下。

1.4.1 产品质量等于产品上市后给社会造成的损失

质量 = 功能波动的损失 + 使用成本 + 弊害项目的损失

成本 = 材料费 + 加工费 + 管理费 + 弊害项目的损失

可生产性 = 质量 + 成本

质量工程学的主要使命是实现高质量(质量损失小)、低成本,提高可生产性。稳健参数设计的基本任务是在不增加成本的前提下,减小产品功能的波动。

1.4.2 质量损失函数

如何度量产品功能波动所导致的损失?田口博士发明了下述质量损失函数,质量损失函数按照质量特性的类型不同而取不同的形式。

1. 望目特性的质量损失函数

(1) 望目特性质量损失函数的定义

设产品的质量特性 Y 为望目特性,目标值为 m。若 $Y \neq m$,则造成损失,且 $|Y-m|$ 越大,损失越大。设质量特性为 Y 的产品,相应的质量损失为 $L(Y)$,若 $L(Y)$ 在 $Y=m$ 处存在二阶导数,按泰勒公式有:

$$L(Y) = L(m) + [L'(m)/1!](Y-m) + [L''(m)/2!](Y-m)^2 + 0[(Y-m)^2] \tag{1-1}$$

不失一般性,设 $Y=m$ 时,$L(Y)=0$,即 $L(m)=0$;又因为 $L(Y)$ 在 $Y=m$ 时有最小值,所以

$$L'(m) = 0$$

再略去二阶以上的高阶项,有

$$L(Y) = k(Y-m)^2 \tag{1-2}$$

式中 $k = [L''(m)/2!]$ 是不依赖于 Y 的常数,称之为质量损失系数。今后我们称以式(1-2)表示的函数为望目特性的质量损失函数,其图形见图1-1。

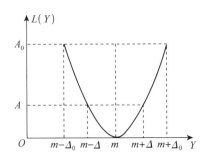

图 1-1 望目特性的质量损失函数图

(2) 质量水平

由于产品的质量特性 Y 表现为随机变量,所以 $L(Y)$ 亦为随机变量,此时我们称 $L(Y)$ 的期望值

$$\begin{aligned} E[L(Y)] &= kE(Y-m)^2 \\ &= k[(\mu-m)^2 + \sigma^2] \end{aligned} \quad (1-3)$$

为产品的质量水平,式中 μ、σ^2 分别为质量特性 Y 的期望值和方差。只有当 $\mu = m$ 时,式 (1-3) 才可简化为

$$E[L(Y)] = k\sigma^2 \quad (1-4)$$

若有 n 件产品,其质量特性值分别为 $y_1, y_2, \cdots, y_n$,则由式 (1-3),质量水平可近似表示为

$$\overline{L(Y)} = k \times \frac{1}{n} \sum_{1}^{n} (y_i - m)^2 \quad (1-5)$$

我们称 $\overline{L(Y)}$ 为这 n 件产品的平均质量损失。

式 (1-2) 和式 (1-5) 说明,由于质量特性波动所造成的损失与质量特性偏离目标值 m 的偏差均方成正比。这又一次说明,不仅不合格品会造成损失,即使合格品也会造成损失,质量特性值偏离目标值越远,造成的损失越大。这就是田口博士对产品质量概念的新观点。

(3) 质量损失系数 k 的确定方法

如何确定质量损失函数中的系数 k?原则上只需知道抛物线 $L(Y)$ 上的一点,即可求得。常用方法有两种,参考图 1-1:

1) 根据产品的功能界限 Δ_0 和相应的质量损失 A_0 来确定 k

对于望目特性,产品的功能界限 Δ_0 是指产品能够正常发挥功能的极限值。

若产品的质量特性为 Y，目标值为 m，则当 $|Y-m| \leq \Delta_0$ 时，产品尚能正常发挥功能；而当 $|Y-m| > \Delta_0$ 时，产品即丧失功能。假设产品丧失功能时的损失为 A_0，则可以认为在 $Y = m \pm \Delta_0$ 这两点上，$L(Y)$ 均为 A_0，由式（1-2）得

$$A_0 = k \times \Delta_0^2$$

故有

$$k = A_0/\Delta_0^2 \tag{1-6}$$

2）根据产品的容差 Δ 和相应的质量损失 A 来确定 k。

对于望目特性，产品的容差 Δ 是指合格品的范围。若产品的质量特性为 Y，目标值为 m，则当 $|Y-m| \leq \Delta$ 时，产品为合格品；而当 $|Y-m| > \Delta$ 时，产品为不合格品。若产品为不合格品时，工厂的损失为 A，则可以认为在 $Y = m \pm \Delta$ 这两点上，$L(Y)$ 均为 A，由式（1-2）得

$$A = k \times \Delta^2$$

故有

$$k = A/\Delta^2 \tag{1-7}$$

综合式（1-6）和式（1-7），得到

$$k = A_0/\Delta_0^2 = A/\Delta^2 \tag{1-8}$$

2. 望小特性的质量损失函数

（1）望小特性质量损失函数的定义

仿照望目特性质量损失函数的定义，望小特性的质量损失函数可定义为

$$L(Y) = k \times Y^2 \tag{1-9}$$

其图形见图 1-2。

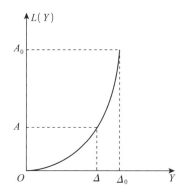

图 1-2 望小特性的质量损失函数图

(2) 质量水平

由于产品的质量特性 Y 表现为随机变量,所以 $L(Y)$ 亦为随机变量,此时我们称 $L(Y)$ 的期望值

$$E[L(Y)] = kE(Y^2) \qquad (1-10)$$
$$= k(\mu^2 + \sigma^2) \qquad (1-10')$$

为产品的质量水平,式中 μ、σ^2 分别为质量特性 Y 的期望值和方差。

若有 n 件产品,其质量特性值分别为 $y_1, y_2, \cdots, y_n$,则由式 (1-10),质量水平可近似表示为

$$\overline{L(Y)} = k \times \frac{1}{n} \sum_{i=1}^{n} y_i^2 \qquad (1-11)$$

我们称 $\overline{L(Y)}$ 为这 n 件产品的平均质量损失。

(3) 质量损失系数 k 的确定方法

常用方法有两种,参考图 1-2:

1) 根据产品的功能界限 Δ_0 和相应的质量损失 A_0 来确定 k

对于望小特性,产品的功能界限 A_0 是指产品能够正常发挥功能的极限值。若产品的质量特性为 Y,则 $Y \leq \Delta_0$ 时,产品尚能正常发挥功能;而当 $Y > \Delta_0$ 时,产品即丧失功能。假设产品丧失功能时的损失为 A_0,则可以认为在 $Y = \Delta_0$ 时,$L(Y)$ 为 A_0,由式 (1-9) 得

$$A_0 = k \times \Delta_0^2$$

故有

$$k = A_0 / \Delta_0^2 \qquad (1-12)$$

2) 根据产品的容差 Δ 和相应的质量损失 A 来确定 k

对于望小特性,产品的容差 Δ 是指合格品的范围。若产品的质量特性为 Y,则当 $Y \leq \Delta$ 时,产品为合格品;而当 $Y > \Delta$ 时,产品为不合格品。若产品为不合格品时,工厂的损失为 A,则可以认为在 $Y = \Delta$ 时,$L(Y)$ 为 A,由式 (1-9) 得

$$A = k \times \Delta^2$$

故有

$$k = A/\Delta^2 \qquad (1-13)$$

综合式 (1-12) 和式 (1-13),得到

$$k = A_0/\Delta_0^2 = A/\Delta^2 \qquad (1-14)$$

3. 望大特性的质量损失函数

（1）望大特性质量损失函数的定义

当 Y 为望大特性时，$1/Y$ 为望小特性。仿照望小特性质量损失函数的定义，望大特性的质量损失函数可定义为

$$L(Y) = k \times \left(\frac{1}{Y}\right)^2 \qquad (1-15)$$

其图形见图 1-3。

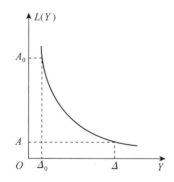

图 1-3　望大特性的质量损失函数图

（2）质量水平

由于产品的质量特性 Y 表现为随机变量，所以 $L(Y)$ 亦为随机变量，此时我们称 $L(Y)$ 的期望值

$$E[L(Y)] = kE(1/Y)^2 \qquad (1-16)$$

为产品的质量水平。

若有 n 件产品，其质量特性值分别为 $y_1, y_2, \cdots, y_n$，则由式（1-16），质量水平可近似表示为

$$\overline{L(Y)} = k \times \frac{1}{n} \sum_{i=1}^{n} (1/y_i)^2 \qquad (1-17)$$

我们称 $\overline{L(Y)}$ 为这 n 件产品的平均质量损失。

（3）质量损失系数 k 的确定方法

常用方法有两种，参考图 1-3：

1）根据产品的功能界限 Δ_0 和相应的质量损失 A_0 来确定 k

对于望大特性，产品的功能界限 Δ_0 是指产品能够正常发挥功能的极限值。

若产品的质量特性为 Y，则 $Y \geqslant \Delta_0$ 时，产品尚能正常发挥功能；而当 $Y < \Delta_0$ 时，产品即丧失功能。假设产品丧失功能时的损失为 A_0，则可以认为在 $Y = \Delta_0$ 时，$L(Y)$ 为 A_0，由式（1-15）得

$$A_0 = k/\Delta_0^2$$

故有

$$k = A_0 \times \Delta_0^2 \quad (1-18)$$

2）根据产品的容差 Δ 和相应的质量损失 A 来确定 k

对于望大特性，产品的容差 Δ 是指合格品的范围。若产品的质量特性为 Y，则当 $Y \geqslant \Delta$ 时产品为合格品；而当 $Y < \Delta$ 时，产品为不合格品。若产品为不合格品时，工厂的损失为 A，则可以认为在 $Y = \Delta$ 时，$L(Y)$ 为 A，由式（1-15）得

$$A = k/\Delta^2$$

故有

$$k = A \times \Delta^2 \quad (1-19)$$

综合式（1-18）和式（1-19），得到

$$k = A_0 \times \Delta_0^2 = A \times \Delta^2 \quad (1-20)$$

1.4.3　质量波动源于三种噪声

质量波动无处不在，无时不在。究其原因，主要源于三种噪声。

1）内噪声；

2）外噪声；

3）产品间噪声。

1.4.4　源流质量管理

质量的形成有一个过程，按照产品的形成过程可将质量分为：下游质量、中游质量、上游质量和源流质量。

1）下游质量：是在产品使用过程中用户关心的质量，如汽车噪声、油耗、振动，机电产品的可靠性，电缆的偏芯度等。

2）中游质量：是在产品制造过程中制造者关心的符合性质量，如产品的规格、尺寸、强度等。可以应用静态特性的稳健参数设计法减少制造误差，提高抵抗产品间噪声的能力。

3）上游质量：是在产品设计过程中设计工程师关心的设计质量。可以应用静态/动态特性的稳健参数设计法提高设计质量的稳健性，即抵抗各种噪声的能力。

4）源流质量：是在技术开发过程中基础技术研究工程师关心的功能质量。可以应用动态特性的稳健参数设计法提高功能质量的稳健性，使得技术开发具有先行性、通用性和再现性。

质量管理应当追溯到源流质量的管理，越是流程前端，质量管理的效率越高、代价越小。在最早阶段，即技术开发阶段确定产品或系统的基本功能是最重要的，也是最困难的。这需要根据专业领域，如机械、电子、化学等方面的知识，对产品或系统的基本功能进行认真的研究。

一旦确定好了基本功能，表达输入和输出关系的信噪比就能选定并用来进行稳健性评定。但是，产品或系统的基本功能是不相同的，即使是相同的基本功能，在不同实验条件下的信噪比也是不同的。这就是为什么选择一个正确的信噪比是件困难的事情。通常，对于一个特定的项目要专门研究一个信噪比公式。对于初学者来说，最好的方法就是参照已经发表的不同工程领域的信噪比的案例。

1.4.5 科学选择输出特性

在上述四个阶段质量中，与下游质量有关的交互作用经常发生，与中游质量有关的交互作用不明显但也经常发生，与上游质量有关的交互作用发生的比较少，与源流质量有关的交互作用发生的微乎其微。交互作用意味着不一致、差的可加性或再现性。因此，输出特性的选择是避免交互作用发生的关键，非常重要。如果避免了交互作用的发生，小型实验的研究结论就能在下游再现。

在稳健参数设计中，一般选择连续性计量值的输出特性，如尺寸、强度、硬度等，而不选择离散型计数值的输出特性，如合格率、缺陷率等。对于虽然属于连续性计量值但是单位为百分比的输出特性，如百分浓度、百分含量、收率、可靠度等，也要经过适当的变换才能进行数据分析。

1.4.6 以噪声因子模拟噪声，以信噪比作为稳健性评定指标

在稳健参数设计中，选择噪声策略是十分重要的。在稳健技术开发和稳健产品设计中，主要用噪声因子模拟内噪声和外噪声；而在稳健产品制造中，主要用

噪声因子模拟产品间噪声。在可计算性系统中，外设计可以用正交表安排噪声因子；在不可计算性系统中，可以采用复合噪声因子法（将若干个噪声因子组成一个噪声向量）。

在稳健参数设计中，以信噪比来评定设计方案的稳健性。从概念上讲，信噪比是信号的功率与噪声的功率之比。例如，收音机是一个接收系统，其信噪比是期望的信号（有用部分）和噪声（有害部分）的比，可评定收音机功能的稳健性。一台便宜的袖珍收音机音量较高时，噪音很大；而一台较贵的收音机，由于使用高频接收，降低了噪声的影响，因此即使音量较高时，噪声也较低。可以看出，前者的信噪比低，后者的信噪比高。

从另外一个观点看，信噪比代表灵敏度（或静态特性中的平均值）和波动。传统上，对一个产品或生产过程的研究有一个固定目标值。例如，设计一个线路是为了产生一个特定的输出电压，或设计一个系统是为了维持特定的温度，只有产品在市场上出现问题时才会考虑波动。固定的目标值与平均值或灵敏度有关。

每个硬件都由一个信噪比来评定产品质量的稳健性，稳健参数设计通过改变可控因子的水平使信噪比达到最大。

1.4.7　用特殊正交表设计实验方案

在稳健参数设计中，田口博士推荐使用特殊正交表，如：$L_{12}(2^{11})$、$L_{18}(2^1 \times 3^7)$、$L_{36}(2^{11} \times 3^{12})$。这类正交表的一个共同特点是，任意两列的交互作用都平均分配在各个列上，每个列上都可以安排因子，而无须专门安排交互作用，这样可以大大提高实验的效率。

1.4.8　两步优化方法

在稳健参数设计中，特别强调按照两步优化方法确定最佳方案，见图 1-4，只有这样做才能实现高质量、低成本。

第一步，按照信噪比最大化的原则，选择可控因子的最佳水平组合。
第二步，调整平均值（或斜率），使其达到目标值。
上述步骤切记不要颠倒顺序，否则，高质量反而意味着高成本。

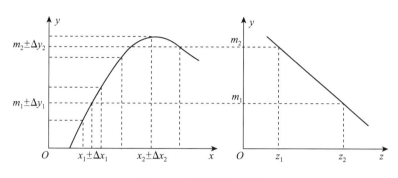

图 1-4　两步优化方法

1.4.9　进行确认实验，验证信噪比增益的重现性

在稳健参数设计中，为了减少可控因子之间的交互作用，采用了一系列有效的措施：

1）科学地选择输出特性，尽量选择连续性计量值的输出特性；
2）将任何输出特性转换为信噪比来分析；
3）选用田口博士推荐的特殊正交表；
4）进行确认实验，验证信噪比增益的重现性。

采用前三个措施以后，一般情况下可控因子之间的交互作用会消除殆尽，以防万一，还要采取最后一个措施。

思考与练习

▶ 思　考 ◀

1. 田口博士定义的产品质量与一般意义上的产品质量有何不同？
2. 为什么说质量波动源于三种噪声？
3. 什么叫稳健性？
4. 举例说明望目特性、望零特性、望小特性和望大特性的区别。
5. 举例说明内噪声、外噪声和产品间噪声的区别。
6. 举例说明主动型动态特性和被动型动态特性的概念，各用在什么场合？
7. 何谓内表？何谓外表？
8. 试论述稳健参数设计与传统实验设计有何不同？

9. 什么是望目特性稳健参数设计中的两步法？为什么必须先优化稳健性，再调整平均值与目标值的偏差？否则，将会产生什么后果？

10. 在稳健参数设计中，没有专门安排分析可控因子之间的交互作用，为此，采取了哪些措施？

> 练 习

1. 若某电视机电源电路直流输出电压 Y 的目标值 $m=115V$，功能界限 $\Delta_0 = 25V$，丧失功能时的损失 $A_0 = 300$ 元，试回答以下问题：

（1）确定质量损失函数中的系数 k；

（2）已知单位产品不合格的损失 $A=10$ 元，求产品的容差；

（3）若测量得某个产品的直流输出电压 $Y=112V$，该产品要不要出厂？

2. 氧气切割某种装配件 20 个，其尺寸与目标尺寸的偏差为（单位：mm）

| 0.3 | 0.6 | -0.5 | -0.2 | 0 | 1 | 1.2 | 0.8 | -0.6 | 0.9 |
| 0 | 0.2 | 0.8 | 1.1 | -0.5 | -0.2 | 0 | 0.3 | 0.8 | 1.3 |

若产品的功能界限 $\Delta_0 = 3mm$，否则装配不上，由此造成的质量损失为 $A_0 = 180$ 元，试求这批产品的平均质量损失。

3. 新产品 A_1 和老产品 A_2 各取 3 个进行强化磨损实验，测出某个部位的磨损量如下（单位：μm）：

A_1：34　29　36

A_2：75　80　64

将磨损量作为望小特性，试比较 A_1 与 A_2 的耐磨性。

4. 某种管子黏结强度小于 120kgf 时，在实际使用中便会发生问题，造成的损失为 $A_0 = 2000$ 元，在工厂内部不合格品的返修费为 $A = 30$ 元，试求该产品的容差。若 4 次测得该种管子的黏结强度 Y 为（单位：kgf）：

100　110　105　125

试求平均质量损失。

第 2 章 方差分析

20世纪20年代英国统计学家费歇发明了方差分析方法,用来探索因果关系,常用于生物、农业、医学和社会科学等领域的研究。本章介绍最多两个因子的方差分析方法。

2.1 响应、因子与水平

响应、因子与水平是实验设计中的三个名词术语,依照《GB/T 3358.3—2009 统计学词汇及符号 第3部分:实验设计》,定义如下:

2.1.1 响应

实验的结果称为响应,亦称为输出响应或输出特性,常用 x、y 表示。

响应按照是否可直接测量,可分为定性响应(不可直接测量)和定量响应(可直接测量);按照个数多少,可分为单个响应(实验中只有一个输出响应)和多个响应(实验中至少有两个输出响应)。

2.1.2 因子

影响实验结果的原因称为因子(或因素),常用 A、B、C 表示。

因子按照是否可控制,可分为可控因子和不可控因子;按照个数多少,可分为单因子(实验中只变动一个因子)与多因子(实验中至少变动两个因子)。

2.1.3 水平

因子在实验中所处的状态称为水平,常用 $A_1, A_2, \cdots, A_k$;$B_1, B_2, \cdots, B_k$ 表示。

例如，热处理实验：输出特性为硬度 y，影响硬度的因子有热处理温度（因子 A）、热处理时间（因子 B）。在此项实验中，温度变化有两个水平（$A_1 = 60℃$、$A_2 = 70℃$），时间变化有三个水平（$B_1 = 20\min$、$B_2 = 25\min$、$B_3 = 30\min$），我们称此项实验为单响应、双因子、水平数不等的实验。实验的目的是寻找温度与时间的最佳搭配，使得热处理后的硬度达到目标值。

2.2 单因子方差分析

本节介绍最简单的方差分析，即单因子方差分析。在这种情况下，实验中只考虑变动一个因子的水平，其他因子的水平保持不变。

2.2.1 实验数据表

单因子方差分析要按照表 2-1 的形式进行实验，对因子 A 的每一个水平进行 n 次重复实验，并将实验数据填写在实验数据表中。统计每一行的数据之和 T_i（$i = 1, 2, \cdots, k$），以及数据总和 T。

表 2-1 单因子实验数据表

A \ 重复	1	2	$\cdots$	n	和
1	y_{11}	y_{12}	$\cdots$	y_{1n}	T_1
2	y_{21}	y_{22}	$\cdots$	y_{2n}	T_2
$\vdots$	$\vdots$	$\vdots$	$\vdots$	$\vdots$	$\vdots$
k	y_{k1}	y_{k2}	$\cdots$	y_{kn}	T_k
和					T

2.2.2 案例 2-1

有四种不同品牌的汽车轮胎：A_1—韩国制造；A_2—本厂制造；A_3—国内甲厂制造；A_4—国内乙厂制造。

为了比较四种轮胎的耐磨损性，每种轮胎各取 6 个进行强化磨损实验，测量磨损量数据，见表 2-2：

表2-2 磨损量数据表　　　　　　　　　　（单位：mm）

A 的水平	试验数据 y_{ij}						和	均值
A_1	12	14	15	13	16	12	82	13.67
A_2	20	18	19	17	15	16	105	17.50
A_3	26	19	26	28	23	25	147	24.50
A_4	24	25	18	22	27	24	140	23.33
和							474	19.75

试分析四种轮胎的耐磨损性有无显著性差异。

1. 方差分析表

应用 Minitab 中的方差分析模块，可以输出方差分析表，见表2-3。

表2-3 磨损量的方差分析表

来源	自由度	SS	MS	F	P
A	3	464.83	154.94	24.27	0.000
误差	20	127.67	6.38		
合计	23	592.50			

$S = 2.527$，$R-Sq = 78.45\%$，$R-Sq(调整) = 75.22\%$

观察方差分析表，判定因子 A 对输出特性 Y 的影响是否显著有两种方法：

（1）F 检验法。在一定的显著水平下（通常取 5% 或 1%），从 F 分布表查取临界值 F_α，如果方差分析表中的 F 值（本例 F 值等于 24.27）大于临界值 F_α，则判定因子 A 对输出特性 Y 有显著性影响，否则判定因子 A 对输出特性 Y 无显著性影响。

（2）P 值法。如果 $P < 1\%$，则认为因子 A 对输出特性 Y 有高度显著性影响；如果 $1\% < P < 5\%$，则认为因子 A 对输出特性 Y 有显著性影响；如果 $P > 5\%$，则认为因子 A 对输出特性 Y 无显著性影响。

上述两种方法是等价的，两者的判定结果是一致的。

2. 置信区间图

应用 Minitab 中的方差分析模块，可以输出磨损量的置信区间图，见图2-1。

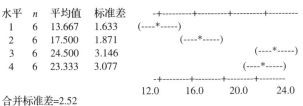

合并标准差=2.52

图 2-1　磨损量的置信区间图

从上面的置信区间图可以看出，如果置信区间不相交，则说明有显著性差异，否则说明无显著性差异。本例的分析结论是：本厂制造的轮胎与韩国制造的轮胎的耐磨性无显著性差异，但是，明显优于国内甲、乙两个工厂制造的轮胎。

3. 因子主效应图

应用 Minitab 中的方差分析模块，可以输出磨损量的主效应图，见图 2-2。

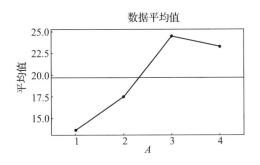

图 2-2　磨损量的主效应图

在图 2-2 中，横坐标表示因子 A 的水平，纵坐标表示与因子 A 的水平对应的输出特性 Y 的平均值。

从图 2-2 中可以看出，A_2（本厂制造）的轮胎平均磨损量与 A_1（韩国制造）的轮胎平均磨损量较接近，但是，明显优于国内甲、乙两厂的轮胎平均磨损量。

4. 残差分析图

应用 Minitab 中的方差分析模块，可以输出磨损量的残差分析图，见图 2-3。

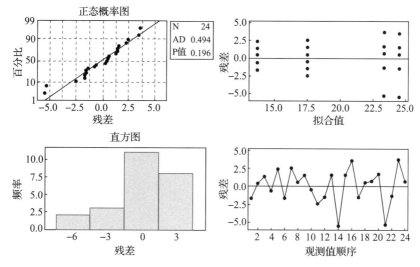

图 2-3 磨损量的残差分析图

所谓残差是指 Y 的观察值与行平均值之差,即

$$e_{ij} = Y_{ij} - \overline{T}_i$$

残差分析是为了检验残差 e_{ij} 是否独立同分布于正态分布 $N(0,\sigma^2)$。实际上,在进行方差分析时,残差应当满足以下假定条件:

1)残差服从正态分布,这一点可以从图 2-3 中左侧的正态概率图和直方图得到验证;

2)残差平均值为 0,这一点可以从图 2-3 中右上角的图得到验证(横坐标轴上下方的点数差不多);

3)残差数据相互独立,这一点可以从图 2-3 中右下角的图得到验证(数据点随机排列,没有缺陷);

4)残差方差相等,这一点可以通过对残差进行等方差检验来验证。

应用 Minitab 中的方差分析模块,可以进行等方差检验,并可输出图 2-4。

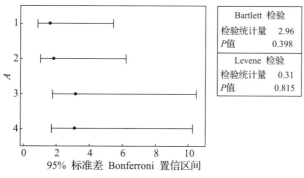

图 2-4 磨损量的等方差检验

从图 2-4 可以看出，本例满足等方差的假定。

5. 贡献率分析

上述传统的方差分析方法，要求在因子的不同水平下残差服从随机、相互独立、平均值为 0、等方差的正态分布，在满足这些假定条件下才能进行 F 检验和计算 P 值。这种方法虽然理论上十分严谨，但是在实际应用时，这些假定条件未必能全部满足。田口博士提出，只要不进行 F 检验和计算 P 值，上述假定条件就没有必要。其实，只要利用波动平方和的分解公式，计算纯波动与贡献率，就完全可以判定因子 A 对输出特性的影响大小。

从表 2-4 可以看出，轮胎品牌对磨损量的贡献率为 75.22%，除轮胎品牌以外，误差对磨损量的贡献率为 24.78%。

表 2-4 磨损量的贡献率分析表

来源	自由度	波动	方差	纯波动	贡献率 ρ（%）
A	3	464.83	154.94	445.69	75.22
误差	20	127.67	6.38	146.81	24.78
合计	23	592.50		592.50	100.00

注：1) 因子 A 的纯波动 445.69，等于因子 A 的波动 464.83 减去 3（A 的自由度）倍误差方差 6.38；
2) 因子 A 的贡献率 75.22%，等于因子 A 的纯波动 445.69 除以总波动 592.50；
3) 误差的贡献率 24.78%，等于 100% 减去 A 的贡献率 75.22%。

2.3 双因子方差分析（不考虑交互作用）

本节介绍双因子无重复实验的方差分析。由于实验无重复，因此只能分析每个因子对输出特性的影响大小，而不能考虑它们的交互作用对输出特性的影响大小。

2.3.1 实验数据表

假设因子 A 有 a 个水平，因子 B 有 b 个水平，在因子 A 和因子 B 的每一种搭配 A_iB_j 下只进行一次实验，实验结果为 y_{ij}。将实验数据整理为双因子无重复实验数据表，见表 2-5。

表 2-5 双因子无重复实验数据表

A \ B	B_1	B_2	...	B_b	和
A_1	y_{11}	y_{12}	...	y_{1b}	T_{A_1}
A_2	y_{21}	y_{22}	...	y_{2b}	T_{A_2}
⋮	⋮	⋮		⋮	⋮
A_a	y_{a1}	y_{a2}	...	y_{ab}	T_{A_a}
和	T_{B_1}	T_{B_2}	...	T_{B_b}	T

2.3.2 案例 2-2

某公司为优化钢件热处理工艺，进行了 3 种时间、4 种温度的实验，在时间和温度的每一种搭配下只进行一个钢件的热处理，并测量热处理后的硬度值，实验数据见表 2-6。

表 2-6 硬度数据表

A \ B	40℃	50℃	60℃	70℃	和	平均
40min	181	187	191	185	744	186
50min	200	190	198	188	776	194
60min	192	198	204	200	794	198.5
和	573	575	593	573	2314	
平均	191	191.7	197.7	191		192.8

1. 方差分析表

应用 Minitab 中的方差分析模块，可以输出硬度的方差分析表，见表 2-7。

表 2-7 硬度的方差分析表

来源	自由度	SS	MS	F	P
A	2	320.667	160.333	7.04	0.027
B	3	94.333	31.444	1.38	0.336
误差	6	136.667	22.778		
合计	11	551.667			

$S = 4.773$，$R-Sq = 75.23\%$，$R-Sq(调整) = 54.58\%$

表 2-7 中，如果因子对应的 P 值小于 0.05，就表示该因子对输出特性 Y 有显著性影响；反之，认为无显著性影响。可以看出，因子 A 对输出特性有显著性影响，而因子 B 对输出特性无显著性影响。

2. 主效应图

应用 Minitab 中的方差分析模块，可以输出硬度的主效应图，见图 2-5。

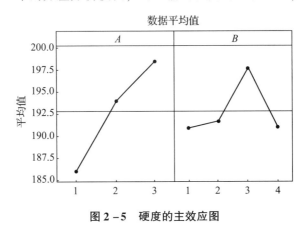

图 2-5　硬度的主效应图

图 2-5 中，左右两个半图的横坐标分别表示因子 A 和 B 的水平，纵坐标表示与因子水平相对应的输出特性 Y 的平均值。

从图 2-5 可以看出，因子 A 引起硬度的变化幅度大于因子 B。

3. 残差分析图

应用 Minitab 中的方差分析模块，可以输出硬度的残差分析图，见图 2-6。

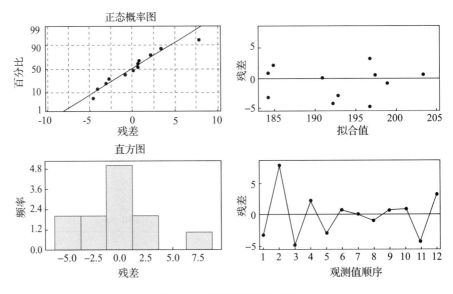

图 2-6　硬度的残差分析图

图 2-6 与图 2-3 的原理相同，用以检验残差是否服从相互独立、平均值为 0 的正态分布。可以看出数据满足方差分析的条件。

4. 贡献率分析

当残差不服从相互独立、平均值为 0 的正态分布时，不能计算 P 值。此时，可以采用贡献率分析法，见表 2-8。方法与案例 2-1 中的表 2-4 相同。

表 2-8 中，纯波动与贡献率的计算方法与案例 2-1 中的计算相同，具体计算公式如下：

因子的纯波动 = 因子的波动 - 因子的自由度 × 误差的方差

因子的贡献率 = 纯波动/总波动

误差的纯波动 = 总波动 - 因子的纯波动之和

误差的贡献率 = 误差的纯波动/总波动

＝100% - 因子的贡献率之和

表 2-8 硬度的贡献率分析表

来源	自由度	波动	方差	纯波动	贡献率 ρ（%）
A	2	320.667	160.333	275.111	49.87
B	3	94.333	31.444	25.999	4.71
误差	6	136.667	22.778	250.557	45.42
合计	11	551.667		551.667	100.00

如果因子的贡献率超过误差的贡献率，则认为因子的影响显著；否则，认为影响不显著。

5. 结论

无论是从表 2-7 还是从表 2-8 均可以看出，因子 A 的影响显著，因子 B 的影响不显著。

2.4 双因子方差分析（考虑交互作用）

2.4.1 交互作用的概念

在多因子实验中，两个因子之间有时存在交互作用。例如，在图 2-7 中，左图两条直线交叉,显示因子 A 对输出特性的影响与因子 B 的水平有关,此时因子 A 与因子 B 之间存在交互作用;右图两条直线平行,显示因子 A 对输出特性的影响与因子 B 的水平无关,此时因子 A 与因子 B 之间不存在交互作用。

因子 A 与因子 B 之间的交互作用记为 $A \times B$,判定交互作用 $A \times B$ 对输出特性有无显著性影响,需要进行重复实验。

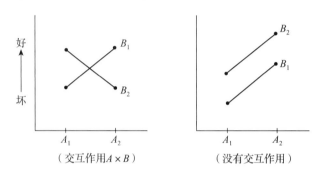

图 2-7 交互作用示意图

2.4.2 实验数据表

假设因子 A 取 a 个水平,因子 B 取 b 个水平,在因子 A 与因子 B 的每一种搭配 A_iB_j 下,进行 r 次重复实验,所得实验数据为 $y_{ijk}(k=1,2,\cdots,r)$。将实验数据整理为表 2-9。

表 2-9 双因子等重复实验数据表

A \ B	B_1	B_2	⋯	B_b	和
A_1	$y_{111},\cdots,y_{11r}$	$y_{121},\cdots,y_{12r}$	⋯	$y_{1b1},\cdots,y_{1br}$	T_{A_1}
A_2	$y_{211},\cdots,y_{21r}$	$y_{221},\cdots,y_{22r}$	⋯	$y_{2b1},\cdots,y_{2br}$	T_{A_2}
⋮	⋮	⋮	⋮	⋮	⋮
A_a	$y_{a11},\cdots,y_{a1r}$	$y_{a21},\cdots,y_{a2r}$	⋯	$y_{ab1},\cdots,y_{abr}$	T_{A_a}
和	T_{B_1}	T_{B_2}	⋯	T_{B_b}	T

2.4.3 案例 2-3

热处理实验条件同案例 2-2,只是各种实验条件下处理了 2 个钢件,硬度数据如表 2-10。试分析因子 A、因子 B 以及交互作用 $A \times B$ 对硬度的影响大小。

表 2-10　硬度数据表

A＼B	40℃	50℃	60℃	70℃
40min	181,183	187,184	191,189	185,190
50min	200,204	190,195	198,196	188,182
60min	192,190	198,196	204,200	200,201

1. 方差分析

应用 Minitab 中的方差分析模块，可以分别输出硬度的方差分析表（见表 2-11）、主效应图及交互作用图（见图 2-8 和图 2-9）、残差分析图（见图 2-10）和等方差检验图（见图 2-11）。

从表 2-11 可以看出，因子 A、B 以及交互作用 $A \times B$ 对应的 P 值均小于 0.05，因此，因子 A、B 以及交互作用 $A \times B$ 对输出特性 Y 均有显著性影响。

表 2-11　硬度的双因子方差分析表（等重复）

来源	自由度	SS	MS	F	P
A	2	543.08	271.542	44.03	0.000
B	3	109.33	36.444	5.91	0.010
交互作用 $A \times B$	6	414.92	69.153	11.21	0.000
误差	12	74.00	6.167		
合计	23	1141.33			

$S = 2.483$，$R-Sq = 93.52\%$，$R-Sq$（调整）$= 87.57\%$

从图 2-8 可以看出，因子 A、B 的水平变化时引起输出特性 Y 显著变化。图 2-9 中三条折线不平行，交叉得越厉害表明交互作用 $A \times B$ 对输出特性 Y 的影响越显著。

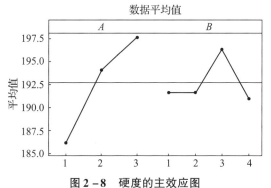

图 2-8　硬度的主效应图

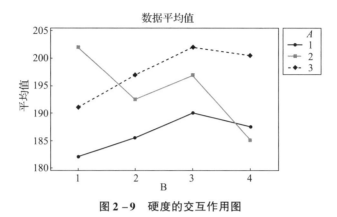

图 2-9　硬度的交互作用图

从图 2-10 和图 2-11 可知，实验数据满足方差分析的所有假定条件。

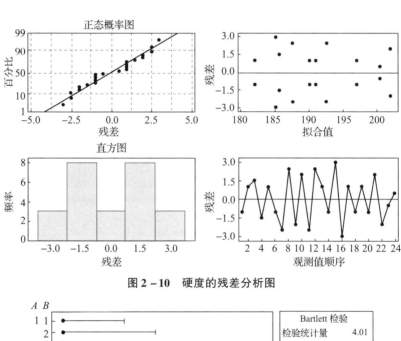

图 2-10　硬度的残差分析图

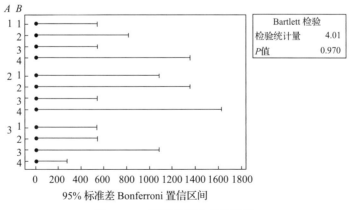

图 2-11　硬度的等方差检验图

2. 贡献率分析

本案例满足方差分析的所有假定条件,可以采用方差分析法。同时,也可以采用贡献率分析法,方法与案例 2-1 中的表 2-4 中的方法相同。

表 2-12 硬度的贡献率分析表(等重复)

来源	自由度	波动	方差	纯波动	贡献率 ρ(%)
A	2	543.08	271.542	530.746	46.50
B	3	109.33	36.444	90.829	7.96
交互作用 $A \times B$	6	414.92	69.153	377.918	33.11
误差	12	74.00	6.167	141.837	12.43
合计	23	1141.33		1141.33	100.00

$S = 2.483$,$R-Sq = 93.52\%$,$R-Sq(调整) = 87.57\%$

从表 2-12 中可以看出,因子 A 对硬度波动的贡献率为 46.50%,交互作用 $A \times B$ 的贡献率为 33.11%,因子 B 的贡献率为 7.96%,实验误差的贡献率为 12.43%。因此,因子 A 和交互作用 $A \times B$ 的影响显著,而因子 B 的影响不显著。

思考与练习

◈ 思 考 ◈

1. 传统的方差分析必须满足哪些假定条件?
2. 传统的方差分析判定因子的影响是否显著有哪几种方法?
3. 方差分析是检验均值是否相等,还是检验方差是否相等?
4. 当重复次数不相等时,如何进行方差分析?
5. 如何理解波动平方和与自由度?
6. 贡献率分析法与方差分析法有何不同?

◈ 练 习 ◈

1. 某公司生产的 9021-26cc 引擎产品主要出口美国市场,其化油器供应商主要有两家:瑞星和华益。为比较不同品牌化油器的怠速 CO 排放值有无显著性差异,各取 10 台引擎进行试验,实验数据见表 2-13。

表 2-13 9021-26cc 引擎产品怠速 CO 排放实验数据表

化油器品牌	怠速 CO 排放值	化油器品牌	怠速 CO 排放值
瑞星	40.1	华益	42.8
瑞星	36.9	华益	33.8
瑞星	42.3	华益	31.9
瑞星	41.6	华益	33.2
瑞星	40.5	华益	33.4
瑞星	42.8	华益	34.2
瑞星	39.0	华益	38.0
瑞星	38.6	华益	37.6
瑞星	40.3	华益	37.5
瑞星	40.8	华益	35.8

试检验不同品牌化油器的怠速 CO 排放值有无显著性差异？

2. 对 A、B、C 三个班次生产的产品各抽取 5 个，测得产品的厚度见表 2-14。请分别用方差分析法与贡献率分析法检验三个班次生产的产品的平均厚度有无显著性差异？

表 2-14 三个班次生产的产品的厚度检验数据表

班次	厚度/mm
A	2.336
A	2.314
A	2.325
A	2.327
A	2.329
B	2.318
B	2.327
B	2.329
B	2.337
B	2.341
C	2.301
C	2.309
C	2.310
C	2.322
C	2.317

3. 考察合成纤维中对纤维弹性有影响的两个因子：收缩率 A 和总拉伸倍数 B，A 和 B 各取 4 个水平，在 A 和 B 的各种搭配下各测量一次纤维弹性，数据见表 2-15。

表 2-15 合成纤维弹性测量数据表

A \ B	B_1	B_2	B_3	B_4
A_1	72	73	74	76
A_2	74	75	78	74
A_3	75	78	75	73
A_4	74	73	70	69

请分别用方差分析法与贡献率分析法检验收缩率 A 和总拉伸倍数 B 对纤维弹性有无显著性影响？

4. 美国某个医疗中心为了研究老年人为什么容易患有抑郁症，在佛罗里达州、纽约州和北卡罗来纳州三个州，各调查 20 个健康的老年人和 20 个患有慢性病的老年人的抑郁度，调查结果见表 2-16 与表 2-17。

表 2-16 健康的老年人的抑郁度

佛罗里达州	3，7，7，3，8，8，8，5，5，2 6，2，6，6，9，7，5，4，7，3
纽约州	8，11，9，7，8，7，8，4，13，10 6，8，12，8，6，8，5，7，7，8
北卡罗来纳州	10，7，3，5，11，8，4，3，7，8 8，7，3，9，8，12，6，3，8，11

表 2-17 患有慢性病的老年人的抑郁度

佛罗里达州	13，12，17，17，20，21，16，14，13，20 12，9，12，15，16，15，13，10，11，17
纽约州	14，9，15，12，16，24，18，14，15，17 20，11，23，19，17，14，9，14，13，11
北卡罗来纳州	10，12，15，12，14，17，8，14，16 18，17，19，15，13，14，11，12，13，11

试分析老年人容易患有抑郁症的原因。

第 3 章 回归分析

3.1 概 述

回归分析用来研究相关变量的统计规律,最初用于研究儿子身高(因变量 Y)与父亲身高(自变量 x)之间的关系。在质量工程中,回归分析常用来研究过程的输出 Y 与过程的输入 x 之间的关系。

3.1.1 回归分析的研究对象

研究对象:相关变量的统计规律。

相关变量:相互影响,但没有严格的函数关系。这两种变量之间的关系可以表示为

$$Y = f(x) + e$$

其中,x 是非随机的自变量,Y 是随机的因变量,e 是随机误差,并且要求 e 独立同分布于正态分布 $N(0, \sigma^2)$。

例如:x—父高,Y—儿高;x—身高,Y—体重;x—工艺参数,Y—质量特性;x—过程输入,Y—过程输出。

3.1.2 回归分析的基本步骤

回归分析的基本步骤如下:

1) 收集数据,数据个数一般大于 20;
2) 作散点图,横坐标为自变量 x,纵坐标为因变量 Y;
3) 用最小二乘法建立回归方程;
4) 回归方程的显著性检验,用相关分析法或方差分析法检验回归方程的有

效性；

5）预测，给定自变量 x 的值，以一定的置信水平预测因变量 Y 的变化范围。

3.1.3 回归方程的类型

1）按自变量的个数，分为：一元回归、多元回归；
2）按方程的类型，分为：线性回归、非线性回归；
本章重点讨论：一元线性回归。

本章内容与第 9 章动态特性的稳健参数设计密切相关。在第 9 章中，信号因素 M 与输出特性 Y 的理想关系是线性关系 $Y = \alpha + \beta M$，通常 $\alpha = 0$，即 $Y = \beta M$。

3.2 一元线性回归

本节通过 2 个案例介绍一元线性回归的方法和步骤。

3.2.1 案例 3 – 1

设某化工厂的产品收率 Y 与反应温度 x 之间存在一定的关系，今测得 5 组数据，见表 3 – 1。

表 3 – 1 反应温度与产品收率实验数据表

x_i/℃	70	80	90	100	110
y_i(%)	11.25	11.28	11.65	11.70	12.14

试对 Y 与 x 进行回归分析，并探求统计规律。

1. 作散点图（相关图）

在直角坐标系中，对每组数据 (x, Y) 描出所对应的点，称为散点图（相关图）。

应用 Minitab 中的散点图模块，可以输出散点图，见图 3 – 1。从散点图上可以看出 x 与 Y 大致呈现直线关系，故适宜选配回归直线。

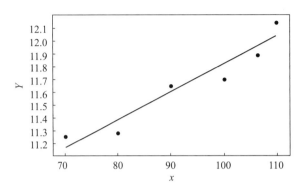

图 3-1 反应温度与产品收率的散点图

从图 3-1 可以看出，点分布在一条直线附近，而且 Y 伴随 x 的增加而增加，Y 与 x 大致呈现正线性相关关系。

2. 相关分析

应用 Minitab 中的相关分析模块，可以输出相关分析表，见表 3-2。

表 3-2 反应温度与产品收率的相关分析表

相关变量：x，Y
　　x 和 Y 的 Pearson 相关系数 = 0.957
　　P 值 = 0.011
结论：x 和 Y 线性相关，而且为正线性相关。

可见，x、Y 有较大的相关系数 0.957，P 值小于 0.05，x、Y 为正线性相关。

3. 回归分析

进一步应用 Minitab 中的回归分析模块，可以输出下述结果。

（1）回归系数的检验

从表 3-3 可以看出，常量和 x 的系数对应的 P 值均小于 0.05，所以回归方程 $Y = 9.62 + 0.022x$ 有效。

表 3-3 反应温度与产品收率的回归系数检验表

$Y = 9.62 + 0.022x$

自变量	系数	系数标准误	T	P
常量	9.6240	0.3525	27.30	0.000
x	0.022000	0.003870	5.69	0.011

(2) 回归的方差分析

从表 3-4 可以看出，回归对应的 P 值小于 0.05，回归方程整体效果显著，即回归方程有效。

表 3-4　反应温度与产品收率的回归方差分析表

来源	自由度	SS	MS	F	P
回归	1	0.48400	0.48400	32.32	0.011
残差误差	3	0.04492	0.01497		
合计	4	0.52892			

$S = 0.122366$，$R - Sq = 91.5\%$，$R - Sq(调整) = 88.7\%$

(3) 回归的残差分析

所谓回归的残差是指 Y 的观察值与回归值之差，即

$$e_i = Y_i - (a + bx_i)$$

残差分析的目的是检验 e_i 是否独立同分布于正态分布 $N(0, \sigma^2)$，其方法与方差分析中的残差分析相同，通过观察回归残差图进行。

应用 Minitab 中的回归分析模块，可以输出回归残差分析图，见图 3-2。

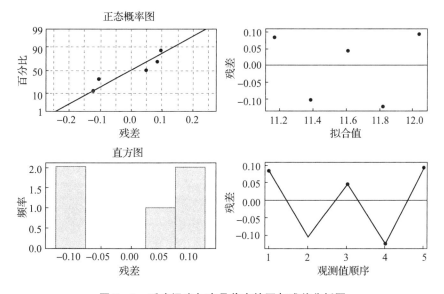

图 3-2　反应温度与产品收率的回归残差分析图

从图 3-2 可以看出，回归的残差满足方差分析的条件。

(4) 回归的贡献率分析

当回归分析中的残差不服从独立同分布的正态分布 $N(0, \sigma^2)$ 时，无法计算 P 值。此时，可以采用贡献率分析法，计算结果见表 3-5。

表 3-5 反应温度与产品收率的回归贡献率分析表

来源	自由度	波动	方差	纯波动	贡献率 ρ（%）
回归	1	0.48400	0.48400	0.46903	88.6
残差误差	3	0.04492	0.01497	0.05989	11.4
合计	4	0.52892		0.52892	100.0

从表 3-5 可以看出，回归的贡献率 88.6% 远远超过残差的贡献率 11.4%，说明回归效果显著。

4. 回归预测

应用 Minitab 中的回归分析模块进行预测，输出结果，见表 3-6。

表 3-6 反应温度与产品收率的回归预测分析表

新观测值	拟合值	拟合值标准误	95% 置信区间	95% 预测区间	自变量值 x
1	11.7140	0.0580	(11.5293, 11.8987)	(11.2830, 12.1450)	95.0

置信区间是为 Y 的平均值构建的，预测区间是为 Y 的单个值构建的，它们具有相同的区间中点，但是具有不同的区间半径，预测区间的半径大于置信区间的半径。

3.2.2 案例 3-2

1. 问题的提出

某工厂生产橡胶密封圈，用户要求其直径为：102.80 ± 0.30mm。用传统的收缩率法计算模具型腔尺寸，常常要开出多副模具，且不合格率较高。现试用回归分析方法设计模具型腔尺寸，以期提高产品合格率。

2. 数据采集

根据以往的生产记录，收集 5 组数据见表 3-7，其中 x 是模具型腔尺寸（mm），Y 是橡胶密封圈冷缩后的外径尺寸（mm）。

表 3-7 模具型腔尺寸与产品外径尺寸数据表

x/mm	104.62	104.50	104.90	104.26	104.40
Y/mm	102.81	102.72	103.06	102.58	102.70

3. 作散点图（相关图）

以 x 为横轴，Y 为纵轴，在直角坐标系中打点，其散点图见图 3-3。

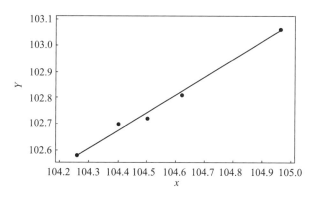

图 3-3 模具型腔尺寸与产品外径尺寸的散点图

从散点图可以看出，点分布在一条直线附近，并且 x 和 Y 大致呈现正线性相关趋势。

4. 相关分析

应用 Minitab 中的相关分析模块，输出结果见表 3-8。

表 3-8 模具型腔尺寸与产品外径尺寸的相关分析表

相关变量：x，Y
x 和 Y 的 Pearson 相关系数 = 0.990
P 值 = 0.001
结论：x 和 Y 线性相关，而且为正线性相关

可见，P 值小于 0.05，相关系数 = 0.990，x、Y 高度正线性相关。

5. 回归分析

应用 Minitab 中的回归分析模块，可以输出如下结果：

（1）回归系数的检验

从表 3-9 可知，常量和 x 的系数对应的 P 值均小于 0.05，因此，回归方程

$Y = 26.1 + 0.733x$ 有效。

表 3-9 模具型腔尺寸与产品外径尺寸的回归系数检验表

$Y = 26.1 + 0.733x$

自变量	系数	系数标准误	T	P
常量	26.130	6.235	4.19	0.025
x	0.73319	0.05964	12.29	0.001
	$S = 0.0289449$,$R-Sq = 98.1\%$,$R-Sq(调整) = 97.4\%$			

（2）回归的方差分析

回归对应的 P 值小于 0.05，见表 3-10，因此，回归方程整体有效。

表 3-10 模具型腔尺寸与产品外径尺寸的回归方差分析表

$Y = 26.1 + 0.733x$

来源	自由度	SS	MS	F	P
回归	1	0.12661	0.12661	151.12	0.001
残差误差	3	0.00251	0.00084		
合计	4	0.12912			

（3）回归的残差分析

从图 3-4 可以看出，本例具备回归分析的基本条件。

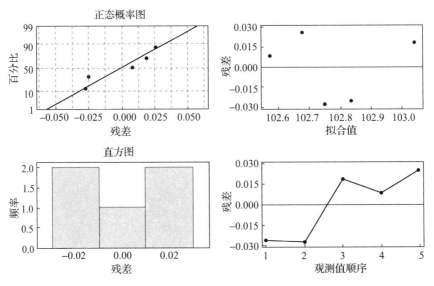

图 3-4 模具型腔尺寸与产品外径尺寸的回归残差分析图

(4) 回归的贡献率分析

与方差分析类似,也可以采用贡献率分析方法进行回归分析,具体见表3-11。

表 3-11 模具型腔尺寸与产品外径尺寸的回归贡献率分析表

来源	自由度	波动	方差	纯波动	贡献率(%)
回归	1	0.12661	0.12661	0.12577	97.41
残差误差	3	0.00251	0.00084	0.00335	2.59
合计	4	0.12912		0.12912	100.00

从表3-11可以看出,回归的贡献率97.41%远大于残差的贡献率2.59%,因此,回归效果显著,即回归方程有效。

6. 回归预测

应用Minitab中回归分析模块的预测功能,可以进行回归预测,输出见表3-12。

表 3-12 模具型腔尺寸与产品外径尺寸的回归预测表

新观测值	拟合值	拟合值标准误	95%置信区间	95%预测区间	自变量值 x
1	103.114	0.031	(103.017, 103.211)	(102.980, 103.248)	105

从表3-12可以看出,当 $x = 105$ 时,有95%的把握可以确定 Y 的平均值在(103.017, 103.211)内,而 Y 的单个值在(102.980, 103.248)内。

3.3 一元比例式回归

3.3.1 问题的提出

很多情况下,当 $x = 0$ 时,$Y = 0$。此时,一元线性回归应当假定为比例式回归,即

$$Y = \beta x$$

下面举例说明比例式回归的具体构建方法。

3.3.2 案例3-3

某抗拉强度试验机进行了6次测试，x为被测量对象的截面积（单位：mm^2），Y为测得的抗拉强度（单位：MPa），实验结果见表3-13。

表3-13 截面积与抗拉强度实验数据表

x/mm^2	0.6	0.8	1.0	1.2	1.4	1.6
Y/MPa	325	435	540	650	765	860

1. 作散点图（相关图）

应用Minitab散点图模块，可以输出散点图，见图3-5。

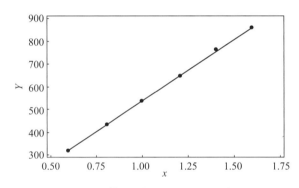

图3-5 截面积与抗拉强度的散点图

2. 回归分析

应用Minitab中的回归分析模块，可输出如下结果：

（1）回归方程为

$$Y = 541.457x$$

（2）回归系数的检验

x的系数对应的P值为0，说明一次项高度显著，见表3-14。

表3-14 截面积与抗拉强度的回归系数检验表

自变量	系数	系数标准误	T	P
无常数项				
x	541.457	1.538	352.14	0.000

$S = 4.33810$

(3) 回归的方差分析

回归对应的 P 值为 0，说明回归方程整体效果高度显著，回归方程有效，见表 3-15。

表 3-15 截面积与抗拉强度的回归方差分析表

来源	自由度	SS	MS	F	P
回归	1	2333681	2333681	124006.01	0.000
残差误差	5	94	19		
合计	6	2333775			

(4) 回归的残差分析

图 3-6 表明，数据满足回归分析的所有假定条件。

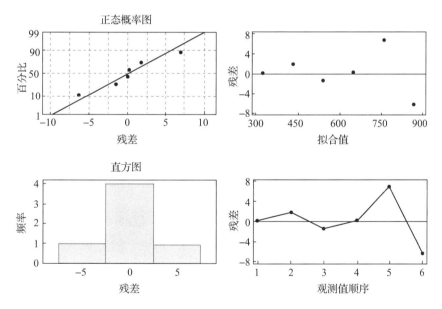

图 3-6 截面积与抗拉强度的回归残差分析图

(5) 回归的贡献率分析

也可以采用贡献率分析方法进行回归分析，计算结果见表 3-16。从表中可以看出，回归的贡献率为 99.9952%，接近 100%，回归效果高度显著。

表 3–16　截面积与抗拉强度的回归贡献率分析表

来源	自由度	波动	方差	纯波动	贡献率（%）
回归	1	2333681	2333681	2333662	99.9952
残差误差	5	94	19	113	0.0048
合计	6	2333775		2333775	100.0000

思考与练习

◈ 思　考 ◈

1. 回归方程建立后，为什么还必须进行显著性检验？
2. 如何提高回归方程的预测精度？
3. 回归分析对变量 x、Y 有何要求？

◈ 练　习 ◈

1. 某公司生产的 9021–26CC 引擎产品主要出口销往美国市场。美国的排放法规非常严格，规定 CO 总排放值不能超过 530g/(kW·h)。该产品因为冷却限制，如果过多调低油耗，会导致引擎动力性能下降、缸头过热，不能正常运转。反之，调高油耗则排放超标。目前该产品的额定油耗标准范围是 0.37~0.39kg/h，可以调整的范围较小，控制难度大。如能尽快解决该问题，即扩大额定油耗标准范围，又能达到美国的排放法规要求，则该引擎产品在美国市场的销量将翻几番。

检测 20 台 9021–26CC 引擎产品，额定油耗和 CO 总排放值见表 3–17。

表 3–17　额定油耗与 CO 总排放值实验数据表

CO 总排放值/[g/(kW·h)]	额定油耗/(kg/h)
488.0	0.37
353.3	0.34
455.7	0.36
600.5	0.39
588.3	0.39
626.1	0.41
425.7	0.36
306.6	0.33

(续)

CO 总排放值/[g/(kW·h)]	额定油耗/(kg/h)
473.5	0.37
489.8	0.37
599.0	0.39
429.0	0.36
576.6	0.38
681.6	0.40
380.4	0.35
543.9	0.39
455.9	0.36
386.6	0.36
388.3	0.37
545.8	0.39

(1) 试分析 CO 总排放值与额定油耗有无统计规律？

(2) 为了使 CO 总排放值不超过 530g/(kW·h)，应当将额定油耗控制在什么范围内？

2. 早在 19 世纪后期，英国生物学家 Francis Galton 在研究父母身高与子女身高的关系时，观察了 1078 个家庭中父亲、母亲身高的平均值 x 和其中一个成年儿子的身高 Y，建立了一个线性方程 $Y = 33.73 + 0.516x$。

为研究当代人身高遗传性问题，调查了 20 个有男孩子的家庭，儿子身高与父母身高的数据见表 3-18。

表 3-18 儿子身高与父母身高数据表

性别	成年儿子身高/cm	父亲身高/cm	母亲身高/cm	父母身高平均值/cm
男	164	160	155	157.5
男	168	160	165	162.5
男	187	181	156	168.5
男	167	175	158	166.5
男	174	175	162	168.5
男	162	158	147	152.5
男	175	167	163	165

（续）

性别	成年儿子身高/cm	父亲身高/cm	母亲身高/cm	父母身高平均值/cm
男	170	164	157	160.5
男	176	166	161	163.5
男	169	162	159	160.5
男	178	169	163	166
男	165	163	158	160.5
男	183	176	162	169
男	171	169	157	163
男	179	173	159	166
男	172	167	156	161.5
男	173	168	154	161
男	172	167	156	161.5
男	167	166	156	161
男	175	170	162	166

试分析成年儿子身高与父母身高的关系。

此外，又调查了另外 20 个有女孩子的家庭，女儿身高与父母身高的数据见表 3-19。

表 3-19 女儿身高与父母身高数据表

性别	成年女儿身高/cm	父亲身高/cm	母亲身高/cm	父母身高平均值/cm
女	156	160	157	158.5
女	160	175	156	165.5
女	162	163	155	159
女	162	172	160	166
女	160.5	175	162	168.5
女	160	167	162	164.5
女	158	172	155	163.5
女	164	169	163	166
女	165	172	160	166
女	166	172	165	168.5
女	158	170	159	164.5

(续)

性别	成年女儿身高/cm	父亲身高/cm	母亲身高/cm	父母身高平均值/cm
女	161	176	160	168
女	169	182	162	172
女	161	173	158	165.5
女	160	176	155	165.5
女	167	166	168	167
女	167	163	165	164
女	155	163	155	159
女	154	163	152	157.5
女	172	176	165	170.5

试分析成年女儿身高与父母身高的关系。

3. 试推导一元线性回归方程和零点比例式回归方程的计算公式。

第 4 章 正交实验设计

所谓正交实验设计,就是应用一套规格化的表(正交表)进行实验方案设计,并应用统计方法对实验结果进行分析,只要进行少数几次实验,便可以找到最佳设计方案的方法。

4.1 正交表简介

正交表是正交实验设计的基本工具,本节介绍几张常用的正交表,见表 4-1 到表 4-5。

4.1.1 二水平正交表

表 4-1 正交表 $L_8(2^7)$

实验号	1	2	3	4	5	6	7
1	1	1	1	1	1	1	1
2	1	1	1	2	2	2	2
3	1	2	2	1	1	2	2
4	1	2	2	2	2	1	1
5	2	1	2	1	2	1	2
6	2	1	2	2	1	2	1
7	2	2	1	1	2	2	1
8	2	2	1	2	1	1	2

该正交表具有以下特点,见表 4-1:

1) 任一列,1 和 2 各出现 4 次,即各个水平等重复;

2) 任两列,(1,1)、(1,2)、(2,1)、(2,2) 各出现 2 次,即水平的各

种组合等重复。

上述特点称为正交表的正交性，它也是所有正交表的共性。

二水平正交表有：$L_4(2^3)$、$L_8(2^7)$、$L_{16}(2^{15})$、$L_{32}(2^{31})$ 等，其中 $L_8(2^7)$ 最常用。在使用这类正交表进行实验方案设计时，往往需要考虑交互作用。例如，正交表 $L_8(2^7)$ 的交互作用列见表 4-2。

表 4-2　正交表 $L_8(2^7)$ 的交互作用表

列＼列	1	2	3	4	5	6	7
	(1)	3	2	5	4	7	6
		(2)	1	6	7	4	5
			(3)	7	6	5	4
				(4)	1	2	3
					(5)	3	2
						(6)	1

当应用正交表 $L_8(2^7)$ 来设计实验方案时，从表 4-2 可以查取，如果因子 A 排在第 1 列，因子 B 排在第 2 列，则交互作用 $A \times B$ 的位置应该排在第 3 列；如果因子 A 排在第 1 列，因子 B 排在第 4 列，则交互作用 $A \times B$ 的位置应该排在第 5 列。

4.1.2　三水平正交表

表 4-3　正交表 $L_9(3^4)$

实验号	1	2	3	4
1	1	1	1	1
2	1	2	2	2
3	1	3	3	3
4	2	1	2	3
5	2	2	3	1
6	2	3	1	2
7	3	1	3	2
8	3	2	1	3
9	3	3	2	1

该正交表（表4-3）任意两列的交互作用列为另外两列，例如，若因子 A 排在第1列，因子 B 排在第2列，则交互作用 $A \times B$ 同时占有第3列和第4列。

三水平正交表有：$L_9(3^4)$、$L_{27}(3^{13})$、$L_{81}(3^{40})$ 等，其中 $L_9(3^4)$ 较常用。在使用这类正交表进行实验方案设计时，往往也需要考虑交互作用。

4.1.3 特殊正交表

正交表 $L_{12}(2^{11})$（见表4-4）和正交表 $L_{18}(2^1 \times 3^7)$（见表4-5）是田口博士发明的两张特殊正交表。这两张正交表有一个共同的特点，即任意两列的交互作用几乎是均匀分配在各个列上的。因此，采用这两张正交表设计实验方案时，无须刻意安排交互作用，这样不仅数据分析变得更加简单，而且还可以多安排因子，大大提高实验的效率。

在表4-4中，任意两列的交互作用平均分配在其他各个列上，无须专门安排交互作用。

表4-4 正交表 $L_{12}(2^{11})$

实验号	1	2	3	4	5	6	7	8	9	10	11
1	1	1	1	1	1	1	1	1	1	1	1
2	1	1	1	1	1	2	2	2	2	2	2
3	1	1	2	2	2	1	1	1	2	2	2
4	1	2	1	2	2	1	2	2	1	1	2
5	1	2	2	1	2	2	1	2	1	2	1
6	1	2	2	2	1	2	2	1	2	1	1
7	2	1	2	2	1	1	2	2	1	2	1
8	2	1	2	1	2	2	2	1	1	1	2
9	2	1	1	2	2	2	1	2	2	1	1
10	2	2	2	1	1	1	1	2	2	1	2
11	2	2	1	2	1	2	1	1	1	2	2
12	2	2	1	1	2	1	2	1	2	2	1

在表4-5中，任意两个3水平列的交互作用平均分配在其他各个3水平列上，无须专门安排交互作用。

表 4-5　正交表 $L_{18}(2^1 \times 3^7)$

实验号	1	2	3	4	5	6	7	8
1	1	1	1	1	1	1	1	1
2	1	1	2	2	2	2	2	2
3	1	1	3	3	3	3	3	3
4	1	2	1	1	2	2	3	3
5	1	2	2	2	3	3	1	1
6	1	2	3	3	1	1	2	2
7	1	3	1	2	1	3	2	3
8	1	3	2	3	2	1	3	1
9	1	3	3	1	3	2	1	2
10	2	1	1	3	3	2	2	1
11	2	1	2	1	1	3	3	2
12	2	1	3	2	2	1	1	3
13	2	2	1	2	3	1	3	2
14	2	2	2	3	1	2	1	3
15	2	2	3	1	2	3	2	1
16	2	3	1	3	2	3	1	2
17	2	3	2	1	3	1	2	3
18	2	3	3	2	1	2	3	1

在现代稳健参数设计中，绝大多数成功的案例都采用正交表 $L_{18}(2^1 \times 3^7)$ 进行实验设计，即考虑 7~8 个因子，大部分因子取 3 个水平，而且不安排交互作用。田口博士称该正交表为"金表"。

4.2　二水平正交实验设计

所谓二水平正交实验，就是每个因子只有两个水平的正交实验。本节通过一个案例介绍二水平正交实验设计的基本方法和步骤。

4.2.1　基本步骤

1）明确目的、确定输出特性；
2）制定可控因子水平表；

3）选正交表；

4）表头设计；

5）实验方案设计；

6）实验实施；

7）实验数据分析：

方法一：直观分析法；

方法二：极差分析法；

方法三：方差分析法。

8）最佳方案确定；

9）最佳方案工程平均估计；

10）确认实验。

4.2.2 案例4-1

乙酰苯胺是一种化工原料，磺化反应是其生产的关键过程，本项目应用正交实验方法来优化乙酰苯胺磺化反应工艺，提高收率。

1. 明确目的、确定输出特性

目的：本实验的目的是优化乙酰苯胺磺化反应工艺，提高收率。
输出特性：收率。

2. 制定可控因子水平表

根据专业知识，选取可控因子及其水平，制定可控因子水平表，见表4-6。原工艺是表4-6中的$A_1B_1C_1D_1$。

表4-6 乙酰苯胺实验可控因子水平表

因子 水平	A（反应温度）	B（反应时间）	C（硫酸浓度）	D（是否搅拌）
1	50℃	1h	17%	搅拌
2	70℃	2h	27%	不搅拌

根据专业知识，这里还要考虑交互作用$A \times B$。

3. 选正交表

由于有4个因子、1个交互作用，并且每个因子有2个水平，因此，选用正

交表 $L_8(2^7)$ 进行实验设计。

4. 表头设计

表头设计是将因子及交互作用排列到正交表的列上。首先，将因子 A、B 分别安排到正交表 $L_8(2^7)$ 的第 1 列和第 2 列；其次，查看 $L_8(2^7)$ 的交互作用表（表 4-2）将 $A \times B$ 安排在第 3 列；再次，将因子 C 安排在第 4 列；最后，注意到第 5 列是 $A \times C$ 的位置，第 6 列是 $B \times C$ 的位置，为了防止混杂，将因子 D 安排在第 7 列。本案例表头设计见表 4-7。

表 4-7 乙酰苯胺实验的表头设计

列号	1	2	3	4	5	6	7
因子	A	B	$A \times B$	C			D

5. 实验方案设计

如果将正交表 $L_8(2^7)$ 的第 1、2、4、7 列（即排有因子的列）中的水平编码换成实际水平，就是一个正交实验设计方案。本案例的正交实验设计方案和实验结果收率 $y_i(\%)$ 见表 4-8。

表 4-8 乙酰苯胺正交实验设计方案和实验结果表

实验号	A 1	B 2	$A \times B$ 3	C 4	5	6	D 7	$y_i(\%)$
1	1	1	1	1	1	1	1	65
2	1	1	1	2	2	2	2	74
3	1	2	2	1	1	2	2	71
4	1	2	2	2	2	1	1	73
5	2	1	2	1	2	1	2	70
6	2	1	2	2	1	2	1	73
7	2	2	1	1	2	2	1	62
8	2	2	1	2	1	1	2	67

6. 实验实施

实验的先后顺序最好随机化，但是在实际实验时很难实现。此时，可以按照工艺参数调整的难易程度来确定实验的先后顺序。

7. 实验数据分析

方法一：直观分析法

从表 4-8 可以看出，第 2 号方案（$A_1B_1C_2D_2$）的收率最大，为 74%。虽然，第 2 号方案不一定是所有方案（总共有 $2^4=16$ 个）中最好的，但是，由于正交实验具有很强的代表性，所以第 2 号方案一定是相当好的方案。

方法二：极差分析法

应用 Minitab 中的分析田口设计模块，可以输出以下结果：

（1）输出均值响应表

从表 4-9 中的排秩可以看出，C 和 $A\times B$ 并列第 1 名、A 排列第 3 名、B 和 D 并列第 4 名，排列越靠前影响越大。因此，对收率影响最大的是 C 和 $A\times B$，其次是 A，再其次是 B 和 D。

表 4-9　乙酰苯胺正交实验均值响应表

水平	A	B	$A\times B$	C	e_1	e_2	D
1	70.75	70.50	67.00	67.00	69.00	68.75	68.25
2	68.00	68.25	71.75	71.75	69.75	70.00	70.50
Delta	2.75	2.25	4.75	4.75	0.75	1.25	2.25
排秩	3	4	1	1	7	6	4

（2）输出主效应图和交互作用图

在图 4-1 的主效应图中，线段的斜率越大说明因子的影响越大；在交互作用图中，两条线段的交叉得越厉害说明交互作用越大。

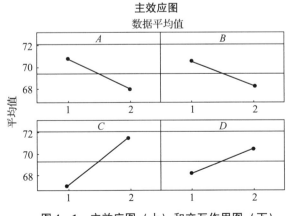

图 4-1　主效应图（上）和交互作用图（下）

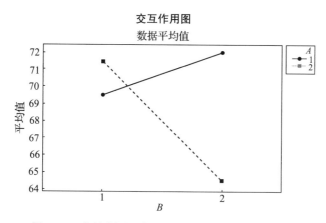

图 4-1 主效应图（上）和交互作用图（下）（续）

（3）确定最佳方案

在确定最佳方案时，要按照因子的主次关系，逐个选择因子的水平，具体做法如下：

首先，优选因子 C 和交互作用 $A \times B$ 的水平，由于收率越大越好，从图 4-1 的主效应图可以看出，因子 C 应选取 C_2；从图 4-1 的交互作用图可以看出，$A \times B$ 应选 $A_1 \times B_2$。

其次，优选因子 A 的水平，从图 4-1 的主效应图可以看出，因子 A 应选取 A_1。

最后，优选因子 B 和 D 的水平，从图 4-1 的主效应图可以看出，因子 B 应选 B_1，因子 D 应选 D_2。由于 $A_1 \times B_2$ 的影响大于 B_1 的影响，所以，因子 B 还是选择 B_2 好。

综合上述分析，确定的最佳方案为：$A_1 B_2 C_2 D_2$。

方法三：方差分析法

应用 Minitab 中的方差分析模块，可以输出如下的结果，见表 4-10。

表 4-10 乙酰苯胺正交实验方差分析表

来源	自由度	波动	方差	F	P
A	1	15.125	15.125	7.12	0.116
B	1	10.125	10.125	4.76	0.161
$A \times B$	1	45.125	45.125	21.24	0.044
C	1	45.125	45.125	21.24	0.044

(续)

来源	自由度	波动	方差	F	P
D	1	10.125	10.125	4.76	0.161
误差	2	4.250	2.125		
合计	7	129.875			

$S = 1.45774$, $R-Sq = 96.73\%$, $R-Sq(调整) = 88.55\%$

从表 4-10 中的 P 值可以看出，因子 C 和交互作用 $A \times B$ 对应的 P 值小于 0.05，这说明因子 C 和交互作用 $A \times B$ 对收率有显著性影响，而因子 A、B 和 D 的影响均不显著。

最佳方案的确定方法同极差分析法，仍是 $A_1 B_2 C_2 D_2$。

8. 最佳方案确定

无论是采用极差分析法，还是方差分析法，本案例的最佳方案均为 $A_1 B_2 C_2 D_2$。值得一提的是该最佳方案并不在 8 个实验方案之中，而是依据统计分析推导出来的。

9. 最佳方案工程平均估计

应用 Minitab 中田口方法的预测田口结果模块，本案例最佳方案平均收率估计为 75.50%。

将上述结果与直观分析法的最好方案即第 2 号方案的收率 74% 相比较，可知最终确定的最佳方案比直观分析法中的第 2 号方案更好。

10. 确认实验

将直观分析法的最好方案（$A_1 B_1 C_2 D_2$）和统计分析法（极差分析法和方差分析法）的最佳方案（$A_1 B_2 C_2 D_2$）进行对比实验，如果统计分析法的最佳方案（$A_1 B_2 C_2 D_2$）优于直观分析法的最好方案（$A_1 B_1 C_2 D_2$），则确认最佳方案（$A_1 B_2 C_2 D_2$）具有重现性。如果，统计分析法的最佳方案（$A_1 B_2 C_2 D_2$）不及直观分析法的最好方案（$A_1 B_1 C_2 D_2$），则选取直观分析法的最好方案（$A_1 B_1 C_2 D_2$）作为工艺条件。

这里需要注意的是，收率是百分率数据，一般交互作用较大，本案例仅仅考虑了交互作用 $A \times B$，而除了交互作用 $A \times B$ 以外，是否还需要考虑其他交互作用。

前面介绍了正交实验数据的三种分析方法：直观分析法、极差分析法和方差分析法。直观分析法最直观，不用任何计算，一眼就可以看出结果，但是它不能分析因子对输出特性的影响大小和主次关系，一般情况下，只能找到较好的方案，而不能找到真正意义上的最佳方案；极差分析法简单易行，不需要任何假定条件，既可以分析因子对输出特性的影响大小和主次关系，又可以找到所有方案中的最佳方案；方差分析法需要许多假定条件，计算也比较复杂。鉴于上述比较，对正交实验数据的分析，我们提倡使用极差分析法。

4.3 三水平正交实验设计

所谓三水平正交实验，就是每个因子均取三个水平的正交实验。本节以波峰焊工艺优化为例，介绍三水平正交实验设计的基本方法和步骤。

4.3.1 基本步骤

三水平正交实验设计的基本步骤与二水平正交实验设计的基本步骤相同，案例 4-2 中有些步骤有省略。

4.3.2 案例 4-2

波峰焊是 IT 行业的关键过程，本项目应用正交实验设计方法优化波峰焊工艺，减少缺陷数，提高合格率。

1. 明确输出特性

波峰焊的主要质量问题是缺陷，缺陷类型有：搭丝、漏焊、拉尖、半焊、气孔等，各种缺陷对质量影响的严重程度不同。例如，搭丝会导致短路，漏焊会导致断路，半焊会导致接触不良等。本案例输出特性 Y 的测量方法如下（可参考表 4-11）：

(1) 依据每种缺陷对质量影响的严重程度设定权重 $a_i(i = 1, 2, \cdots, 6)$；

(2) 每次实验焊接 1 块大拼板（由 5 块线路板组成），统计 1 块大拼板中每种缺陷的个数（即频数）$C_i(i = 1, 2, \cdots, 6)$；

(3) 计算输出特性：1 块大拼板中各种缺陷的加权平均缺陷数 $Y = \sum_{i=1}^{6}(a_i \times C_i)$

表 4-11 波峰焊实验缺陷数统计表

序号	1	2	3	4	5	6	
缺陷类型	搭丝	漏焊	拉尖	半焊	气孔	其他	合计
权重	$a_1=0.45$	$a_2=0.20$	$a_3=0.12$	$a_4=0.10$	$a_5=0.08$	$a_6=0.05$	1.00
频数	C_1	C_2	C_3	C_4	C_5	C_6	Y

2. 制定可控因子水平表

根据实际经验，选择4个工艺参数作为可控因子，每个因子选择3个水平，制作可控因子水平表见表4-12。

表 4-12 波峰焊实验可控因子水平表

水平 \ 因子	A/℃ 焊接温度	B/(cm/s) 焊接速度	C/cm 锡波高度	D/s 预热时间
1	250	4	2	20
2	255	5	2.5	25
3	260	6	3	30

3. 实验方案设计

采用正交表 $L_9(3^4)$ 进行实验方案的设计，A、B、C、D 依次排列在正交表的第1、2、3、4列，实验结果见表4-13。

表 4-13 波峰焊正交实验设计方案及实验结果表

实验号	A 1	B 2	C 3	D 4	y_i(‰)
1	1	1	1	1	42.31
2	1	2	2	2	35.23
3	1	3	3	3	25.30
4	2	1	2	3	40.48
5	2	2	3	1	11.40
6	2	3	1	2	14.39
7	3	1	3	2	28.10
8	3	2	1	3	16.67
9	3	3	2	1	21.58

4. 平均值响应表

应用 Minitab 中的分析田口设计模块,可输出以下结果,见表 4–14 和图 4–2。

表 4–14 波峰焊实验加权缺陷数均值响应表

水平	A	B	C	D
1	34.28	36.96	24.46	25.10
2	22.09	21.10	32.43	25.91
3	22.12	20.42	21.60	27.48
Delta	12.19	16.54	10.83	2.39
排秩	2	1	3	4

从表 4–14 可以看出,因子的主次顺序为 $B-A-C-D$。

5. 主效应图

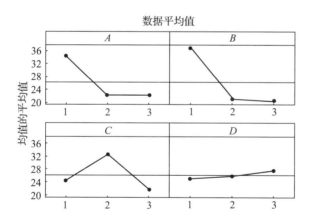

图 4–2 波峰焊实验加权缺陷数主效应图

6. 最佳方案确定

因为加权缺陷数越小越好,从主效应图可以看出,最佳方案为 $A_2B_3C_3D_1$。

7. 最佳方案工程平均估计

应用 Minitab 中的预测田口结果模块,可以预测最佳方案的加权缺陷数为 10.7233‰。

4.4 正交实验设计的原理

正交实验设计的原理是什么？为什么只要进行少数几次实验就可以找到最佳方案？本节以三水平正交实验设计为例，说明正交实验设计的原理。

考虑一个三个因子、三水平的正交实验，用正交表 $L_9(3^4)$ 安排实验方案，见表 4–15。

表 4–15 $L_9(3^4)$ 实验方案设计表

实验号	A	B	C	e	y_i
	1	2	3	4	
1	1	1	1	1	y_1
2	1	2	2	2	y_2
3	1	3	3	3	y_3
4	2	1	2	3	y_4
5	2	2	3	1	y_5
6	2	3	1	2	y_6
7	3	1	3	2	y_7
8	3	2	1	3	y_8
9	3	3	2	1	y_9
T_1	T_{11}	T_{12}	T_{13}	T_{14}	
T_2	T_{21}	T_{22}	T_{23}	T_{24}	T
T_3	T_{31}	T_{32}	T_{33}	T_{34}	

考察表 4–15，可以看出正交实验设计具有以下两个特点。

1. 实验点均衡分散

以 A、B、C 为相互垂直的三个坐标轴，用几何作图方法，将表中的 9 个实验依次画到图上，见图 4–3。如果不做正交实验，将每个实验都做一次，那么就有 $A_1B_1C_1$，……，$A_3B_3C_3$ 等 27 个实验条件，这 27 个点在图上表示，就是立方体内的 27 个交叉点，见图 4–4。

对比图 4–3 和图 4–4 可知，正交实验的 9 个实验点在立方体内（即实验范围内）均衡分散：在立方体的每个面（截面）上（对应于 A_1、A_2、A_3 是左、中、右三个面；对应于 B_1、B_2、B_3 是下、中、上三个面；对应于 C_1、C_2、C_3 是前、

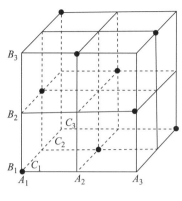 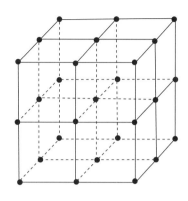

图 4-3　正交试验 9 次　　　图 4-4　全部试验 27 次

中、后三个面），都恰有 3 个点；在立方体的每条线上（共 27 条线），都恰有 1 个点。这说明实验点均衡分散，恰到好处，具有很强的代表性。因此，正交实验中 9 个实验点中的最好点，即使不是全部实验中的最好点，也往往是相当好的点。同理，9 个实验点中的最坏点也往往是相当坏的。

2. 实验点整齐可比

从表 4-15 还可以看出，当比较因子 A 的三个水平时，因子 B 和 C 在有规律地变化。例如，在包含 A_1 的三个实验中（第 1、2、3 号实验），B 和 C 的三个水平都取到了。同样，在包含 A_2、A_3 的三个实验中，B 和 C 的三个水平也都取到了。因此，当比较 A 列的 T_{11}、T_{21}、T_{31} 时，它们的波动主要是由于 A 的三个水平不同所引起的，而 B 和 C 的影响均最大限度地被消除了。同理，空列（第 4 列）的 T_{14}、T_{24}、T_{34} 的变化主要反映了误差的影响，因子 A、B、C 的影响也最大限度地被消除了。这就是正交实验的整齐可比性。

正交实验设计的实验点为什么具有均衡分散、整齐可比这两个特点呢？其根源在于正交表的正交性，即：①每一列各个数的重复次数相等；②任两列数的各种不同搭配方式的重复次数也相等。

4.5　多响应的正交实验设计

当一个实验的结果有两个或两个以上的输出特性时，称为多特性实验或多响应实验。本节介绍多响应实验的正交设计方法。

4.5.1 多响应正交实验设计的方法

多响应正交实验设计,通常有以下三种方法:

1. 加权平均法

当各个响应单位相同,但是重要性不同时,可对每个响应设定权重,然后计算加权平均响应,并以此作为实验指标进行分析。这种方法称为加权平均法。例如,上一节的波峰焊工艺优化就属于此种情形。

2. 排队评分法

首先,对每号实验按照各个响应的优劣情况进行排队;然后,按照排名进行评分;最后,以评分作为实验指标进行分析。这种方法称为排队评分法。

3. 综合平衡法

首先,对每个响应进行分析,找出各自因子的主次关系和最佳方案;然后,进行综合平衡,找出兼顾各个响应的最佳方案。这种方法称为综合平衡法。

本节主要介绍排队评分法和综合平衡法。

4.5.2 案例 4-3

某公司原来主要生产醋制品,为拓展新业务准备生产酱油,本项目应用正交实验设计方法研制酱油配方,以提高客户满意度。

1. 可控因子水平表

酱油配方为 4 种辅料加主料,本案例选择 4 种辅料作为可控因子,每个因子选择 3 个水平,酱油配方实验可控因子水平表见表 4-16。其中,$A_1B_1C_1D_1$ 为初始配方。

表 4-16 酱油配方实验可控因子水平表

代号	因子	水平 1	水平 2	水平 3
A	食用盐	3%	1%	5%
B	谷氨酸钠	1%	0.5%	2%
C	酵母抽提物	0.5%	0.1%	1%
D	三氯蔗糖	0.005%	0.004%	0.01%

2. 实验方案及实验数据

选择正交表 $L_9(3^4)$ 来设计实验方案,由于没有考虑交互作用,因此,将因子 A、B、C、D 依次排在正交表 $L_9(3^4)$ 的第1、2、3、4列,进行实验,实验结果见表 4–17。

表 4–17 酱油配方正交实验设计方案及实验数据表

实验号	A	B	C	D	单项评分			总评分
	1	2	3	4	咸味 y_1	鲜味 y_2	香气 y_3	z
1	1	1	1	1	30	30	40	100
2	1	2	2	2	25	25	15	65
3	1	3	3	3	20	15	20	55
4	2	1	2	3	20	20	30	70
5	2	2	3	1	20	20	20	60
6	2	3	1	2	15	20	15	50
7	3	1	3	2	20	25	30	75
8	3	2	1	3	30	30	20	80
9	3	3	2	1	30	30	35	95

3. 排队评分法

首先对咸味、鲜味和香气进行评分(咸味满分为30、鲜味满分为30、香气满分为40),然后计算总评分(满分为100)。

应用 Minitab 中的分析田口设计模块,可以输出均值响应表和主效应图。

(1) 总评分 z 的均值响应表

从表 4–18 中可知,评分最高的水平组合 $A_3B_1C_{1,2}D_1$ 是最佳方案。

表 4–18 总评分 z 的均值响应表

水平	A	B	C	D
1	73.33	81.67	76.67	85.00
2	60.00	68.33	76.67	63.33
3	83.33	66.67	63.33	68.33
Delta	23.33	15.00	13.33	21.67
排秩	1	3	4	2

(2) 总评分 z 的均值主效应图

从图 4-5 中，也可以看出 $A_3B_1C_{1,2}D_1$ 是最佳方案。

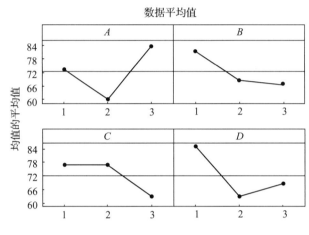

图 4-5　总评分 z 的均值主效应图

4. 综合平衡法

下面先对每个单项指标评分进行分析，应用 Minitab 中的分析田口设计模块，输出均值响应表和主效应图。

(1) 咸味得分 y_1 的统计分析

1) 咸味得分 y_1 的均值响应表

表 4-19　咸味得分 y_1 的均值响应表

水平	A	B	C	D
1	25.00	23.33	25.00	26.67
2	18.33	25.00	25.00	20.00
3	26.67	21.67	20.00	23.33
Delta	8.33	3.33	5.00	6.67
排秩	1	4	3	2

2) 咸味得分 y_1 的均值主效应图

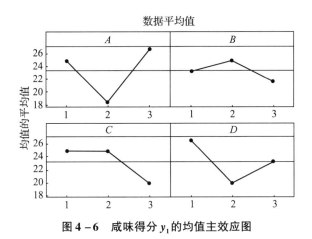

图 4-6　咸味得分 y_1 的均值主效应图

3）咸味得分 y_1 的最佳方案

从表 4-19 和图 4-6 均可以看出，咸味得分 y_1 的最佳方案为 $A_3B_2C_{1,2}D_1$。

（2）鲜味得分 y_2 的统计分析

1）鲜味得分 y_2 的均值响应表

表 4-20　鲜味得分 y_2 的均值响应表

水平	A	B	C	D
1	23.33	25.00	26.67	26.67
2	20.00	25.00	25.00	23.33
3	28.33	21.67	20.00	21.67
Delta	8.33	3.33	6.67	5.00
排秩	1	4	2	3

2）鲜味得分 y_2 的均值主效应图

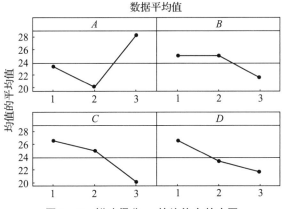

图 4-7　鲜味得分 y_2 的均值主效应图

3)鲜味得分 y_2 的最佳方案。

从表 4-20 和图 4-7 均可以看出,鲜味 y_2 的最佳方案为 $A_3B_{1,2}C_1D_1$。

(3)香气得分 y_3 的统计分析

1)香气得分 y_3 的均值响应表

表 4-21 香气得分 y_3 的均值响应表

水平	A	B	C	D
1	25.00	33.33	25.00	31.67
2	21.67	18.33	26.67	20.00
3	28.33	23.33	23.33	23.33
Delta	6.67	15.00	3.33	11.67
排秩	3	1	4	2

2)香气得分 y_3 的均值主效应图

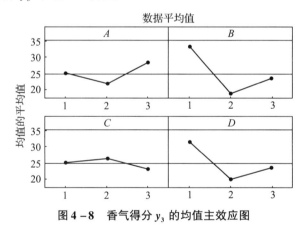

图 4-8 香气得分 y_3 的均值主效应图

3)香气得分 y_3 的最佳方案

从表 4-21 和图 4-8 均可以看出,香气 y_3 的最佳方案为 $A_3B_1C_2D_1$。

(4)综合平衡,确定最佳方案

表 4-22 多响应综合平衡表

评价指标	因子主次关系	最佳方案
咸味 y_1	$A_3—D_1C_{1,2}B_2$	$A_3B_2C_{1,2}D_1$
鲜味 y_2	$A_3—C_1D_1B_{1,2}$	$A_3\ B_{1,2}C_1D_1$

(续)

评价指标	因子主次关系	最佳方案
香气 y_3	$B_1 — D_1 A_3 C_2$	$A_3 B_1 C_2 D_1$
综合评分 z	$A_3 — D_1 B_1 C_{1,2}$	$A_3 B_1 C_{1,2} D_1$
综合平衡	$A_3 B_1 C_1 D_1$	

从表 4-22 可以看出，在进行综合平衡时，因子 A 无论看哪一个评价指标都是选取 A_3；因子 B 主要影响香气，故选取 B_1；因子 C 主要影响鲜味，故选取 C_1；因子 D 无论看哪一个评价指标都是选取 D_1。因此，使用综合平衡法确定的最佳方案为：$A_3 B_1 C_1 D_1$。这与使用排队评分法确定的最佳方案 $A_3 B_1 C_{1,2} D_1$ 是一致的。

思考与练习

◎ 思 考 ◎

1. 什么是正交表的正交性？
2. 正交实验设计有何优点？
3. 田口博士推荐使用哪几张正交表，为什么？
4. 正交实验设计的数据分析方法有哪几种，哪一种最常用，为什么？
5. 按正交表设计了实验方案后，实验的顺序如何考虑？
6. 正交实验设计的结果数据是差异大好，还是差异小好？
7. 多响应正交实验如何优化设计？

◎ 练 习 ◎

1. 为探讨啤酒酵母的最适自溶条件，安排三因子三水平正交实验。输出特性为自溶液中的蛋白质含量（%），越大越好。

表 4-23　啤酒酵母实验可控因子水平表

水平	可控因子		
	温度 A/℃	pH 值 B	加酶量 C（%）
1	50	6.5	2.0
2	55	7.0	2.4
3	58	7.5	2.8

表 4-24 啤酒酵母正交实验设计方案及实验结果表

实验号	A	B	C	e	Y(%)
1	1(50)	1(6.5)	1(2.0)	1	6.25
2	1	2(7.0)	2(2.4)	2	4.97
3	1	3(7.5)	3(2.8)	3	4.54
4	2(55)	1	2	3	7.53
5	2	2	3	1	5.54
6	2	3	1	2	5.5
7	3(58)	1	3	2	11.4
8	3	2	1	3	10.9
9	3	3	2	1	8.95

试确定最佳方案。

2. 本实验的目的是探讨方便面生产的最佳工艺条件,以提高方便面的质量。实验以脂肪含量、水分含量和复水时间为输出特性。脂肪含量越低越好,水分含量越高越好,复水时间越短越好。

表 4-25 方便面生产工艺可控因子水平表

水平	可控因子			
	湿面筋(%)	改良剂用量(%)	油炸时间/s	油炸温度/℃
	A	B	C	D
1	28	0.05	70	150
2	32	0.075	75	155
3	36	0.10	80	160

表 4-26 方便面生产工艺正交实验设计方案及实验结果表

实验号	实验方案				输出特性		
	A	B	C	D	脂肪(%)	水分(%)	复水时间/s
1	1(28)	1(0.05)	1(70)	1(150)	24.8	2.1	3.5
2	1	2(0.075)	2(75)	2(155)	22.5	3.8	3.7
3	1	3(0.10)	3(80)	3(160)	23.6	2.0	3.0
4	2(32)	1	2	3	23.8	2.8	3.0

（续）

实验号	实验方案				输出特性		
	A	B	C	D	脂肪（%）	水分（%）	复水时间/s
5	2	2	3	1	22.4	1.7	2.2
6	2	3	1	2	19.3	2.7	2.8
7	3(36)	1	3	2	18.4	2.5	3.0
8	3	2	1	3	19.0	2.0	2.7
9	3	3	2	1	20.7	2.3	3.6

试确定最佳生产工艺条件。

第 5 章 望目特性的稳健参数设计

所谓望目特性是指存在一个大于零的目标值,希望输出特性越接近目标值越好,而且波动越小越好的特性。例如,产品的尺寸。

所谓望零特性是指目标值为零,希望输出特性越接近零越好,而且波动越小越好的特性。望零特性实际上就是目标值为零的望目特性。例如,产品的翘曲。

本章介绍望目特性和望零特性的信噪比和灵敏度的定义和计算方法,并且按照系统的输出特性可计算(即可以通过系统的输入计算系统的输出)和不可计算(即只能通过实验得到系统的输出)两种情形,分别介绍望目特性稳健参数设计的方法和步骤。

5.1 望目特性的信噪比与灵敏度

5.1.1 望目特性的信噪比(目标值 $m>0$)

1. 定义式

若输出特性 Y 的数据全部是正数,理想值为正数 m,希望越接近理想值越好,这种特性称为望目特性。设 Y 的期望值为 μ,方差为 σ^2,望目特性的信噪比为 η,则:

$$\eta = \frac{\mu^2}{\sigma^2} \qquad (5-1)$$

2. 计算式

计测望目特性 Y 的 n 个数据:$y_1, y_2, \cdots, y_n$,则望目特性的信噪比估计公式为:

$$\eta = 10\lg \frac{\frac{1}{n}(S_m - V_e)}{V_e} \quad (\text{db}) \tag{5-2}$$

式中

$$S_m = n\bar{y}^2, \quad \bar{y} = \frac{1}{n}\sum_{i=1}^{n} y_i, \quad V_e = \frac{1}{n-1}\sum_{i=1}^{n}(y_i - \bar{y})^2 \tag{5-3}$$

在 Minitab 中，望目特性的信噪比估计公式简化为：

$$\eta = 10\lg \frac{(\bar{y})^2}{V_e} \quad (\text{db}) \tag{5-2}'$$

5.1.2 望目特性的灵敏度

1. 定义式

设望目特性 Y 的期望值为 μ，令：

$$S = \mu^2 \tag{5-4}$$

S 称为望目特性的灵敏度。

在 Minitab 中，以望目特性的期望值 μ 代替灵敏度 S。

2. 计算式

望目特性灵敏度 μ^2 的估计公式为

$$S = 10\lg \frac{1}{n}(S_m - V_e) \quad (\text{db}) \tag{5-5}$$

S_m，V_e 含义同式 5-3。

5.2 望目特性稳健参数设计的基本步骤

望目特性稳健参数设计的基本步骤如下：

1. 确定输出特性的测量方法，并明确目标值

在稳健参数设计中，主张尽量选择计量值输出特性（如寸尺、硬度、强度、寿命等），而不选择计数值输出特性（如不合格品数、缺陷数等），因为后者的效应没有连续性和可加性。对于百分浓度、百分含量这种百分比数据，虽然也是计量值特性，但是，其效应往往也没有可加性，所以，也尽量不选择它们作为输

出特性。

2. 制定可控因子水平表

在技术开发中，可控因子就是技术参数；在产品设计中，可控因子就是产品的设计参数；在工艺优化中，可控因子就是工艺参数；在配方优化中，可控因子就是各种成分。在稳健参数设计中，一般选择 7~8 个参数作为可控因子，每个可控因子选择 2~3 个水平，各个水平间隔保持适当距离，使之尽可能覆盖参数空间。

3. 进行内设计

在稳健参数设计中，推荐选择正交表 $L_{18}(2^1 \times 3^7)$ 作为内表进行内设计，因为该正交表的任意两个 3 水平列的交互效应平均分配在其他 3 水平列上，无须刻意安排交互作用。此外，正交表 $L_{12}(2^{11})$ 和 $L_{36}(2^{11} \times 3^{12})$ 也无须刻意安排交互作用，也可作为内表。

4. 制定噪声因子水平表

在稳健参数设计中，优先选择内噪声和外噪声，因为产品的设计质量决定了产品抵抗内噪声、外噪声的能力。在产品制造质量改进过程中，可以重点选择产品间噪声，以减少制造质量的变异。

5. 进行外设计

在稳健参数设计中，对于可计算系统，用正交表作为外表安排噪声因子进行外设计，采用内外表直积法进行实验设计；对于不可计算系统，为了减少实验次数，建议将多个噪声因子综合成一个复合噪声因子，模拟输出特性的最大变化范围。

6. 进行实验并获取实验数据

按照内设计和外设计进行实验，并获取输出特性的数据。实验的先后顺序理论上应当随机化，实际上很难做到。一种可行的办法是，根据可控因子调整的难易程度确定实验的先后顺序。

7. 计算信噪比和灵敏度

按照输出特性的类型，选择相应的公式计算信噪比和灵敏度（或平均值）。

8. 内表的统计分析

用信噪比和灵敏度（或平均值）对内表中的每一个方案进行稳健性评定，数据分析采用极差法，无须采用方差分析法。

9. 确定最佳设计方案

在确定最佳设计方案时，采用两步法：
1）进行信噪比分析，选择信噪比最大的设计方案；
2）进行灵敏度（或平均值）分析，调整输出特性的平均值使其达到目标值。

10. 估计信噪比和灵敏度的增益

对最佳设计和初始设计，分别估计信噪比和灵敏度，并计算其增益。

11. 确认增益的重现性

对最佳设计和初始设计在相同的噪声条件下，各做一次验证实验，并计算信噪比和灵敏度及其增益。如果验证实验的增益与估计的增益基本接近，则确认增益具有重现性，说明了优化后的最佳方案确实是最佳方案。

5.3 可计算系统的稳健参数设计

所谓可计算系统是指系统的输出特性 Y 可以通过系统的输入（x_1，x_2，…，x_k）计算得到，而无须进行实验。本节以电感电路的优化设计为例，介绍望目特性可计算系统的参数设计方法和步骤。

1. 确定输出特性的测量方法，并明确目标值

设计一个电感电路，此电路由电阻 R（单位：Ω）和电感 L（单位：H）组成。当输入交流电压为 V（单位：V）和电源频率为 f（单位：Hz）时，输出电流 Y（单位：A）为 $\dfrac{V}{\sqrt{R^2+(2\pi f L)^2}}$，至此完成系统设计。该电感电路要求输出电流 $Y=10$（单位：A），波动越小越好，故为望目特性。电感电路图见图 5-1。

稳健参数设计

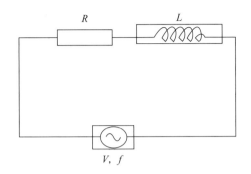

图 5-1 电感电路图

2. 制定可控因子水平表

可控因子是电阻 R 和电感 L，它们的取值由设计人员根据专业知识确定，其水平表见表 5-1。

表 5-1 电感电路可控因子水平表

水平 因子	1	2	3
R/Ω	0.5	5.0	9.5
L/H	0.01	0.02	0.03

3. 进行内设计

选用正交表 $L_9(3^4)$ 进行内设计，设计方案见表 5-2。

表 5-2 电感电路内设计方案

序号	R 1	L 2
1	1(0.5)	1(0.01)
2	1	2(0.02)
3	1	3(0.03)
4	2(5.0)	1
5	2	2
6	2	3
7	3(9.5)	1
8	3	2
9	3	3

4. 制定噪声因子水平表

噪声因子有 4 个，它们分别是外接电源的电压 V'、频率 f'、元件电阻 R' 和电感 L'。根据外界客观环境，外接电源的电压和频率的水平选为：

$$V'_1 = 90\mathrm{V}, \quad V'_2 = 100\mathrm{V}, \quad V'_3 = 110\mathrm{V}$$

$$f'_1 = 50\mathrm{Hz}, \quad f'_2 = 55\mathrm{Hz}, \quad f'_3 = 60\mathrm{Hz}$$

电阻 R' 和电感 L' 采用三级品，波动为 ±10%，其水平如下：

第二水平：内表给出的名义值

第一水平：内表给出的名义值 × 0.9

第三水平：内表给出的名义值 × 1.1

以上内设计中的 9 个方案的噪声因子水平表见表 5-3。

表 5-3 电感电路噪声因子水平表

内表实验序号	水平号	噪声因子			
		R'	L'	V'	f'
1	1	0.45	0.009	90	50
	2	0.50	0.010	100	55
	3	0.55	0.011	110	60
2	1	0.45	0.018	90	50
	2	0.50	0.020	100	55
	3	0.55	0.022	110	60
3	1	0.45	0.027	90	50
	2	0.50	0.030	100	55
	3	0.55	0.033	110	60
4	1	4.5	0.009	90	50
	2	5.0	0.010	100	55
	3	5.5	0.011	110	60
5	1	4.5	0.018	90	50
	2	5.0	0.020	100	55
	3	5.5	0.022	110	60
6	1	4.5	0.027	90	50
	2	5.0	0.030	100	55
	3	5.5	0.033	110	60

(续)

内表实验序号	水平号	噪声因子			
		R'	L'	V'	f'
7	1	8.55	0.009	90	50
	2	9.5	0.010	100	55
	3	10.45	0.011	110	60
8	1	8.55	0.018	90	50
	2	9.5	0.020	100	55
	3	10.45	0.022	110	60
9	1	8.55	0.027	90	50
	2	9.5	0.030	100	55
	3	10.45	0.033	110	60

5. 进行外设计

选用 $L_9(3^4)$ 正交表进行外设计,采用内外表直积法,其直积方案见表 5-4。

表 5-4 电感电路内外表直积法设计方案

因子 \ 列号	实验号 k	1 2 3 … 9
R'	1	外表 $L_9(3^4)$
L'	2	
V'	3	
f'	4	

实验号 i	R L …				η_i (db)	S_i (db)	y_{i1} y_{i2} y_{i3} … y_{i9}
	1	2	3	4			
1					η_1	S_1	y_{11} y_{12} y_{13} … y_{19}
2	内表 $L_9(3^4)$				η_2	S_2	y_{21} y_{22} y_{23} … y_{29}
⋮					⋮	⋮	⋮
9					η_9	S_9	y_{91} y_{92} y_{93} … y_{99}

6. 进行实验并获取实验数据

由于电流可以计算,故由 $Y = \dfrac{V}{\sqrt{R^2 + (2\pi fL)^2}}$ 直接计算出输出特性 Y。

现以内设计第 1 号方案为例说明其计算过程。首先给出第 1 号方案的外设计方案数据表，见表 5-5。

表 5-5　电感电路内设计第 1 号方案的外设计方案数据表

序号 \ 因子列号	R' 1	L' 2	V' 3	f' 4	y_i/A
1	1 (0.45)	1 (0.009)	1 (90)	1 (50)	31.44
2	1	2 (0.010)	2 (100)	2 (55)	28.70
3	1	3 (0.011)	3 (110)	3 (60)	26.37
4	2 (0.50)	1	2	3	29.16
5	2	2	3	1	34.58
6	2	3	1	2	23.47
7	3 (0.55)	1	3	2	34.83
8	3	2	1	3	23.62
9	3	3	2	1	28.58

然后对外表（表 5-5）各号方案求输出特性。例如，表 5-5 中的第 2 号方案，其电流 y_2 为

$$y_2 = \frac{V}{\sqrt{R^2 + (2\pi f L)^2}} = \frac{100}{\sqrt{0.45^2 + (2\pi \times 55 \times 0.01)^2}} = 28.70 \text{（A）}$$

表 5-5 中其余 8 个方案的电流见表 5-5 最右列。

仿照上述过程，再分别求出内设计中其余 8 个方案的输出特性，见表 5-6。

表 5-6　电感电路内设计各个方案输出特性表

内表 \ 外表	y_{i1}	y_{i2}	y_{i3}	y_{i4}	y_{i5}	y_{i6}	y_{i7}	y_{i8}	y_{i9}
1	31.44	28.70	26.37	29.16	34.58	23.47	34.83	23.62	28.58
2	15.87	14.44	13.24	14.70	17.45	11.81	17.62	11.91	14.42
3	10.60	9.64	8.84	9.81	11.66	7.88	11.77	7.95	9.63
4	16.93	17.62	17.98	16.55	18.63	14.33	17.41	13.50	15.40
5	10.45	12.03	11.66	11.86	13.70	9.89	13.25	9.64	11.32
6	9.37	8.85	8.31	8.82	10.31	7.23	10.16	7.16	8.52
7	9.99	10.84	11.58	9.91	10.99	8.80	10.09	8.10	9.09
8	8.78	9.10	9.23	8.57	9.66	7.40	9.05	9.98	7.89
9	7.47	7.44	7.29	7.18	8.22	6.06	7.85	5.84	6.79

7. 计算信噪比和灵敏度

对内设计每号方案下得到 9 个输出特性值 y_{i1}，y_{i2}，…，y_{i9}，可利用下列公式

算出 S_i 和 η_i。

$$S_{mi} = \frac{1}{9}(y_{i1} + y_{i2} + \cdots + y_{i9})^2$$

$$V_{ei} = \frac{1}{8}\left(\sum_{j=1}^{9} y_{ij}^2 - S_{mi}\right)$$

$$S_i = 10 \lg \frac{1}{9}(S_{mi} - V_{ei}) \quad (\text{db})$$

$$\eta_i = 10 \lg \frac{\frac{1}{9}(S_{mi} - V_{ei})}{V_{ei}} \quad (\text{db})$$

以内设计第 1 号方案为例，进行计算：

$$S_{m1} = \frac{1}{9}(31.44 + 28.70 + \cdots + 28.58)^2 = 7554.51$$

$$V_{e1} = \frac{1}{8}[(31.44^2 + 28.70^2 + \cdots + 28.58^2) - 7554.51] = 17.23$$

$$S_1 = 10 \lg \frac{1}{9}(7554.51 - 17.23) = 29.23 \quad (\text{db})$$

$$\eta_1 = 10 \lg \frac{\frac{1}{9}(7554.51 - 17.23)}{17.23} = 16.87 \quad (\text{db})$$

仿此可求出内设计中第 2-9 号方案的灵敏度 S_i 和信噪比 η_i。具体结果见表 5-7。

表 5-7　电感电路内设计的信噪比和灵敏度

实验序号	R 1	L 2	e 3	e 4	η_i /db	S_i /db	平均值 /A
1	1	1	1	1	16.87	29.23	28.9722
2	1	2	2	2	16.78	23.28	14.6067
3	1	3	3	3	16.76	19.77	9.7533
4	2	1	2	3	19.58	24.34	16.4833
5	2	2	3	1	18.74	21.41	11.5333
6	2	3	1	2	17.90	18.83	8.7478
7	3	1	3	2	18.95	19.93	9.9322
8	3	2	2	3	19.59	18.61	8.8511
9	3	3	1	1	19.22	17.05	7.1267

8. 内表的统计分析

(1) 信噪比均值响应表与主效应图

应用 Minitab 中的分析田口设计模块，可以输出如下结果，见表 5-8 和图 5-2：

表 5-8　电感电路信噪比均值响应表

水平	R	L	e_1	e_2
1	16.80	18.47	18.12	18.28
2	18.74	18.37	18.53	17.88
3	19.25	17.96	18.15	18.64
Delta	2.45	0.51	0.41	0.77
排秩	1	3	4	2

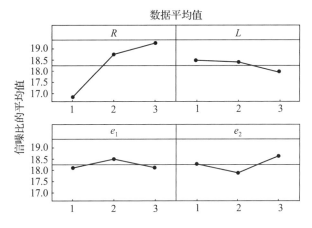

图 5-2　电感电路信噪比均值主效应图

(2) 灵敏度响应表与主效应图

电感电路的灵敏度响应表见表 5-9，灵敏度主效应图见图 5-3。

表 5-9　电感电路灵敏度响应表

水平	R	L	e_1	e_2
1	24.09	24.50	22.22	22.56
2	21.53	21.10	21.56	20.68
3	18.53	18.55	20.37	20.91
Delta	5.56	5.95	1.85	1.88
排秩	2	1	4	3

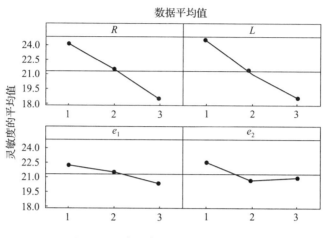

图 5-3　电感电路灵敏度主效应图

（3）因子分类表

由表 5-10 可知，电阻 R 对信噪比有显著性影响，为稳定因子；而电感 L 虽对信噪比无显著影响，但对灵敏度有显著性影响，为调整因子。可以通过对因子 L 的调整，使最佳参数设计方案的平均值趋近目标值。

表 5-10　因子分类表

因子类别	信噪比分析	灵敏度分析	因子名称
1	＊	＊	稳定因子 R
2	＊	／	稳定因子（无）
3	／	＊	调整因子 L
4	／	／	次要因子（无）

9. 确定最佳设计方案

（1）首先进行信噪比分析

从电感电路信噪比均值主效应图（见图 5-2）可以看出，电阻 R 为显著因子，电感 L 为次要因子，最佳参数设计方案为 R_3L_1。

（2）其次进行灵敏度（或平均值）分析

从电感电路灵敏度主效应图（见图 5-3）可以看出，电感 L 电阻 R 都是显著因子，电感 L 可以用作调整因子。从表 5-7 中可以看出，R_3L_1 的平均值约为 9.9322A，接近目标值 10A，无须调整。

10. 估计信噪比和灵敏度的增益

应用 Minitab 中的预测田口结果模块，可得：

(1) 最佳方案 R_3L_1 的信噪比和灵敏度的估计

最佳方案信噪比的估计：19.4544db

最佳方案灵敏度的估计：21.6467db

(2) 初始方案 R_2L_2 的信噪比和灵敏度的估计

初始方案信噪比的估计：18.8444db

初始方案灵敏度的估计：21.2433db

(3) 估计信噪比和灵敏度的增益

信噪比的增益：19.4544 - 18.8444 = 0.61（db）

灵敏度的增益：21.6467 - 21.2433 = 0.40（db）

11. 确认增益的重现性

本例的输出特性电流强度可计算，数据可根据公式计算而得。表 5-11 是初始方案 R_2L_2 与最佳方案 R_3L_1 的统计特性的比较。

表 5-11　电感电路初始方案与最佳方案的对比

方案 结果	初始方案 R_2L_2	最佳方案 R_3L_1
1	10.45	9.99
2	12.03	10.84
3	11.66	11.58
4	11.86	9.91
5	13.70	10.99
6	9.89	8.80
7	13.25	10.09
8	9.64	8.10
9	11.32	9.09
ηi（db）	18.74	18.95
Si（db）	21.41	19.93
平均值	11.53	9.93

表 5-12 是信噪比和灵敏度的增益的计算值和估计值。

表 5-12 电感电路信噪比和灵敏度的增益

方案	信噪比/db		灵敏度/db	
	计算值	估计值	计算值	估计值
原方案	18.74	18.8444	21.41	21.2433
最佳方案	18.95	19.4544	19.93	21.6467
增益	0.21	0.61	-1.48	0.40

从表 5-12 可知,信噪比和灵敏度具有重现性,方案 R_3L_1 为最佳方案。

5.4 不可计算系统的稳健参数设计

所谓不可计算系统,是指系统的输出特性 Y 只能通过实验才能得到。本节以 IT 行业蚀刻工艺优化为例,介绍望目特性不可计算系统的稳健参数设计方法和步骤。

1. 确定输出特性的测量方法,并明确目标值

在蚀刻过程中,蚀刻率的好坏通常会直接影响到产品的优良率。本案例以 B4520 蚀刻机台为研究对象,期望找出最佳工艺参数,以使蚀刻率能达到目标值 4500,并具有良好的稳健性(较小的变异)。

2. 制定可控因子水平表

本案例选用如下可控因子水平表,见表 5-13。

表 5-13 蚀刻实验可控因子水平表

代号	可控因子	水平 1	水平 2	水平 3
A	室内温度	38℃	40℃	42℃
B	射频功率	170W	200W	230W
C	射频等待时间	20s	30s	40s
D	压力	1900mt(吨)	2000mt	2100mt

3. 进行内设计

内表选用 $L_9(3^4)$,因素 A、B、C、D 依次排在第 1、2、3、4 列。试验机台为 B4520,试验产品材料为矽晶片(Poly)6in。

表 5-14　蚀刻实验方案表

序号	A(室内温度)	B(射频功率)	C(射频等待时间)	D(压力)
1	1(38℃)	1(170W)	1(20s)	1(1900mt)
2	1	2(200W)	2(30s)	2(2000mt)
3	1	3(230W)	3(40s)	3(2100mt)
4	2(40℃)	1	2	3
5	2	2	3	1
6	2	3	1	2
7	3(42℃)	1	3	2
8	3	2	1	3
9	3	3	2	1

4. 制定噪声策略

本案例为工艺优化，噪声策略为模拟产品间噪声，即制造误差。

5. 进行实验并获取实验数据

内表中每一号试验蚀刻 10 片，试验数据（蚀刻率）见表 5-15。

表 5-15　蚀刻实验数据表

序号	1	2	3	4	5	6	7	8	9	10
1	4410	4402	4418	4423	4425	4476	4423	4400	4385	4376
2	4432	4421	4456	4458	4435	4445	4454	4421	4418	4439
3	4446	4448	4456	4463	4463	4435	4448	4463	4452	4472
4	4502	4501	4498	4505	4499	4500	4500	4501	4503	4501
5	4500	4501	4501	4502	4501	4515	4511	4503	4500	4500
6	4513	4507	4502	4500	4498	4499	4500	4501	4500	4501
7	4608	4585	4601	4605	4610	4611	4609	4650	4645	4608
8	4640	4641	4600	4605	4622	4622	4621	4640	4645	4644
9	4602	4609	4613	4611	4623	4618	4611	4649	4650	4613

6. 计算信噪比和平均值

信噪比和平均值的计算结果见表 5-16。

表 5-16 蚀刻实验的信噪比和平均值

序号	A	B	C	D	信噪比/db	平均值
1	1(38℃)	1(170W)	1(20s)	1(1900mt)	44.1241	4413.8
2	1	2(200W)	2(30s)	2(2000mt)	49.3623	4437.9
3	1	3(230W)	3(40s)	3(2100mt)	52.2313	4454.6
4	2(40℃)	1	2	3	67.0456	4501.0
5	2	2	3	1	58.6968	4503.4
6	2	3	1	2	59.9414	4502.1
7	3(42℃)	1	3	2	47.4272	4613.2
8	3	2	1	3	48.9835	4628.0
9	3	3	2	1	48.9277	4619.9

7. 生成信噪比和平均值的响应表与主效应图

（1）信噪比的响应表与主效应图

应用 Minitab 中的分析田口设计模块，可以输出蚀刻实验信噪比的响应表和主效应图，见表 5-17 和图 5-4。

表 5-17 蚀刻实验信噪比的响应表

水平	A	B	C	D
1	48.57	52.87	51.02	50.58
2	61.89	52.35	55.11	52.24
3	48.45	53.70	52.79	56.09
Delta	13.45	1.35	4.10	5.50
排秩	1	4	3	2

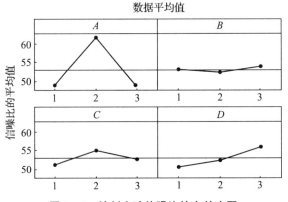

图 5-4 蚀刻实验信噪比的主效应图

（2）平均值的响应表与主效应图

应用 Minitab 中的分析田口设计模块，可以输出蚀刻实验平均值的响应表和主效应图，见表 5-18 和图 5-5。

表 5-18 蚀刻实验平均值的响应表

水平	A	B	C	D
1	4435	4509	4515	4512
2	4502	4523	4520	4518
3	4620	4526	4524	4528
Delta	185	17	9	16
排秩	1	2	4	3

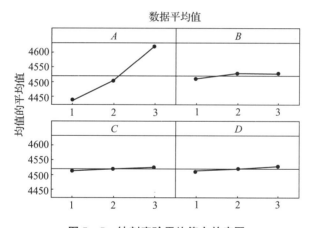

图 5-5 蚀刻实验平均值主效应图

8. 确定最佳设计方案

从图 5-4 可以看出，使得信噪比最大的工艺参数为 $A_2B_3C_2D_3$。但是，因子 B 对信噪比的影响很小。从表 5-18 可以看出，因子 B 选水平 1 时，响应的平均值更接近 4500。所以，最后确定的最佳工艺参数为 $A_2B_1C_2D_3$。

9. 估计最佳方案的信噪比和平均值

应用 Minitab 中的预测田口结果模块，可以预测最佳工艺的信噪比为 67.0456db，平均值为 4501，与 4500 的目标值非常接近。

5.5 望零特性的信噪比

在实际问题中，有时输出特性的数据可能有正有负，而且目标值为零。例如，向上或向下弯曲，向里或向外变形；又如，输出特性是摄氏温度，数据可能高于零度或低于零度，但理想温度为零度等。这种输出特性称为望零特性。

如果将 5.1 介绍的望目特性信噪比公式用于输出特性数据有正有负的场合，就会导致错误的结论。所以，必须采用不同的方法。望零特性的信噪比估计公式应为：

$$\eta = 10\lg\frac{1}{V_e} = -10\lg V_e \quad (\text{db}) \quad (5-6)$$

式中 V_e 见式 (5-3)。

这个信噪比公式的分子和望目特性的信噪比公式中的分子是不同的，它不包括均值的影响。所以，它只考查了不期望的输出的影响，没有体现期望的输出的影响（分子）。如果实际平均值的变化很大，采用这个信噪比公式所得出的结论就会同望目特性的信噪比所得出的结论有很大的差异。

在望零特性的场合，除信噪比公式外，选择最佳方案的两步优化法的应用是完全一样的。也就是说，第一步优先选择信噪比最大的方案；第二步再调整平均值，使达到目标值零。

特别应当说明的是，下面的做法是不可取的：

例如：测量管长 Y 的一组数据为：

12.25，13.19，16.68，…

如果从每个数据中减去目标值 14.00，则数据变为管长的制造误差：

-1.75，-0.81，2.68，…

然后，按照望零特性的方法计算信噪比，这种方法是不可取的。因为，对于管长 Y 实际上是望目特性，其目标值是 14.00。对于望目特性的稳健参数设计，应当首先进行望目特性的信噪比分析以优化稳健性，即减少波动，然后再进行望目特性的灵敏度（或平均值）分析，即调整平均值与目标值的偏差。如果将 "$Y-14.00$" 作为望零特性，然后进行望零特性的信噪比分析，等于是先考虑如何达到目标值，再考虑如何减少波动。这违反了望目特性稳健参数设计的两步优化原则：优先考虑减少波动，再考虑达到目标值。

思考与练习

思　考

1. 望目特性与望零特性有何不同？
2. 如果望目特性 Y 的目标值为 m，为什么不能将 $Y-m$ 当作望零特性来处理？
3. 简要说明望目特性稳健参数设计的两步法。
4. 请说明望目特性信噪比和灵敏度计算公式的由来。
5. 对于可计算系统和不可计算系统的稳健参数设计，外设计有何不同？

练　习

1. 在 5.3 的电感电路案例中，如果外设计采用复合噪声因子法，应该如何进行？
2. 为使照相机幕帘开闭障壁的脱出力稳定在 5.4(N)，进行稳健参数设计，可控因子水平表见表 5-19。

表 5-19　照相机可控因子水平表

因子 水平	A (油)	B/mm (孔径)	C/g (弹簧质量)	D/mm (R)	E (电镀材料)	F (材质)	G/mm (弹簧直径)
1	有	1.1	126	0	Ni	α	4.0
2	无	1.4	190	0.25	(pl)1	β	4.5
3		1.7	313	0.5	(pl)α	γ	5.0

采用 $L_{18}(2^1 \times 3^7)$ 作为内表，进行内设计。A、B、C、D、E、F、G 依次排列在第 1 列至第 7 列。外设计采用复合噪声因子，分别在正侧、负侧最坏条件下各做一次实验，测量脱出力。内表中各号实验的信噪比计算结果依次如下（单位：db）：

20.5　24.2　20.4　42.0　26.4　41.0　24.1　25.1　48.2

18.4　20.4　24.9　34.0　30.2　34.1　18.2　25.5　37.2

试确定最佳设计方案，并与初始方案 $A_1B_2C_2D_2E_2F_2G_2$ 比较，看看信噪比有多少改善？

第6章 望小特性的稳健参数设计

所谓望小特性是指不取负值、目标值为零的输出特性。例如，化工产品中杂质的含量、机械产品的磨损量等。

本章介绍望小特性信噪比的定义和计算方法，并以钛合金磨削工艺优化为例，说明望小特性稳健参数设计的方法和步骤。

6.1 望小特性的信噪比

6.1.1 定义式

设望小特性 Y 的期望值为 μ，方差为 σ^2，η 为望小特性的信噪比，则

$$\eta = \frac{1}{\mu^2 + \sigma^2} \quad (6-1)$$

6.1.2 计算式

计测望小特性 Y 的 n 个数据：$y_1, y_2, \cdots, y_n$，望小特性的信噪比估计公式为：

$$\eta = -10\lg \frac{1}{n} \sum_{i=1}^{n} y_i^2 \quad (\text{db}) \quad (6-2)$$

6.2 望小特性稳健参数设计的基本步骤

望小特性稳健参数设计的基本步骤与望目特性相同（见5.2）。本节以钛合金磨削工艺优化为例，说明望小特性稳健参数设计的方法与步骤。

1. 明确实验目的，确定输出特性

钛合金以其强度高、重量轻、耐热性好和具有良好的抗腐蚀性等优点，被人们誉为"未来的钢铁"，目前已被广泛应用于航空、航天、造船和化工等领域。但是，钛合金的导热系数小、粘附性强、抗氧化能力低，致使其磨削性能差。即使采用特制的砂轮磨削钛合金，其表面粗糙度也只能达到 $Ra > 0.6\mu m$。为了进一步降低钛合金的表面粗糙度，用稳健参数设计方法优化钛合金磨削工艺。

实验目的：优化钛合金磨削工艺，将表面粗糙度降至 $0.2\mu m$ 以下。

输出特性：表面粗糙度 Y（即 Ra），为望小特性。

2. 制定可控因子水平表

依据专业知识，选用对钛合金表面粗糙度影响较大的因子作为磨削工艺参数中的可控因子，即：

因子 A：工件转速；

因子 B：修整砂轮时的走刀量；

因子 C：工件纵向走刀量；

因子 D：磨削深度。

为了减少实验次数，其他条件，如冷却液、磨床、磨削用量及修整砂轮用量中的其他一些参数均固定不变。本案例选取可控因子水平见表 6-1。

表 6-1 钛合金磨削实验可控因子水平表

因子＼水平	1	2	3
A/(转/min)	112	160	80
B/(mm/转)	0.03	0.06	0.09
C/(mm/转)	0.82	3.30	1.65
D/mm	0.005	0.0025	0.00125

3. 进行内设计

选用 $L_9(3^4)$ 作为内表，进行内设计，其实验方案见表 6-2。

表6-2 钛合金磨削实验内表实验方案

水平＼因子	A	B	C	D
1	1(112)	1(0.03)	1(0.82)	1(0.005)
2	1	2(0.06)	2(3.30)	2(0.0025)
3	1	3(0.09)	3(1.65)	3(0.00125)
4	2(160)	1	2	3
5	2	2	3	1
6	2	3	1	2
7	3(80)	1	3	2
8	3	2	1	3
9	3	3	2	1

4. 确定噪声因子及其水平

本例输出特性表面粗糙度 Y 是不可计算的，只能通过实验测量其值。为了减少实验次数，外设计采用复合噪声因子法。

对于望小特性，复合噪声因子 N' 取如下两种水平：

N'_1：标准条件——标准车床、新砂轮、用冷却液；

N'_2：正侧最坏条件——旧车床、旧砂轮、不用冷却液。

5. 进行实验并获取实验数据

选用 $L_9(3^4)$ 作为内表进行内设计，采用复合噪声因子法进行实验，其实验数据见表6-3。

表6-3 钛合金磨削实验数据表

水平＼因子	A 1	B 2	C 3	D 4	N'_1 y_{i1}	N'_2 y_{i2}	信噪比/db
1	1(112)	1(0.03)	1(0.82)	1(0.005)	0.162	0.184	15.22
2	1	2(0.06)	2(3.30)	2(0.0025)	0.259	0.313	10.83
3	1	3(0.09)	3(1.65)	3(0.00125)	0.178	0.206	14.31
4	2(160)	1	2	3	0.204	0.211	13.66

(续)

水平\因子	A 1	B 2	C 3	D 4	N'_1 y_{i1}	N'_2 y_{i2}	信噪比/db
5	2	2	3	1	0.226	0.244	12.57
6	2	3	1	2	0.167	0.178	15.26
7	3(80)	1	3	2	0.213	0.228	13.13
8	3	2	1	3	0.157	0.188	15.23
9	3	3	2	1	0.238	0.271	11.87

6. 计算信噪比

望小特性信噪比的计算公式为：

$$\eta_i = -10\lg\frac{1}{n}\sum_{j=1}^{n}y_{ij}^2 = -10\lg\frac{1}{2}(y_{i1}^2 + y_{i2}^2)$$

以内表第一号方案为例

$$\eta = -10\lg\frac{1}{2}(0.162^2 + 0.184^2) = 15.22 \text{（db）}$$

同理，可计算其他各号方案的 η 值。

7. 生成信噪比的响应表与主效应图

应用 Minitab 中的分析田口设计模块，可以输出信噪比的响应表与主效应图，见表 6-4 和图 6-1。

表 6-4 钛合金磨削实验信噪比的响应表

水平	A	B	C	D
1	13.46	14.00	15.24	13.22
2	13.83	12.88	12.12	13.07
3	13.41	13.81	13.34	14.40
Delta	0.42	1.12	3.12	1.33
排秩	4	3	1	2

8. 确定最佳工艺参数

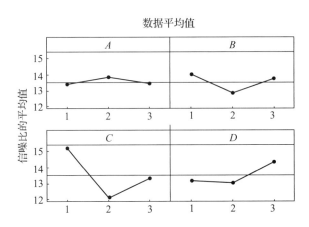

图 6-1　钛合金磨削实验信噪比的主效应图

从表 6-4 和图 6-1 可以看出，信噪比最大的因子水平组合为 $A_2B_1C_1D_3$，这就是最佳工艺参数。

9. 估计最佳工艺的信噪比和平均值

经过计算最佳工艺的信噪比为 15.26db，平均表面粗糙度为 0.17μm。

10. 验证实验

按最佳工艺参数 $A_2B_1C_1D_3$ 做五次验证实验，测得其表面粗糙度（单位：μm）如下：

0.138，0.139，0.159，0.145，0.166

可见，表面粗糙度都在 0.2μm 以下，均达到预期目的，其平均值为 0.149μm，信噪比为 16.49db。

思考与练习

思　考

1. 望小特性与望零特性有什么不同？
2. 请说明望小特性信噪比计算公式的由来。
3. 为什么望小特性的稳健参数设计只需要分析信噪比？
4. 在望小特性的稳健参数设计中，如何选择复合噪声因子的水平？

练 习

为了减少汽车排放废气中的 CO 含量，特进行稳健参数设计，选取 A、B、C、D、E、F、G 7 个可控因子，每个因子取 2 个水平，用正交表 $L_8(2^7)$ 进行内设计，7 个可控因子按照顺序排列。每个方案用三种行驶状态，测量废气中的 CO 含量，实验数据见表 6-5。

表 6-5 汽车排放废气中的 CO 含量实验数据表

序号	A	B	C	D	E	F	G	废气中的 CO 含量/g		
	1	2	3	4	5	6	7	行驶状态 1	行驶状态 2	行驶状态 3
1	1	1	1	1	1	1	1	1.04	1.20	1.54
2	1	1	1	2	2	2	2	1.42	1.76	2.10
3	1	2	2	1	1	2	2	1.01	1.23	1.52
4	1	2	2	2	2	1	1	1.50	1.87	2.25
5	2	1	2	1	2	1	2	1.28	1.34	2.05
6	2	1	2	2	1	2	1	1.14	1.26	1.88
7	2	2	1	1	2	2	1	1.33	1.42	2.10
8	2	2	1	2	1	1	2	1.33	1.52	2.13

（1）请确定最佳设计方案；

（2）若汽车排放废气中的 CO 含量排放标准是不超过 1.5g，超过的损失是 80 元，求最佳方案的平均损失。

第7章 望大特性和静态功能窗的稳健参数设计

望大特性是不取负值,理想值为无限大的输出特性。静态功能窗是一个区间,下限为望小特性、上限为望大特性,区间越大越好,相当于窗口越大越好。本章介绍望大特性和静态功能窗的稳健参数设计方法和步骤。

7.1 望大特性的信噪比

输出特性 Y 的数据全部为正数,且越大越好,理想值为无限大,这种特性称为望大特性。例如,强度、寿命等。通过倒数变换可以将望大特性转换为望小特性。

计测望大特性 Y 的 n 个数据:y_1,y_2,…,y_n,望大特性的信噪比估计公式为:

$$\eta = -10\lg\frac{1}{n}\sum_{i=1}^{n}\frac{1}{y_i^2} \quad (\text{db}) \qquad (7-1)$$

7.2 望大特性的稳健参数设计

望大特性稳健参数设计的步骤与望小特性相同,本节以新爆破材料胀裂剂的开发为例,说明望大特性稳健参数设计的方法与步骤。

1. 明确目的,确定输出特性

胀裂剂是为了适应控制爆破技术要求而设计研制的一种新型破碎材料。它利用自身产生的膨胀力使被破碎体(岩石或水泥构件等)按人为规定的要求开裂或破碎,以达到取石或清基的目的。它在使用中无震动、无噪音、无飞石、无气体、无污染,且不含可燃、可爆成分,运输、保管无特殊要求,因而颇受用户欢迎。

根据胀裂剂的性能和使用要求,其技术指标规定见表 7-1。

表 7-1　胀裂剂的技术指标规定

序号	指标名称	技术要求
1	粒度	100#筛上物 < 10%
2	凝结时间	30min
3	30min 升温	<50℃
4	膨胀力（24h）	>30MPa

对胀裂剂各项性能指标进行深入分析以后，认为膨胀力是其中最主要的性能指标。为此，试图用稳健参数设计优化胀裂剂生产工艺参数，使其膨胀力达到大于30MPa的技术要求。

实验目的：探求胀裂剂生产最佳工艺条件。

输出特性：膨胀力 Y，在其他技术指标均合格的条件下，膨胀力为望大特性。

2. 制定可控因子水平表

经过摸底实验，找出了影响膨胀力 Y 的4个可控因子如下：

因子 A（原料甲加入量）；因子 B（原料乙加入量）；

因子 C（原料丙加入量）；因子 D（原料丁加入量）。

初步确定了4种原料的配比如下。

A：$a(\%)$；B：$b(\%)$；C：$c(\%)$；D：$d(\%)$。

其余为主料。以此为可控因子的第二水平，按 ±50% 的变化范围，制定可控因子水平表，见表7-2。

表 7-2　胀裂剂可控因子水平表

因子 \ 水平	1	2	3
$A(\%)$	A_1	A_2	A_3
$B(\%)$	B_1	B_2	B_3
$C(\%)$	C_1	C_2	C_3
$D(\%)$	D_1	D_2	D_3

3. 进行内设计

选用 $L_9(3^4)$ 作为内表，进行内设计，其设计方案见表7-3。

表 7-3 胀裂剂内设计实验方案

实验号\因子	A	B	C	D
1	1	1	1	1
2	1	2	2	2
3	1	3	3	3
4	2	1	2	3
5	2	2	3	1
6	2	3	1	2
7	3	1	3	2
8	3	2	1	3
9	3	3	2	1

4. 确定噪声因子及水平

输出特性膨胀力是不可计算的，只能通过实验进行测量。为减少实验次数，采用复合噪声因子法进行外设计。

对望大特性，复合噪声因子 N' 水平按如下方法选取：

N'_1：标准条件——常温、晴天、新生产的胀裂剂、爆破石头；

N'_2：负侧最坏条件——低温、下雨天、存储一年的胀裂剂、爆破水泥构件。

5. 设计实验方案并进行实验

对内表中的每号方案，分别在 N'_1、N'_2 条件下各做一次实验，测量膨胀力数据，结果见表 7-4。

表 7-4 膨胀力实验数据表

水平\因子	A 1	B 2	C 3	D 4	N'_1 y_{i1}	N'_2 y_{i2}	η_i /db
1	1	1	1	1	32	30	29.81
2	1	2	2	2	36	34	30.87
3	1	3	3	3	20	18	25.54
4	2	1	2	3	22	20	26.41
5	2	2	3	1	31	30	29.68
6	2	3	1	2	32	32	30.10
7	3	1	3	2	33	31	30.09
8	3	2	1	3	19	18	25.33
9	3	3	2	1	34	32	30.36

6. 计算信噪比

望大特性信噪比的计算公式为：

$$\eta_i = -10\lg \frac{1}{n}\sum_{j=1}^{n}\frac{1}{y_{ij}^2} = -10\lg \frac{1}{2}\left(\frac{1}{y_{i1}^2} + \frac{1}{y_{i2}^2}\right)$$

以内表第一号方案为例计算：

$$\eta = -10\lg \frac{1}{2}\left(\frac{1}{32^2} + \frac{1}{30^2}\right) = 29.81(\text{db})$$

同理，可计算其他各号方案的 η 值。

7. 生成信噪比的响应表与主效应图

应用 Minitab 中的分析田口设计模块，可输出望大特性信噪比的响应表和主效应图，见表 7-5 和图 7-1。

表 7-5 膨胀力信噪比的响应表

水平	A	B	C	D
1	28.74	28.77	28.42	29.95
2	28.73	28.63	29.21	30.35
3	28.59	28.67	28.44	25.76
Delta	0.15	0.14	0.79	4.59
排秩	3	4	2	1

8. 确定最佳设计方案

从表 7-5 和图 7-1 均可以看出，膨胀力信噪比最大的设计方案为 $A_1B_1C_2D_2$。

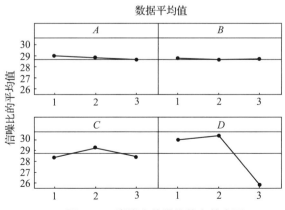

图 7-1 膨胀力信噪比的主效应图

9. 预测最佳方案的信噪比和平均值

应用 Minitab 中的预测田口结果模块，可以预测最佳方案的信噪比为31.0146db，平均值为35MPa。

10. 进行验证实验

在最佳方案 $A_1B_1C_2D_2$ 下进行五次验证实验，测得膨胀力（单位：MPa）分别为：34，35，30，32，33

可见，膨胀力 Y 均不小于30MPa，其均值为 32.8MPa，信噪比为 30.28db，达到了预期目的。

7.3 静态功能窗的稳健参数设计

常常可以见到数据仅取 0 和 1 进行的实验研究。这种数据实质上是离散的，没有可加性。当数据有两类好和坏时，数据的收集是对好的产品和坏的产品的计数。这样做的问题是，所有好的产品都同样被接受了，所有坏的产品都同样被拒收了，但从影响产品功能的角度看，并不是所有的好产品都表现得同样好，它们也是有差异的。由于数据含糊，用这种方法进行的实验很少能取得可再现的结果。

功能窗法是考虑 0 和 1 数据时的优先替代方法。其策略是计测由 0 转变为 1 和由 1 转变为 0 时的瞬时过程的阈值，从而能够使用连续的数据进行分析研究。

研究复印机进纸机构夹纸的一般方法是进行 5000 次进纸，记录失败的次数，并据此数据进行分析。这种方法研究的是用户的抱怨，但是在工程分析上有很多困难。复印失败有两种类型：空进，没有把纸送进去；夹纸，送进了不止一张纸。记录失败的总数并不能分清这两种类型的失败。问题在于，0 和 1 的数据分析把所有的 0 都看作是一样的，所有的 1 也都看作是一样的。这种类型的数据只能提供笼统的信息，由此研究得到的结论很可能难于再现。

复印机进纸机构是一种弹簧机构，弹簧力作用在纸盘上把纸顶在进纸滚轮上，如图 7-2 所示。

当弹簧力太小时，进纸机构就会发生空进；当弹簧力太

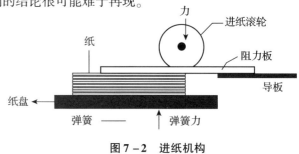

图 7-2 进纸机构

大时，就会发生夹纸。计测特性如下：

X = 送进一张纸的最小弹簧力

Z = 不产生夹纸的最大弹簧力

如果弹簧力低于 X，则会产生空进；如果弹簧力大于 Z，则会发生夹纸。因此，研究的目标就变为：

1）最小化 X 以减少空进数；

2）最大化 Z 以减少夹纸数。

这就可以归结为最大化 $(Z-X)$。

$(Z-X)$ 的范围叫作功能窗，作为替代故障数的输出特性。X 和 Z 就是 0 变 1 和 1 变 0 的阈值。计测这种连续的数据有助于取得可以再现的实验结果。

功能窗法的信噪比 η 计算方法如下：

设有 n 对数据 $(x_1, z_1), (x_2, z_2), \cdots, (x_n, z_n)$，则

$$\eta = \left[-10\lg \frac{1}{n}(x_1^2 + x_2^2 + \cdots + x_n^2) \right]$$
$$+ \left[-10\lg \frac{1}{n}\left(\frac{1}{z_1^2} + \frac{1}{z_2^2} + \cdots + \frac{1}{z_n^2}\right) \right] \quad (7-2)$$

图 7-3 为功能窗的两种情况，情况 B 的功能窗比情况 A 的功能窗宽，具有更大的信噪比。

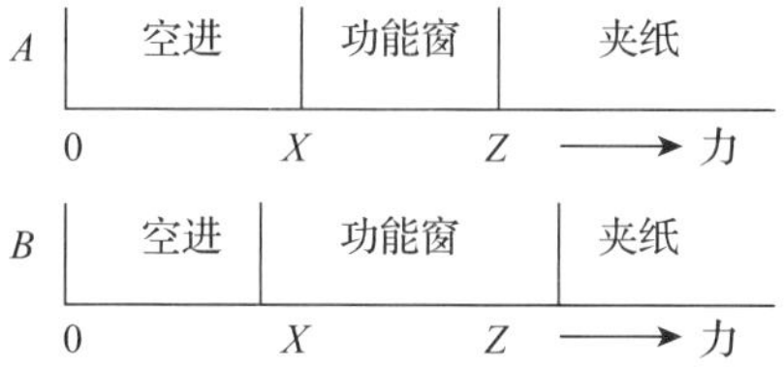

图 7-3 功能窗的两种情况

在复印机进纸机构的设计中有 8 个可控因子，如进纸滚轮的参数、阻力板的力等，有 4 个噪声因子，如纸的重量、纸的方向等，分别安排在 L_{18} 和 L_9 的正交表中，如表 7-6 所示。

表 7-6 中只给出了 1 号试验的数据，上面一行是空进的阈值，下面一行是夹纸的阈值。根据空进的数据，信噪比计算如下：

$$\eta_x = -10\lg \frac{1}{9}(0.4^2 + 0.2^2 + \cdots + 0.1^2) = 5.29 \text{（db）} \quad (7-3)$$

夹纸的信噪比同样计算如下：

$$\eta_z = -10\lg \frac{1}{9}\left(\frac{1}{0.8^2} + \frac{1}{1.0^2} + \cdots + \frac{1}{3.0^2}\right) = 1.02 \text{（db）} \quad (7-4)$$

表7-6 复印机实验设计和实验结果

序号	内表L_{18}								外表L_9 N 1 1 1 2 2 2 3 3 3 O 1 2 3 1 2 3 1 2 3 P 1 2 3 2 3 1 3 1 2 Q 1 2 3 3 1 2 2 3 1	空进信噪比 η_x	夹纸信噪比 η_z	信噪比之和 η
	A	B	C	D	E	F	G	H	空进阈值 夹纸阈值			
1	1	1	1	1	1	1	1	1	0.4 0.2 0.6 0.75 0.8 0.4 0.8 0.3 0.1 0.8 1.0 3.0 0.55 3.0 1.2 3.0 3.0 3.0	5.29	1.02	6.31
2	1	1	2	2	2	2	2	2		13.63	7.84	21.47
3	1	1	3	3	3	3	3	3		15.39	9.54	24.93
4	1	2	1	1	2	2	3	3		-0.38	-4.55	-4.93
5	1	2	2	2	3	3	1	1		11.98	4.51	16.50
6	1	2	3	3	1	1	2	2		15.74	1.14	17.21
7	1	3	1	2	1	3	2	3		3.78	0.37	4.15
8	1	3	2	3	2	1	3	1		4.73	3.09	7.82
9	1	3	3	1	3	2	1	2		19.53	13.54	6.00
10	2	1	1	3	3	2	2	1		-0.04	2.06	2.02
11	2	1	2	1	1	3	3	2		-2.21	6.86	4.65
12	2	1	3	2	2	1	1	3		10.10	8.98	19.08
13	2	2	1	2	3	1	3	2		-3.46	-11.40	-14.85
14	2	2	2	3	1	2	1	3		3.29	-14.02	-10.73
15	2	2	3	1	2	3	2	1		1.92	-4.80	-2.88
16	2	3	1	3	2	3	1	2		-2.49	-10.50	-12.98
17	2	3	2	1	3	1	2	3		13.31	7.3	20.61
18	2	3	3	2	1	2	3	1		2.22	6.57	8.79

功能窗的信噪比计算如下：

$$\eta = \eta_x + \eta_z = 5.29 + 1.02 = 6.31 \text{ (db)} \tag{7-5}$$

表7-7是信噪比之和的响应表。

表 7-7 信噪比之和的响应表

水平	A	B	C	D	E	F	G	H
1	11.0511	13.0767	-3.3800	4.9600	5.0633	9.3633	4.0300	6.4267
2	1.5233	0.0533	10.0533	9.1900	4.5967	3.7700	10.4300	3.5833
3		5.7317	12.1883	4.7117	9.2017	5.7283	4.4017	8.8517
Delta	9.5278	13.0234	15.5684	4.4783	4.6050	5.5933	6.4000	5.2683
排秩	3	2	1	8	7	5	4	6

图 7-4 是信噪比之和的主效应图。

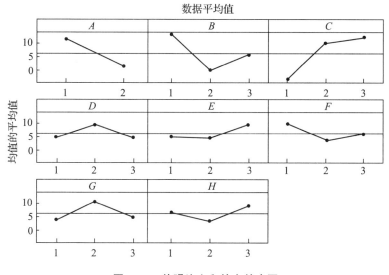

图 7-4 信噪比之和的主效应图

根据表 7-7 和图 7-4 可以选出优化的条件是：$A_1B_1C_3D_2E_3F_1G_2H_3$，并可预测出信噪比之和的平均值为 39.34db。

思考与练习

思 考

1. 举例说明望大特性的概念。

2. 下面的输出特性，哪些不是望大特性，为什么？
   强度　寿命　收率　合格率　浓度　硬度

3. 请说明望大特性信噪比计算公式的由来。

稳健参数设计

4. 在望大特性的稳健参数设计中，如何选择复合噪声因子的水平？

> 练 习

某种产品用环氧树脂黏结强度标准为 3 吨以上，不合格时的返工费用为 300 元，为了改善黏结强度，选择如下可控因子：

A（黏结剂配比）；B（黏结方法）；C（表面处理）；D（黏结人员）。

每个因子选取 3 个水平，分别安排在正交表 $L_9(3^4)$ 的第 1、2、3、4 列，每号实验按照标准条件和负侧最坏条件测量黏结强度，数据见表 7-8。

表 7-8 环氧树脂黏结强度实验设计及实验结果

序号	A	B	C	D	N_1	N_2	信噪比
	1	2	3	4	Y_{i1}	Y_{i2}	/db
1	1	1	1	1	6.80	5.27	
2	1	2	2	2	3.43	2.49	
3	1	3	3	3	2.17	1.57	
4	2	1	2	3	1.79	1.33	
5	2	2	3	1	2.57	1.98	
6	2	3	1	2	2.93	2.72	
7	3	1	3	2	2.12	1.70	
8	3	2	1	3	4.24	1.91	
9	3	3	2	1	4.05	1.50	

（1）试计算各号实验的信噪比；

（2）确定最佳工艺条件；

（3）计算最佳工艺条件下信噪比工程平均的估计；

（4）若现工艺是 $A_2B_2C_2D_2$，计算信噪比的增益。

第 8 章 多特性的稳健参数设计

在第 4 章中有介绍过,对于有多个输出特性的实验设计,常用的方法有加权平均法、排队评分法和综合平衡法。在稳健参数设计中,对于多个输出特性,首先将其转化为信噪比,然后对多个信噪比采用综合平衡法和信噪比之和法进行分析。本章将通过案例说明多特性的稳健参数设计方法。

8.1 综合平衡法

首先对每个输出特性进行稳健参数设计,找出可控因子影响的主次关系和各自的最佳方案,然后再进行综合平衡,确定兼顾各个输出特性的最佳方案。本节以吹风机的稳健参数设计为例,说明综合平衡法的具体应用步骤。

1. 明确目的、确定指标

本案例运用稳健参数设计方法优化吹风机结构设计,提升吹风机的综合性能,实现小电流、大风量。

输出特性为:

y_1:风速 >36m/s,此为望大特性;

y_2:电流 <16A,此为望小特性。

2. 选择可控因子及其水平

从吹风机的结构参数中选取 4 个可控因子,每个因子 3 个水平,进行实验。吹风机实验可控因子及其水平见表 8-1,其中 1 水平组合为原设计方案。

表 8-1 吹风机实验可控因子水平表

水平	A(风叶轮毂比)	B(导叶数量)	C(风叶与导叶距离)	D(导风锥直径)
1	0.34	3	5	30
2	0.41	5	20	36
3	0.50	7	30	45

3. 开发噪声策略

由于气温、空气湿度、大气压力等因子都比较难模拟，故本次测试采用分时段多次测量的方式来模拟噪声，每个方案测试 3 次。

4. 将实验因子分配到内表或外表

实验选用 $L_9(3^4)$ 正交表，吹风机实验方案设计见表 8-2。

表 8-2 吹风机实验方案设计

实验序号	A（风叶轮毂比）	B（导叶数量）	C（风叶与导叶距离）	D（导风锥直径）
1	1(0.34)	1(3)	1(5)	1(30)
2	1	2(5)	2(20)	2(36)
3	1	3(7)	3(30)	3(45)
4	2(0.41)	1	2	3
5	2	2	3	1
6	2	3	1	2
7	3(0.5)	1	3	2
8	3	2	1	3
9	3	3	2	1

5. 进行实验并收集实验数据

由于篇幅所限，各号实验的各种质量特性数据的详细结果从略。

6. 计算信噪比

应用 Minitab 中的分析田口设计模块，进行计算可得信噪比，见表 8-3。

表 8-3 吹风机实验电流与风速的信噪比

序号	电流 信噪比/db	风速 信噪比/db
1	-24.1547	31.0521
2	-24.2086	31.3475
3	-24.0281	31.1244
4	-23.8625	30.8125
5	-24.1014	30.9018
6	-24.1186	31.5629
7	-24.0108	30.8339
8	-23.8459	31.7016
9	-23.9922	31.3947

7. 生成信噪比的主效应图

应用 Minitab 中的分析田口设计模块,可输出电流和风速的信噪比主效应图,见图 8-1 和图 8-2。

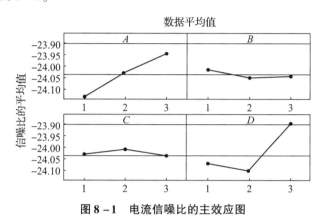

图 8-1 电流信噪比的主效应图

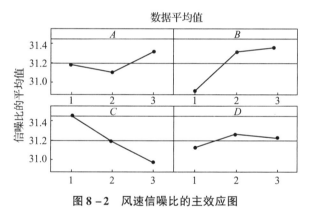

图 8-2 风速信噪比的主效应图

8. 对每个输出特性确定因子主次关系和最佳方案

对电流和风速确定因子主次关系和最佳方案,见表 8-4。

表 8-4 吹风机实验最佳方案分析

指标	方法	因子主次关系	最佳方案
电流	信噪比	D—A—B—C	$A_3B_1C_2D_3$
风速	信噪比	C—B—A—D	$A_3B_1C_1D_2$

9. 应用综合平衡法确定兼顾各个输出特性的最佳方案

从表 8-4 可以看出,因子 A、D 对电流影响较大、对风速影响较小,而因子

B、C 对风速影响较大、对电流影响较小,故最终考虑最佳方案为 $A_3 B_3 C_1 D_3$。

10. 进行验证实验

首先,应用 Minitab 中的预测田口结果模块,分别预测原设计方案和最佳设计方案电流和风速的信噪比和平均值;其次,对原设计方案和最佳设计方案在相同的噪声条件下进行验证实验,测量电流和风速的信噪比和平均值。结果见表 8-5。

表 8-5 吹风机验证实验结果

指标	电流				风速			
	信噪比/db		平均值		信噪比/db		平均值	
方案	估计值	验证值	估计值	验证值	估计值	验证值	估计值	验证值
最佳设计方案	-23.840	-23.464	15.5556	14.9000	31.7453	31.8064	38.6333	38.9333
原设计方案	-24.106	-24.120	16.0444	16.0667	31.2652	31.1578	36.6222	36.1333
增益	0.266	0.656	-0.4888	-1.1667	0.4801	0.6486	2.0111	2.8000

通过实验及计算结果说明增益具有重现性,证明最佳设计方案优于原设计方案,且具有重现性。

8.2 信噪比之和法

信噪比之和法是首先对每一个输出特性计算信噪比,然后以信噪比之和作为指标,应用通常正交实验的分析方法确定最佳方案。本节以硅橡胶的研发为例,首先用综合平衡法进行分析,然后用信噪比之和法进行分析,结果两种方法得出的最佳方案是一致的。

硅橡胶的生产流程如下:

称料→混炼→是否热处理→停放→加硫化剂→停放→一次硫化→停放→二次硫化→停放→测试

1. 选择可控因子及其水平

从工艺条件中,选取热处理、硫化条件 2 个因子;从橡胶配方中,选取硅橡胶、硫化剂等 5 种成分。共选取 7 个可控因子,其水平见表 8-6。

第8章 多特性的稳健参数设计

表 8-6 硅橡胶实验可控因子水平表

因子 \ 水平		1	2	3
A（热处理）		否	是	
B（硅橡胶）	110-1	0	20	0
	110-6	2	0	0
C（硫化剂）	双 2，5	X	1.2X	0.8X
D（羟基硅油）		4	8	15
E（白炭黑）	沉白	45	50	55
F（硅烷偶联剂）	A-151	0.75	0	1.5
G（硫化条件）	二次硫化时间/h	0	2	4

2. 确定输出特性

X：拉伸强度（望大特性）　　≥7MPa

Y：扯断伸长率（望大特性）　≥350%

Z：撕裂强度（望大特性）　　≥20N·m^{-1}

U：硬度（望目特性）　　　　50 左右（Shore A）

V：透明度（打分）　　　　　5 分制

3. 设计实验方案

本案例选用 $L_{18}(2^1 \times 3^7)$ 作为内表，进行内设计，设计方案见表 8-7。

表 8-7　$L_{18}(2^1 \times 3^7)$ 设计方案表

实验序号	A	B	C	D	E	F	G	
1	1	1	1	1	1	1	1	1
2	1	1	2	2	2	2	2	2
3	1	1	3	3	3	3	3	3
4	1	2	1	1	2	2	3	3
5	1	2	2	2	3	3	1	1
6	1	2	3	3	1	1	2	2
7	1	3	1	2	1	3	2	3
8	1	3	2	3	2	1	3	1
9	1	3	3	1	3	2	1	2

(续)

实验序号	A	B	C	D	E	F	G	
10	2	1	1	3	3	2	2	1
11	2	1	2	1	1	3	3	2
12	2	1	3	2	2	1	1	3
13	2	2	1	2	3	1	3	2
14	2	2	2	3	1	2	1	3
15	2	2	3	1	2	3	2	1
16	2	3	1	3	2	3	1	2
17	2	3	2	1	3	1	2	3
18	2	3	3	2	1	2	3	1

具体实验方案见表 8-8。

表 8-8 硅橡胶实验方案表

实验序号	A 热处理	B 硅橡胶		C 硫化剂 双2,5	D 羟基硅油	E 白炭黑	F A-151	G 二次硫化时间
		110-1	110-6					
1	×	0	2	X	4	45	0.75	0
2	×	0	2	1.2X	8	50	0	2
3	×	0	2	0.8X	15	55	1.5	4
4	×	20	0	X	4	50	0	4
5	×	20	0	1.2X	8	55	1.5	0
6	×	20	0	0.8X	15	45	0.75	2
7	×	0	0	X	8	45	1.5	2
8	×	0	0	1.2X	15	50	0.75	4
9	×	0	0	0.8X	4	55	0	0
10	√	0	2	X	15	55	0	2
11	√	0	2	1.2X	4	45	1.5	4
12	√	0	2	0.8X	8	50	0.75	0
13	√	20	0	X	8	55	0.75	4
14	√	20	0	1.2X	15	45	0	0
15	√	20	0	0.8X	4	50	1.5	2
16	√	0	0	X	15	50	1.5	0
17	√	0	0	1.2X	4	55	0.75	2
18	√	0	0	0.8X	8	45	0	4

4. 进行实验

在实验过程中,除了按照上述实验方案表(表8-8)进行实验以外,还要注意以下几点:

(1)混炼方式(加料顺序)保持一致;

(2)混炼时间视情况而定,并记录实际混炼时间;

(3)硫化条件(投料量、排气次数、排气行程)控制一致,均压两模;

(4)停放时间控制一致,并记录实际停放时间。

5. 收集实验数据

硅橡胶实验数据见表8-9。

表8-9 硅橡胶实验数据表

特性序号	X(拉伸强度)/MPa			Y(扯断伸长率)(%)			Z(撕裂强度)/N·m^{-1}			U(硬度)/Shore A		透明度(评分)
1	7.0	7.3	7.2	385	360	397	38.3	34.2	27.0	50	52	5
2	4.8	6.5	5.1	416	470	416	23.0	23.9	29.1	51	52	5
3	5.7	6.6	5.4	458	486	465	17.7	22.5	21.3	43	47	5
4	7.9	7.9	6.0	443	442	366	23.2	25.1	22.2	51	52	5
5	5.3	5.0	4.6	479	597	367	18.9	21.7	26.4	44	43	5
6	5.1	5.9	5.6	512	537	551	21.9	21.0	22.5	45	39	5
7	7.8	6.9	5.0	425	491	336	25.4	24.3	23.4	53	50	5
8	7.0	5.5	5.7	497	403	411	29.4	23.6	33.6	53	50	5
9	4.1	5.5	5.1	435	579	529	22.6	21.9	22.0	46	47	5
10	5.1	5.2	5.1	464	536	604	21.0	21.4	22.6	40	36	5
11	6.0	6.5	6.7	241	304	344	19.6	20.9	20.5	57	56	5
12	6.3	6.9	7.5	519	500	615	32.1	24.3	25.2	45	50	5
13	6.0	5.0	5.5	410	394	410	24.3	20.5	15.7	49	45	5
14	4.8	4.1	3.7	597	570	573	21.1	23.3	23.3	39	36	5
15	7.0	5.8	7.8	319	281	354	15.6	23.2	17.3	56	55	5
16	5.5	5.3	5.5	424	416	418	27.8	25.7	28.0	49	44	5
17	5.9	4.9	5.1	327	318	303	28.5	16.9	16.6	50	51	5
18	4.7	5.1	5.9	395	448	509	25.8	25.2	35.8	50	48	5

6. 计算信噪比与平均值

应用 Minitab 中的分析田口设计模块，可进行计算，见表 8-10。

表 8-10 硅橡胶实验信噪比、平均值计算表

实验序号	X 的信噪比	Y 的信噪比	Z 的信噪比	U 的信噪比	U 的平均值	信噪比之和
1	17.1024	51.5890	30.1346	31.1411	51.0	129.9671
2	14.5379	52.7073	27.9390	37.2464	51.5	132.4306
3	15.3250	53.4276	26.0957	24.0334	45.0	118.8817
4	17.0025	52.2965	27.3880	37.2464	51.5	133.9334
5	13.8771	53.1310	26.7381	35.7801	43.5	129.5263
6	14.8121	54.5279	26.7586	19.9123	42.0	116.0109
7	15.8815	52.0896	27.7213	27.7040	51.5	123.3964
8	15.5158	52.6960	28.9300	27.7040	51.5	124.8458
9	13.5987	54.0373	26.9115	36.3594	46.5	130.9069
10	14.2069	54.4103	26.7033	22.5648	38.0	117.8853
11	16.0952	49.1497	26.1547	38.0513	56.5	129.4509
12	16.7110	54.6191	28.4989	22.5648	47.5	122.3938
13	14.7351	52.1373	25.6703	24.4111	47.0	116.9538
14	12.3176	55.2630	27.0406	24.9485	37.5	119.5697
15	16.5383	49.9323	25.0825	37.8962	55.5	129.4493
16	14.6973	52.4503	28.6609	22.3800	46.5	118.1885
17	14.4040	49.9808	25.5484	37.0761	50.5	127.0093
18	14.2619	52.9381	28.9084	30.7936	49.0	126.9020

7. 分析信噪比与平均值

应用 Minitab 中的分析田口设计模块，可以分别输出各个质量特性的信噪比均值响应表和主效应图。

（1）拉伸强度 X（望大特性）分析

拉伸强度的信噪比均值响应表和主效应图，见表 8-11 和图 8-3。

表 8-11 硅橡胶拉伸强度的信噪比均值响应表

水平	A	B	C	D	E	F	G	(e)
1	15.29	15.66	15.60	15.79	15.08	15.55	14.72	15.25
2	14.89	14.88	14.46	15.00	15.83	14.32	15.06	14.75
3		14.73	15.21	14.48	14.36	15.40	15.49	15.27
Delta	0.40	0.93	1.14	1.31	1.47	1.23	0.77	0.52
排秩	8	5	4	2	1	3	6	7

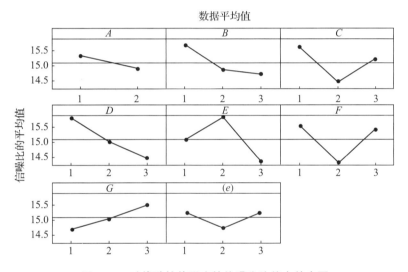

图 8-3 硅橡胶拉伸强度的信噪比均值主效应图

（2）扯断伸长率 Y（望大特性）分析

拉断伸长率的信噪比均值响应表和主效应图，见表 8-12 和图 8-4。

表 8-12 硅橡胶扯断伸长率的信噪比均值响应表

水平	A	B	C	D	E	F	G	(e)
1	52.94	52.65	52.50	51.16	52.59	52.59	53.51	52.45
2	52.32	52.88	52.15	52.94	52.45	53.61	52.27	52.50
3		52.37	53.25	53.80	52.85	51.70	52.11	52.95
Delta	0.62	0.51	1.10	2.64	0.40	1.91	1.40	0.50
排秩	5	6	4	1	8	2	3	7

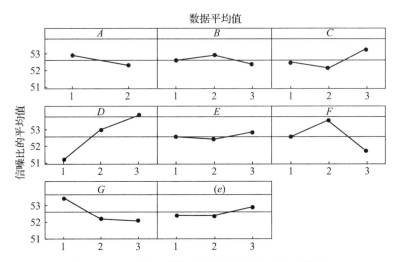

图 8-4 硅橡胶扯断伸长率的信噪比均值主效应图

(3) 撕裂强度 Z（望大特性）分析

撕裂强度的信噪比均值响应表和主效应图，见表 8-13 和图 8-5。

表 8-13 硅橡胶撕裂强度的信噪比均值响应表

水平	A	B	C	D	E	F	G	(e)
1	27.62	27.59	27.71	26.87	27.79	27.59	28.00	27.75
2	26.92	26.45	27.06	27.58	27.75	27.48	26.63	27.02
3		27.78	27.04	27.36	26.28	26.74	27.19	27.05
Delta	0.70	1.33	0.67	0.71	1.51	0.85	1.37	0.73
排秩	7	3	8	6	1	4	2	5

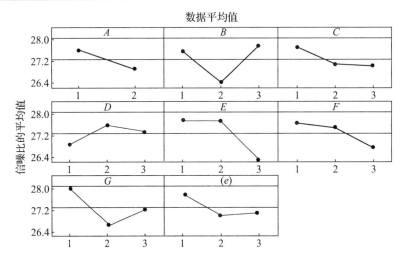

图 8-5 硅橡胶撕裂强度的信噪比均值主效应图

(4) 硬度 U（望目特性）分析

硬度的信噪比均值响应表和主效应图，见表 8-14 和图 8-6。硬度平均值的响应表和主效应图，见表 8-15 和图 8-7。

表 8-14 硅橡胶硬度的信噪比均值响应表

水平	A	B	C	D	E	F	G	(e)
1	30.79	29.27	27.57	36.30	28.76	27.13	28.86	30.98
2	28.97	30.03	33.47	29.75	30.84	31.53	30.40	29.73
3		30.34	28.59	23.59	30.04	30.97	30.37	28.93
Delta	1.82	1.07	5.90	12.71	2.08	4.40	1.54	2.05
排秩	6	8	2	1	4	3	7	5

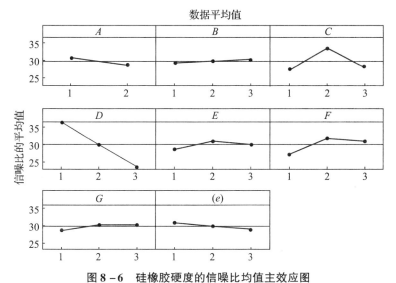

图 8-6 硅橡胶硬度的信噪比均值主效应图

表 8-15 硅橡胶硬度平均值响应表

水平	A	B	C	D	E	F	G	(e)
1	48.22	48.25	47.58	51.92	47.92	48.25	45.42	48.08
2	47.56	46.17	48.50	48.33	50.67	45.67	48.17	48.33
3		49.25	47.58	43.42	45.08	49.75	50.08	47.25
Delta	0.66	3.08	0.92	8.50	5.59	4.08	4.66	1.08
排秩	8	5	7	1	2	4	3	6

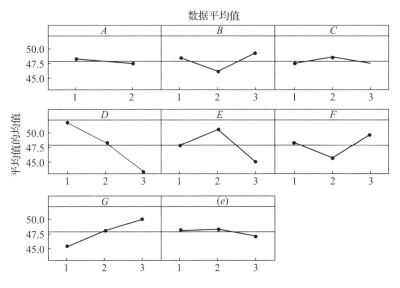

图 8-7 硅橡胶硬度平均值主效应图

8. 用综合平衡法确定最佳工艺

首先，对每个输出特性确定因子影响的主次关系和各自的最佳方案，然后用综合平衡法，确定兼顾各个输出特性的最佳方案。见表 8-16。

表 8-16 硅橡胶实验综合平衡表

输出特性	因子主次排序	最佳工艺
拉伸强度	E—D—F—C—B—G—A	$E_2 D_1 F_{1,3} C_1 B_1 G_3 A_1$
扯断伸长率	D—F—G—C—A—B—E	$D_3 F_2 G_1 C_3 A_1 B_2 E_3$
撕裂强度	E—G—B—F—D—A—C	$E_{1,2} G_1 B_3 F_1 D_2 A_1 C_1$
硬度	D—C—F—E—A—G—B	$D_1 C_2 F_2 E_2 A_1 G_{2,3} B_3$
综合平衡		$A_1 B_3 C_2 D_1 E_2 F_{1,2} G_1$

因子 A 各项指标均选 A_1；因子 B 主要影响撕裂强度，选 B_3；因子 C 主要影响硬度，选 C_2；因子 D 主要影响撕裂强度（选 D_2）和硬度（选 D_1），其次影响拉伸强度（选 D_1），因此，综合选 D_1；因子 E 主要影响拉伸强度（选 E_2）和撕裂强度（选 $E_{1,2}$），因此，综合选 E_2；因子 F 两个指标选 F_1，两个指标选 F_2；因此，选 $F_{1,2}$；因子 G 主要影响撕裂强度（选 G_1）和扯断伸长率（选 G_1），因此，选 G_1。综合平衡各项指标，最后选择最佳方案为 $A_1 B_3 C_2 D_1 E_2 F_{1,2} G_1$。

9. 用信噪比之和法确定最佳工艺

首先，将每个输出特性的信噪比相加求和，然后，以信噪比之和为指标，按照正交实验的分析方法确定最佳方案。见表 8-17 和图 8-8。

表 8-17　硅橡胶实验信噪比之和响应表

水平	A	B	C	D	E	F	G	(e)
1	126.7	125.2	123.4	130.1	124.2	122.9	125.1	126.4
2	123.1	124.2	127.1	125.3	126.9	126.9	124.4	124.0
3		125.2	124.1	119.2	123.5	124.8	125.2	124.2
Delta	3.6	1.0	3.8	10.9	3.3	4.1	0.8	2.4
排秩	4	7	3	1	5	2	8	6

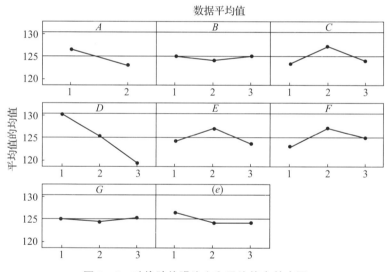

图 8-8　硅橡胶信噪比之和平均值主效应图

按照信噪比之和最大的原则，得到最佳工艺：$A_1 B_{1,3} C_2 D_1 E_2 F_2 G_{1,3}$。

比较两种方法确定的最佳工艺，基本上是一致的，比较综合平衡法的最佳工艺 $A_1 B_3 C_2 D_1 E_2 F_{1,2} G_1$ 和信噪比之和的最佳工艺 $A_1 B_{1,3} C_2 D_1 E_2 F_2 G_{1,3}$，最后选取最佳工艺为 $A_1 B_3 C_2 D_1 E_2 F_2 G_1$。

10. 进行验证实验

用最佳工艺 $A_1 B_3 C_2 D_1 E_2 F_2 G_1$ 进行一次确认实验，实验结果：拉伸强度—7.2，扯断伸长率—450，撕裂强度—25，硬度—50，可以看出来，这个结果达到了预先设定的目标。

思考与练习

◎ 思　考 ◎

1. 在多特性的稳健参数设计中，常用哪些方法？
2. 在多特性的稳健参数设计中，为什么不用加权平均法？

◎ 练　习 ◎

为了探索电缆料用的合成橡胶的最佳工艺条件，选择可控因子水平表，见表8-18。

表8-18　合成橡胶实验可控因子水平表

因子 水平	A/pHR 老化剂用量	B/pHR 硫化剂用量	C/pHR 石蜡用量	D/min 硫化时间	E/pHR 催化剂用量	F/pHR 填料用量	G 老化剂种类
1	2	2	5	20	0.1	30	甲种
2	3	4	7	30	0.2	50	乙种

输出特性：

X：拉伸强度（kgf/cm²）—望大特性

Y：延伸率（%）—望大特性

X：热变化率（%）—望小特性

实验设计方案见表8-19。

表8-19　合成橡胶实验设计方案表

实验序号	A	B	C	F	D	G	E
	1	2	3	4	5	6	7
1	1	1	1	1	1	1	1
2	1	1	1	2	2	2	2
3	1	2	2	1	1	2	2
4	1	2	2	2	2	1	1
5	2	1	2	1	2	1	2
6	2	1	2	2	1	2	1
7	2	2	1	1	2	2	1
8	2	2	1	2	1	1	2

实验数据见表 8-20。

表 8-20 合成橡胶实验数据表

实验序号	拉伸强度				延伸率				热变化率	
	老化前		老化后		老化前		老化后		老化前	老化后
1	2.0	2.0	2.4	2.1	430	430	430	400	22.1	6.4
2	1.9	2.1	19	2.2	500	600	430	400	6.8	6.3
3	1.6	2.0	1.3	1.9	400	500	380	380	13.7	7.5
4	1.9	2.1	2.1	2.1	550	600	550	550	12.7	11.7
5	1.9	2.2	2.3	1.9	500	580	450	400	6.7	18.2
6	1.9	1.8	2.0	1.9	540	450	480	400	9.3	6.2
7	2.1	2.1	2.0	2.3	550	550	500	530	16.6	9.1
8	1.9	2.1	1.6	1.5	500	450	350	330	5.9	6.1

试用两种不同的方法确定最佳工艺条件。

第9章 动态特性的稳健参数设计

动态特性是目标值可变的望目特性,其目标值随着信号因子的变化而变化。当信号因子是人为施加时,此时的动态特性称为主动型动态特性。例如,一切活动机械的可操纵特性。当信号因子为被测量对象的未知真值时,此时的动态特性称为被动型动态特性。例如,一切测量系统的测量特性。本章首先介绍动态特性信噪比和灵敏度的计算方法,然后以案例的形式分别介绍主动型和被动型动态特性稳健参数设计的方法和步骤。

9.1 动态特性的信噪比与灵敏度

9.1.1 零点比例式的情形

当信号为零时,输出响应为零,输出响应随信号的增大而成比例地增大。如果这是理想状态,在很多情况下,理想功能应该用零点比例式来表示,见式(9-1)。

$$y = \beta M \tag{9-1}$$

其中输出响应和输入信号分别用 y 和 M 表示。

这个函数称为零点比例式理想功能。其中,β 为灵敏度系数。

1. 收集计算零点比例式理想功能信噪比的数据集

零点比例式的数据集见表9-1,其中信号因子为 k 水平,噪声因子为 n 水平。

表9-1 零点比例式理想功能数据收集表

信号水平		M_1	M_2	⋯	M_k	线性形式
噪声水平	N_1	y_{11}	y_{12}	⋯	y_{1k}	L_1
	N_2	y_{21}	y_{22}	⋯	y_{2k}	L_2
	⋮	⋮	⋮		⋮	⋮
	N_n	y_{n1}	y_{n2}	⋯	y_{nk}	L_n

2. 为零点比例式分解总平方和

总平方和（f 代表自由度）：

$$S_T = y_{11}^2 + y_{12}^2 + \cdots + y_{nk}^2 \qquad (f_T = n \times k) \qquad (9-2)$$

输入信号水平的平方和（有效除数）：

$$r = M_1^2 + M_2^2 + \cdots + M_k^2 \qquad (9-3)$$

噪声因子的线性形式：

$$L_1 = M_1 y_{11} + M_2 y_{12} + \cdots + M_k y_{1k}$$

$$L_2 = M_1 y_{21} + M_2 y_{22} + \cdots + M_k y_{2k}$$

$$\cdots$$

$$L_n = M_1 y_{n1} + M_2 y_{n2} + \cdots + M_k y_{nk} \qquad (9-4)$$

线性斜率 β 引起的平方和：

$$S_\beta = \frac{(L_1 + L_2 + \cdots + L_n)^2}{n \times r} \qquad (f_\beta = 1) \qquad (9-5)$$

噪声因子与线性斜率 β 之间交互作用引起的平方和：

$$S_{N \times \beta} = \frac{L_1^2 + L_2^2 + \cdots + L_n^2}{r} - S_\beta \qquad (f_{N \times \beta} = n-1) \qquad (9-6)$$

误差引起的平方和：

$$S_e = S_T - S_\beta - S_{N \times \beta} \qquad (f_e = f_T - f_\beta - f_{N \times \beta} = n \times k - n) \qquad (9-7)$$

由误差引起的方差（误差方差）：

$$V_e = \frac{S_e}{f_e} = \frac{S_e}{n \times k - n} \qquad (9-8)$$

由汇总误差引起的方差（误差和噪声引起的方差）：

$$V_N = \frac{S_{N \times \beta} + S_e}{f_{N \times \beta} + f_e} \qquad (9-9)$$

信噪比 η 和灵敏度 S：

$$\eta = 10\lg \frac{[1/(n \times r)](S_\beta - V_e)}{V_N} \text{（db）} \qquad (9-10)$$

$$S = 10\lg \frac{1}{n \times r}(S_\beta - V_e) \text{（db）} \qquad (9-11)$$

在 Minitab 中，以分析比例式斜率 β 代替分析灵敏度 S。

9.1.2 线性式的情形

零点比例式有着非常广泛的应用,当输入能量为零时,输出能量为零。然而,在其他一些情况下,原点没有定义,或者只需要输入和输出之间的线性关系,这时候可以将零点比例式理想功能假设为线性式,见式(9-12)。

$$y = \alpha + \beta M \tag{9-12}$$

这个函数称为线性式理想功能。其中,β 为灵敏度系数,常数 α 为零截距。

1. 收集计算线性式理想功能信噪比的数据集

线性式的数据集见表 9-2,其中信号因子为 k 水平,噪声因子为 n 水平。

表 9-2 线性式理想功能数据收集表

信号水平		M_1	M_2	⋯	M_k	合计
噪声水平	N_1	y_{11}	y_{12}		y_{1k}	$y_1.$
	N_2	y_{21}	y_{22}		y_{2k}	$y_2.$
	⋮	⋮	⋮	⋯	⋮	⋮
	N_n	y_{n1}	y_{n2}		y_{nk}	$y_n.$
合计		$y._1$	$y._2$		$y._k$	T

2. 为线性式分解总平方和

总平方和:

$$S_T = y_{11}^2 + y_{12}^2 + \cdots + y_{nk}^2 \qquad (f_T = n \times k) \tag{9-13}$$

均值引起的平方和:

$$S_m = \frac{(y_{11} + y_{12} + \cdots + y_{nk})^2}{n \times k} \qquad (f_m = 1) \tag{9-14}$$

信号水平的平均值:

$$\overline{M} = \frac{(M_1 + M_2 + \cdots + M_k)}{k} \tag{9-15}$$

输入信号水平与平均值之差的平方和:

$$r = (M_1 - \overline{M})^2 + (M_2 - \overline{M})^2 + \cdots + (M_k - \overline{M})^2 \tag{9-16}$$

由线性斜率 β 引起的平方和:

$$S_\beta = \frac{[(M_1 - \overline{M})y_{\cdot 1} + (M_2 - \overline{M})y_{\cdot 2} + \cdots + (M_k - \overline{M})y_{\cdot k}]^2}{n \times r} \quad (f_\beta = 1)$$

(9-17)

由噪声引起的平方和：

$$S_N = \frac{y_{1\cdot}^2 + y_{2\cdot}^2 + \cdots + y_{n\cdot}^2}{k} - S_m \quad (f_N = n - 1)$$

(9-18)

由误差引起的平方和：

$$S_e = S_T - S_m - S_\beta - S_N \quad (f_e = n \times k - 1 - n)$$

(9-19)

由误差引起的方差（误差方差）：

$$V_e = \frac{S_e}{f_e} = \frac{S_e}{n \times k - 1 - n}$$

(9-20)

由汇总误差引起的方差：

$$V_N = \frac{S_N + S_e}{f_N + f_e}$$

(9-21)

信噪比 η 和灵敏度 S：

$$\eta = 10\lg \frac{[1/(n \times r)](S_\beta - V_e)}{V_N} \text{ (db)}$$

(9-22)

$$S = 10\lg \frac{1}{n \times r}(S_\beta - V_e) \text{ (db)}$$

(9-23)

在 Minitab 中，以分析线性斜率 β 代替分析灵敏度 S。

注：

1）在信噪比的计算中，没有使用纯重复实验，而是在改变噪声因子水平组合等条件下进行多次实验。在重复过程中有意引入噪声因子，而不是随机噪声条件，在有意安排的噪声条件下评价变异性是信噪比评定的一个特点。

2）平方和分解公式随理想功能公式的不同而不同。例如，均值平方和（S_m）在线性式中计算，但在零点比例式中不计算。根据函数形式的不同，公式中还有其他一些不同之处。

9.1.3 参考点比例式的情形

一个固定点，称为参考点，被当作空间中的原点。参考点比例式理想功能的信噪比可由变换后的数据（M'，y'）计算得到：

$$(M', Y') = (M, y) - (M_0, y_0) \qquad (9-24)$$

从每个数据 (M, y) 中减去参考点 (M_0, y_0)，则理想功能可用参考点比例式表示：

$$(y - y_0) = \beta(M - M_0) \qquad (9-25)$$

这个函数称为参考点比例式理想功能。其中，β 为线性斜率或灵敏度系数。

将变换后的数据 (M', y') 作为原始数据 (M, y) 处理时，信噪比的计算公式与零点比例式理想功能的计算公式相同。

9.2 动态特性稳健参数设计的基本步骤

本节以零点比例式理想功能为例介绍进行稳健参数设计的基本步骤。案例研究将在 9.3 和 9.4 中介绍。

由于正交表可以同时计算多个设计参数的组合，因此建议将正交表应用于内设计来探索设计参数空间。与其他实验方案相比，在相同的实验运行次数下，其探索的设计参数数量更大。这意味着通过选择最优设计参数水平来提高稳健性的可能性变得更大。

1. 明确系统的理想功能

功能是系统为实现其目标而执行的工作。功能由一个输入信号来执行操作者的意图，输入信号可以根据功能改变系统的输出响应，实现系统的目标。该功能可用输入信号与输出响应关系的数学公式来表示。

定义功能的理想状态，即根据系统的功能定义输入信号与输出响应之间的理想关系。理想功能表示系统的预期工作。

提出以下问题有助于确定系统的理想功能。

——系统的预期功能是什么？
——系统如何交付预期的响应？
——系统的物理原理是什么？
——对于硬件系统，系统的能量转换是什么？
——对软件/服务系统而言，什么是信息的转换？
——改变输出响应的输入信号是什么？
——系统的输出响应是什么？

——输入信号和输出响应之间的理想关系是什么？

——可以用来表示这个功能的公式是什么？

当响应在零输入处为零（输入=0，输出=0），且输入与输出成正比时，则功能可用零点比例式表示。在许多物理系统中，输入与输出是成比例的。从物理学的角度看，零点比例式适用于它们的理想功能。线性系统易于用户理解和操作。

这种表现在输入-输出关系中的特征也称为动态特征。

动态特性理想功能的公式主要有三类：零点比例式、线性式和参考点比例式，见9.1。在某些情况下，输入和输出之间的关系经过某种变换后可以用一个简单的线性公式来表示，参见11.1中的更多讨论。

2. 选择信号因子及其范围

识别系统输入信号。输入信号应该按照预期改变输出响应的值，信号因子是用户为完成向系统发送信号的操作条件。有时用户通过脚踏板、手柄或杠杆间接地更改输入，选择要改变信号的信号因子。

信号因子的水平应涵盖用户使用条件的整个范围。对于主动型动态特性，输出范围更为重要，因为输出响应是用户的需求本身。因此，需要检查信号所改变的输出响应范围是否满足用户的需求。在被动型动态特性的情况下，如温度计的温度，实验中信号的实际范围应由信号因子的水平来覆盖。

为了使实验结果可以应用于更广泛的情况，信号的整体范围应该更大。信号因子水平的个数应该是三个或三个以上，因为非线性和高阶失真可以被评估为噪声效应。当各信号水平间等间隔时，平方和分解的计算就变得简单了。

3. 确定输出响应的测量方法

在某些情况下，很难找到合适的测量方法。一般来说，由于验证的目的，制造业一直在努力测量非动态响应。但是，开发一种有效的测量系统来测量理想功能的响应是非常重要的。

4. 确定噪声策略，选择噪声因子及其水平

选择实验中要测试的噪声条件作为噪声因子。一个或两个噪声因子就足以比较一个系统对整个噪声空间的稳健性。当需要多个噪声因子且易于变化时，可以将噪声因子分配到正交表中。

当实验中加入很多噪声因子时，实验结果适用范围更广，但实验运行次数增加了很多。因此，如果各噪声因子对输出响应的影响方向相对已知，则可以采用复合噪声方法。复合噪声因子有两个极端水平：输出响应趋于低的复合噪声水平和输出响应趋于高的复合噪声水平。稳健性只要通过这两个噪声水平来评估，就可以使得评估测试非常有效。复合噪声因子的影响越小，系统越稳健。

5. 从设计参数中选择可控因子及其水平

选择实验中测试的设计参数作为可控因子，建议使用三个水平，其中一个水平是基线水平。在优化的最后一步，选取最优可控因子水平并进行验证。设计参数的范围应在设计空间进行探索确认，通常情况下，它应该尽可能广泛，有时设计参数的最优值会在一个意想不到的范围内找到。

可控因子可以是连续变量，如长度和质量，也可以是属性变量，如材料类型和形状，这取决于设计参数的性质。

首先，应该定义可控因子，使它们能够独立地变化；其次，建议以一种其影响是独立的方式确定可控因子。在某些情况下，可控因子的影响是相互作用的，这时可以重新定义可控因子，或者应用一种称为滑动水平的技术，使它们的影响变得更加独立。

例如，在一个实验中，选取体积、比重、立方部件质量作为可控因子时，它们是相关的，而不是独立的。其中的任意两个可以选择作为独立的可控因子。又如，选取时间和温度作为可控因子，它们是相关的。但是，若选择时间和热能作为可控因子，就是独立的。

6. 将实验因子分配到内表或外表

将前面选择的可控因子分配到内表，将选择的噪声因子和信号因子分配到外表。内表应该是正交表，如正交表 $L_{18}(2^1 \times 3^7)$；外表可以是乘积计划。在可计算系统中，重复运行外表比较容易，因此，外表也可以是正交表。

正交表 $L_{18}(2^1 \times 3^7)$ 有 8 列。1 个 2 水平可控因子 A 和 7 个 3 水平可控因子 $B \sim H$ 可以分配到正交表 $L_{18}(2^1 \times 3^7)$ 的列中，见表 9-3。行数表示实验次数，每个单元格中的数字表示因子的水平。第一行的实验运行应在因子水平为 $A_1 B_1 C_1 D_1 E_1 F_1 G_1 H_1$ 的条件下进行，第二行的实验运行应在因子水平为 $A_1 B_1 C_2 D_2 E_2 F_2 G_2 H_2$ 的条件下进行。

表 9-3 正交表 $L_{18}(2^1 \times 3^7)$

序号	A	B	C	D	E	F	G	H
1	1	1	1	1	1	1	1	1
2	1	1	2	2	2	2	2	2
3	1	1	3	3	3	3	3	3
4	1	2	1	1	2	2	3	3
5	1	2	2	2	3	3	1	1
6	1	2	3	3	1	1	2	2
7	1	3	1	2	1	3	2	3
8	1	3	2	3	2	1	3	1
9	1	3	3	1	3	2	1	2
10	2	1	1	3	3	2	2	1
11	2	1	2	1	1	3	3	2
12	2	1	3	2	2	1	1	3
13	2	2	1	2	3	1	3	2
14	2	2	2	3	1	2	1	3
15	2	2	3	1	2	3	2	1
16	2	3	1	3	2	3	1	2
17	2	3	2	1	3	1	2	3
18	2	3	3	2	1	2	3	1

对于参数设计中的内表，建议采用正交表来有效地探索设计空间。如果考虑实验运行的量太大而减少设计参数，就与参数设计的目的相违背了。因此，强烈建议使用正交表进行实验，以便能够同时评定多个设计参数的组合。

正交表的行数是实验运行的次数，列数是可分配因子的数量。如果可控因子的个数不超过正交表的列数，则可以将所有因子赋给正交表。为了提高效率，建议在所有列中填充可控因子。

通常推荐使用正交表 L_{18}，其中任意两个三水平列之间的交互作用几乎均匀地分配到其他三水平列上，这样，相对较强的主要影响就可以确定，而无须特别分配交互作用。这个家族的正交表，如 L_{12}、L_{18}、L_{36} 和 L_{54}。而在常规正交表的 2^n、3^n 和 4^n 系列中，任意两列之间的交互作用是在特定的列中分配的，因此，不能稳健地克服可控因子之间的强交互作用。

7. 进行实验并收集实验数据

为内表的每一行收集外部数组数据，内表每一行的信噪比和灵敏度应通过外表对应的数据来计算。换句话说，应该对由内表表示的设计参数的每一个组合进行稳健性评定。

表9-4显示了一个外表设计的示例，用于通过内表的每一行的信噪比和灵敏度来评定稳健性。虽然本例中的外部数组是信号和噪声因子的完整乘积计划，但它可以是正交表。

表9-4 信号和噪声因子的完整乘积计划（双向布局）

信号水平		M_1	M_2	...	M_k	线性形式
噪声水平	N_1	y_{11}	y_{12}		y_{1k}	L_1
	N_2	y_{21}	y_{22}	...	y_{2k}	L_2
	⋮	⋮	⋮		⋮	⋮
	N_n	y_{n1}	y_{n2}		y_{nk}	L_n

8. 计算信噪比 η 和灵敏度 S（或斜率 β）

计算正交表 L_{18} 每一行的信噪比和灵敏度。根据理想功能的类型，信噪比和灵敏度的公式如9.1所示。

在零点比例式的情况下，表9-4中数据集的计算如下：

总平方和：

$$S_T = y_{11}^2 + y_{12}^2 + \cdots + y_{nk}^2 \qquad (f_T = n \times k)$$

输入信号水平的平方和（有效除数）：

$$r = M_1^2 + M_2^2 + \cdots + M_k^2$$

每个噪声水平的线性形式：

$$L_1 = M_1 \times y_{11} + M_2 \times y_{12} + \cdots + M_k \times y_{1k}$$
$$L_2 = M_1 \times y_{21} + M_2 \times y_{22} + \cdots + M_k \times y_{2k}$$
$$\cdots$$
$$L_n = M_1 \times y_{n1} + M_2 \times y_{n2} + \cdots + M_k \times y_{nk}$$

由线性斜率 β 引起的平方和：

$$S_\beta = \frac{(L_1 + L_2 + \cdots + L_n)^2}{n \times r} \qquad (f_\beta = 1)$$

由噪声因子与线性斜率 β 之间交互作用引起的平方和：

$$S_{N\times\beta} = \frac{L_1^2 + L_2^2 + \cdots + L_n^2}{r} - S_\beta \quad (f_{N\times\beta} = n-1)$$

由误差引起的平方和：

$$S_e = S_T - S_\beta - S_{N\times\beta} \quad (f_e = n\times k - n)$$

由误差引起的方差（误差方差）：

$$V_e = \frac{S_e}{f_e} = \frac{S_e}{n\times k - n}$$

由汇总误差引起的方差（误差和噪声引起的方差）：

$$V_N = \frac{S_{N\times\beta} + S_e}{f_{N\times\beta} + f_e} = \frac{S_{N\times\beta} + S_e}{n\times k - 1}$$

信噪比 η 和灵敏度 S：

$$\eta = 10\lg\frac{[1/(n\times r)](S_\beta - V_e)}{V_N} \text{（db）}$$

$$S = 10\lg\frac{1}{n\times r}(S_\beta - V_e) \text{（db）}$$

表 9-5 给出了内表中每一行的信噪比和灵敏度的计算结果。

表 9-5　内表 L_{18} 每一行的信噪比和灵敏度

序号	信噪比/db	灵敏度/db
1	η_1	S_1
2	η_2	S_2
3	η_3	S_3
4	η_4	S_4
5	η_5	S_5
6	η_6	S_6
7	η_7	S_7
8	η_8	S_8
9	η_9	S_9
10	η_{10}	S_{10}
11	η_{11}	S_{11}
12	η_{12}	S_{12}
13	η_{13}	S_{13}

(续)

序号	信噪比/db	灵敏度/db
14	η_{14}	S_{14}
15	η_{15}	S_{15}
16	η_{16}	S_{16}
17	η_{17}	S_{17}
18	η_{18}	S_{18}

由表 9-5 所示的内表中每一行的信噪比和灵敏度计算结果，计算内表中各可控因子（设计参数）各水平的信噪比和灵敏度平均值，确定因子的主效应。

因子 A 第 1 水平的信噪比平均值是通过对 1~9 行的信噪比平均值计算得到的。同样，因子 A 第 2 水平的信噪比平均值是通过对第 10~18 行的信噪比平均值计算得到的。可控因子 B 到 H 也应进行类似的计算，如下所示。

各可控因子水平的信噪比平均值（参考表 9-3）：

$$\eta_{A1} = \frac{(\eta_1 + \eta_2 + \eta_3 + \eta_4 + \eta_5 + \eta_6 + \eta_7 + \eta_8 + \eta_9)}{9}$$

$$\eta_{A2} = \frac{(\eta_{10} + \eta_{11} + \eta_{12} + \eta_{13} + \eta_{14} + \eta_{15} + \eta_{16} + \eta_{17} + \eta_{18})}{9}$$

$$\eta_{B1} = \frac{(\eta_1 + \eta_2 + \eta_3 + \eta_{10} + \eta_{11} + \eta_{12})}{6}$$

$$\cdots$$

$$\eta_{H3} = \frac{(\eta_3 + \eta_4 + \eta_7 + \eta_{12} + \eta_{14} + \eta_{17})}{6} \tag{9-26}$$

同样，每一个可控因子的灵敏度平均值计算如下。

各可控因子水平的灵敏度平均值：

$$S_{A1} = \frac{(S_1 + S_2 + S_3 + S_4 + S_5 + S_6 + S_7 + S_8 + S_9)}{9}$$

$$S_{A2} = \frac{(S_{10} + S_{11} + S_{12} + S_{13} + S_{14} + S_{15} + S_{16} + S_{17} + S_{18})}{9}$$

$$S_{B1} = \frac{(S_1 + S_2 + S_3 + S_{10} + S_{11} + S_{12})}{6}$$

$$S_{H3} = \frac{(S_3 + S_4 + S_7 + S_{12} + S_{14} + S_{17})}{6} \qquad (9-27)$$

表 9-6 为内表中各可控因子水平的信噪比和灵敏度平均值的汇总。

表 9-6 信噪比和灵敏度的平均值响应表

可控因子	信噪比/db			灵敏度/db		
	水平 1	水平 2	水平 3	水平 1	水平 2	水平 3
A	η_{A1}	η_{A2}	—	S_{A1}	S_{A2}	—
B	η_{B1}	η_{B2}	η_{B3}	S_{B1}	S_{B2}	S_{B3}
C	η_{C1}	η_{C2}	η_{C3}	S_{C1}	S_{C2}	S_{C3}
D	η_{D1}	η_{D2}	η_{D3}	S_{D1}	S_{D2}	S_{D3}
E	η_{E1}	η_{E2}	η_{E3}	S_{E1}	S_{E2}	S_{E3}
F	η_{F1}	η_{F2}	η_{F3}	S_{F1}	S_{F2}	S_{F3}
G	η_{G1}	η_{G2}	η_{G3}	S_{G1}	S_{G2}	S_{G3}
H	η_{H1}	η_{H2}	η_{H3}	S_{H1}	S_{H2}	S_{H3}

9. 生成信噪比和灵敏度（斜率）的主效应图

根据表 9-6 所示的平均值数据，绘制出信噪比和灵敏度的主效应图，见图 9-1。图 9-1 显示了每个可控因子如何影响信噪比和灵敏度。信噪比表示稳健性，灵敏度表示响应的线性斜率或均值。

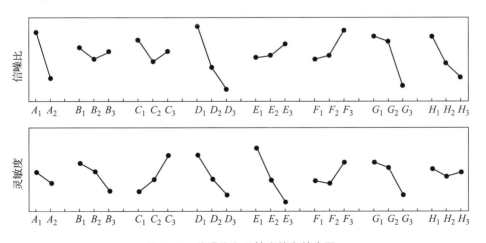

图 9-1 信噪比和灵敏度的主效应图

由于各可控因子（设计参数）的平均值均由正交表计算得到，因此信噪比和灵敏度的总平均值应与各可控因子（设计参数）的平均值相同。当主效应图生成时，很容易检查计算中是否有错误。

信噪比的总平均值：

$$\overline{T}_{SN} = \frac{\eta_1 + \eta_2 + \eta_3 + \eta_4 + \eta_5 + \cdots + \eta_{16} + \eta_{17} + \eta_{18}}{18} \tag{9-28}$$

各可控因子的信噪比平均值应与总平均值相同：

$$\frac{\eta_{A1} + \eta_{A2}}{2} = \cdots = \frac{\eta_{H1} + \eta_{H2} + \eta_{H3}}{3} = \overline{T}_{SN} \tag{9-29}$$

灵敏度的总平均值：

$$\overline{T}_{\beta} = \frac{S_1 + S_2 + S_3 + S_4 + S_5 + \cdots + S_{16} + S_{17} + S_{18}}{18} \tag{9-30}$$

各可控因子的灵敏度平均值应与总平均值相同：

$$\frac{S_{A1} + S_{A2}}{2} = \cdots = \frac{S_{H1} + S_{H2} + S_{H3}}{3} = \overline{T}_{\beta} \tag{9-31}$$

对于连续型可控因子，当主效应图中的图不是单调递增或递减时，表示可控因子之间存在一定的交互作用，由于这种交互作用，预计在验证实验中会出现较差的结果。对于连续型可控因子对信噪比的影响，中间水平不稳健、高低水平稳健是不现实的。因此，观察所有连续型可控因子的影响是单调递增还是单调递减是一个很好的方法。

10. 选择最优条件

在选择最优条件时应采用两步优化策略：

第一步，观察信噪比的主效应图，选取信噪比平均值最高的各可控因子的水平作为稳健性的最优水平。

第二步，观察灵敏度的主效应图，如果需要调整输出特性，在确定第一步后，预测哪个因子可以用来调整线性斜率或平均值，同时要求该因子对信噪比影响较小。

由于参数设计意味着稳健性的优化，因此必须选择信噪比最高的可控因子水平，这意味着所得到的系统预期会在市场上表现出最小的系统功能可变性。

例如，根据图 9-1 中的信噪比主效应图，最优条件应该为 $A_1B_1C_1D_1E_3F_3G_1H_1$。但是，如果选择可控因子的另一组合并且信噪比的 db 差异较小，则可以考虑灵敏度或信噪比以外的其他标准来选择另一组合。例如，在图 9-1 中，可控因子 E 对信噪比的影响较小，但和灵敏度有较强的线性关系，如果按照灵敏度选择 E_2，而不是按照信噪比选择 E_3，两者的信噪比差异很小。该权衡可应用于两步优化。在任何情况下，可以通过考虑许多不同的标准来战略性地选择最优组合，但稳健性应该是最重要的，它应该具有最较高优先级。

11. 通过增益评估稳健性的改进

随着稳健性的提高，信噪比的增益应由最优设计条件与参考设计条件（通常为基线设计条件）之间的信噪比之差来评估。

以图 9-1 为例，最优设计条件为 $A_1B_1C_1D_1E_3F_3G_1H_1$。

最优设计条件下的信噪比估计值为：

$$\eta_{\text{opt}} = \eta_{A1} + \eta_{B1} + \eta_{C1} + \eta_{D1} + \eta_{E3} + \eta_{F3} + \eta_{G1} + \eta_{H1} - 7\bar{T}_{SN} \quad (9-32)$$

用类似的方法可以计算基线条件下的信噪比估计值。基线设计条件 $A_1B_2C_2D_2E_2F_2G_2H_2$ 的信噪比估计值为：

$$\eta_{\text{base}} = \eta_{A1} + \eta_{B2} + \eta_{C2} + \mu_{D2} + \eta_{E2} + \eta_{F2} + \eta_{G2} + \eta_{H2} - 7\bar{T}_{SN} \quad (9-33)$$

用两个信噪比之差计算信噪比的增益：

$$\Delta\eta = \eta_{\text{opt}} - \eta_{\text{base}} \quad (\text{db}) \quad (9-34)$$

灵敏度的增益也可以用同样的方法计算。

最优设计条件下的灵敏度估计值为：

$$S_{\text{opt}} = S_{A1} + S_{B1} + S_{C1} + S_{D1} + S_{E3} + S_{F3} + S_{G1} + S_{H1} - 7\bar{T}_{\beta} \quad (9-35)$$

基线设计条件下的灵敏度估计值为：

$$S_{\text{base}} = S_{A1} + S_{B2} + S_{C2} + S_{D2} + S_{E2} + S_{F2} + S_{G2} + S_{H2} - 7\bar{T}_{\beta} \quad (9-36)$$

灵敏度的增益为：

$$\Delta S = S_{\text{opt}} - S_{\text{base}} \quad (\text{db}) \quad (9-37)$$

12. 进行验证实验，检查增益的重现性

在基线设计条件和最优设计条件下进行确认实验，只需在外部数组上运行两次，即基线设计条件下的运行和最优设计条件下的运行，然后计算信噪比、灵敏度和增益。

表 9-7 总结了在基线设计条件和最优设计条件下信噪比和灵敏度的估计值和验证值。

表 9-7 验证实验的结果分析

方案	信噪比/db		灵敏度/db	
	估计值	验证值	估计值	验证值
最优设计条件	η_{opt}	η'_{opt}	S_{opt}	S'_{opt}
基线设计条件	η_{cur}	η'_{cur}	S_{cur}	S'_{cur}
增益	$\Delta \eta$	$\Delta \eta'$	ΔS	$\Delta S'$

当估计值与验证值的信噪比和灵敏度增益基本相同时，参数设计的实验结果具有较高的重现性，可以在实际情况下重现。否则，由于因子效应的可加性差，实验结果在重现性方面会存在一些问题。对于后一种情况，需要重新检查参数设计实验方案中的项目：如理想功能的定义、输入输出特性、信噪比的计算、噪声策略、可控因子的定义、测量方法等。

当验证实验的增益结果具有较高的重现性时，可能会出现信噪比或灵敏度的绝对值在估计值和验证值之间不一致的情况。在这种情况下，可能还有其他未知的噪声因子对输出特性或信噪比有较大的影响。但是，如果增益是可重现的，则考虑到可控因子的影响是可重现的，可以通过选择相对于基线条件的最优条件来提高稳健性将在现实中的重现性。

从当前或基线设计条件到最优设计条件的改进的利润增益是可以估计的，随着用户质量损失的减少，可与成本的提高进行比较。在许多情况下，设计参数最优值的选择不会或几乎不会增加成本。

9.3 主动型动态特性稳健参数设计

本节介绍将参数设计应用于某油烟冷却系统的案例。在使用光源的照明机器中，为了防止过热，必须有冷却系统，如冷却风扇。在实验过程中需要对环境温度进行控制，但在现实中，对机器和周围环境的温度测量并不容易。此外，材料的选择应考虑传热、辐射和对流等因素。因此，如果在实验中尝试不同的材料，这个评定将会花费很长时间和很多成本。在本案例中，为了评定冷却系统的性能，将基于冷却系统的功能来评定稳健性。该功能被描述为风扇电机电压与气流速度之间的关系。

1. 明确系统的理想功能

冷却系统应通过转动电机风扇来排出被用作光源的灯导致的热空气,从而保持热源及其周围的温度较低。该冷却系统的功能可以定义为"通过电机和风扇产生气流来消除热空气"。理想功能是这样定义的:输入是由电压表示的电能,它被电机消耗来实现驱动功能,输出是排出热空气的气流速度。理想功能可以表示为:

$$y = \beta M$$

其中,M 表示输入信号"电机电压";y 表示输出特性"气流速度"。

图 9-2 为冷却系统的理想功能。随着电机电压的增加,气流速度也随之增加,气流速度与电机电压成正比。在实际应用中,任何形式的空气泄漏、漩涡或湍流,均会造成理想功能的偏离和能量转换效率的降低。

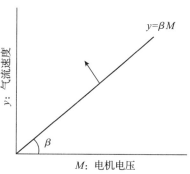

图 9-2 冷却系统的理想功能

2. 选择信号因子及其范围

冷却系统的输入信号通过对电机施加电压来排出热空气。通常将电机电压设置在 0V~25V 之间,然后选择电机电压作为信号因子,设置为 5V、15V、25V 三个电压值,如表 9-8 所示。

表 9-8 冷却系统的信号因子及其水平

水平	M_1	M_2	M_3
电机电压/V	5	15	25

3. 确定输出响应的测量方法

输出响应为气流速度,可以用风速表直接测量。

4. 确定噪声策略,选择噪声因子及其水平

在实际使用中,噪声因子应从环境条件、系统部分退化等噪声条件中选取。如果一个或两个典型的噪声条件有很强的影响,就可以选择。

本案例选取排气口存在障碍物作为噪声因子,如表 9-9 所示。当排气口有障碍物时,气流受到干扰,冷却效率下降。而无论排气口是否存在障碍物,系

都应以相同的方式工作。

表 9-9　冷却系统的噪声因子及其水平

水平	N_1	N_2
障碍	无	有

5. 从设计参数中选择可控因子及其水平

在正交表 L_{18} 中，可以分配一个两水平因子和七个三水平因子。表 9-10 显示了选择的可控因子及其水平。

表 9-10　冷却系统的可控因子及其水平

	可控因子	水平 1	水平 2	水平 3
A	挡板	无	有	-
B	设备外壳与进气口之间的距离/mm	20	40	60
C	进气口与热源之间的距离/mm	110	60	40
D	开口高度/mm	30	15	0
E	排风管道高度/mm	30	15	0
F	热源顶部孔的直径/mm	大	中	无
G	热源底部孔的直径/mm	无	中	大
H	热源与排气管之间的距离/mm	60	50	40

6. 将实验因子分配到内表或外表

可控因子应分配到内表。在本案例中，内表为正交表 L_{18}。表 9-11 给出了正交表 L_{18} 的可控因子分配，它的行显示了从第 1 号到第 18 号每次运行的可控因子水平的组合。

表 9-11　冷却系统内表的可控因子分配

序号	A	B	C	D	E	F	G	H
1	无	20	110	30	30	大	无	60
2	无	20	60	15	15	中	中	50
3	无	20	40	0	0	无	大	40
4	无	40	110	30	15	中	大	40
5	无	40	60	15	0	无	无	60
6	无	40	40	0	30	大	中	50

(续)

序号	A	B	C	D	E	F	G	H
7	无	60	110	15	30	无	中	40
8	无	60	60	0	15	大	大	60
9	无	60	40	30	0	中	无	50
10	有	20	110	0	0	中	中	60
11	有	20	60	30	30	无	大	50
12	有	20	40	15	15	大	无	40
13	有	40	110	15	0	大	大	50
14	有	40	60	0	30	中	无	40
15	有	40	40	30	15	无	中	60
16	有	60	110	0	15	无	无	50
17	有	60	60	30	0	大	中	40
18	有	60	40	15	30	中	大	60

将噪声因子和信号因子分配到外表。在本案例中,外表是一个双向全因子计划。

7. 进行实验并收集实验数据

表 9-12 为内表每一行实验运行中气流速度的实测数据。

表 9-12 冷却系统气流速度测量结果 （单位：m/s）

序号	M_1		M_2		M_3	
	N_1	N_2	N_1	N_2	N_1	N_2
1	0.12	0.09	0.31	0.26	0.44	0.41
2	0.18	0.15	0.28	0.23	0.44	0.32
3	0.36	0.31	1.20	0.96	1.56	1.46
4	0.25	0.22	0.77	0.66	1.24	1.20
5	0.24	0.19	0.84	0.73	1.26	1.08
6	0.23	0.20	0.79	0.67	1.24	1.02
7	0.13	0.08	0.14	0.34	0.30	0.56
8	0.23	0.19	0.57	0.26	0.91	0.56
9	0.24	0.19	0.86	0.68	1.32	1.12

(续)

序号	M_1		M_2		M_3	
	N_1	N_2	N_1	N_2	N_1	N_2
10	0.26	0.17	0.86	0.67	1.30	0.98
11	0.06	0.04	0.23	0.28	0.37	0.27
12	0.36	0.34	1.14	1.04	1.70	1.58
13	0.21	0.12	0.77	0.60	1.18	1.04
14	0.31	0.30	1.12	0.93	1.66	1.42
15	0.10	0.04	0.33	0.24	0.56	0.47
16	0.28	0.23	1.10	0.82	1.66	1.24
17	0.27	0.23	0.83	0.72	1.30	1.08
18	0.28	0.19	0.76	0.57	1.06	0.71

8. 计算信噪比 η 和灵敏度 S

当电机电压为0时，气流速度为0。因此，采用零点比例式理想功能的公式来计算信噪比和灵敏度。

内表 L_{18} 第1行数据的计算如下：

总平方和：

$$S_T = 0.12^2 + 0.09^2 + 0.31^2 + 0.26^2 + 0.44^2 + 0.41^2 = 0.547900 \quad (f_T = 6)$$

输入信号水平的平方和（有效除数）：

$$r = 5^2 + 15^2 + 25^2 = 875$$

每个噪声水平的线性形式：

$$L_1 = 5 \times 0.12 + 15 \times 0.31 + 25 \times 0.44 = 16.250000$$

$$L_2 = 5 \times 0.09 + 15 \times 0.26 + 25 \times 0.41 = 14.600000$$

由线性斜率 β 引起的平方和：

$$S_\beta = \frac{(16.25 + 14.60)^2}{2 \times 875} = 0.543841 \quad (f_\beta = 1)$$

由 N_1 和 N_2 之间线性斜率 β 的变化引起的平方和：

$$S_{N\times\beta} = \frac{16.25^2 + 14.60^2}{875} - S_\beta = 0.001556 \quad (f_{N\times\beta} = 1)$$

由误差引起的平方和：

$$S_e = 0.547900 - 0.543841 - 0.001556 = 0.002503 \quad (f_e = 4)$$

由误差引起的方差（误差方差）：

$$V_e = \frac{0.002503}{4} = 0.000626$$

由汇总误差引起的方差（误差和噪声引起的方差）：

$$V_N = \frac{0.002503 + 0.001556}{1 + 4} = 0.000812$$

信噪比 η 和灵敏度 S：

$$\eta = 10\lg \frac{[1/(2 \times 875)](0.543841 - 0.000626)}{0.000812} = -4.17 \text{ (db)}$$

$$S = 10\lg \frac{1}{2 \times 875}(0.543841 - 0.000626) = -35.08 \text{ (db)}$$

同理，对内表的每一行进行计算。

表 9-13 为内表每一行的信噪比和灵敏度的计算结果。

表 9-13 冷却系统内表的信噪比和灵敏度

序号	信噪比/db	灵敏度/db
1	-4.17	-35.08
2	-12.77	-35.86
3	-5.99	-23.94
4	1.76	-26.29
5	-4.81	-26.36
6	-5.35	-26.74
7	-15.93	-35.41
8	-14.45	-30.67
9	-5.35	-26.15
10	-8.82	-26.58

(续)

序号	信噪比/db	灵敏度/db
11	−11.40	−37.24
12	−1.08	−23.41
13	−5.57	−27.06
14	−4.92	−23.97
15	−8.00	−33.99
16	−9.13	−24.54
17	−4.89	−26.25
18	−11.99	−28.41

9. 生成信噪比和灵敏度的响应表与主效应图

根据表 9-13 中的数据，计算内表 L_{18} 中分配的可控因子水平的信噪比和灵敏度的平均值，生成主效应图。

分配到内表各列的可控因子水平的信噪比平均值按式（9-26）计算：

$$\eta_{A1} = \frac{(-4.17-12.77-5.99+1.76-4.81-5.35-15.93-14.45-5.35)}{9} = -7.45$$

$$\eta_{A2} = \frac{(-8.82-11.40-1.08-5.57-4.92-8.00-9.13-4.89-11.99)}{9} = -7.31$$

$$\eta_{B1} = \frac{(-4.17-12.77-5.99-8.82-11.40-1.08)}{6} = -7.37$$

…

$$\eta_{H3} = \frac{(-5.99+1.76-15.93-1.08-4.92-4.89)}{6} = -5.18$$

灵敏度的平均值也用类似的方法计算。

计算结果见表 9-14。

表 9-14 冷却系统信噪比和灵敏度的响应表

可控因子		信噪比/db			灵敏度/db		
		水平 1	水平 2	水平 3	水平 1	水平 2	水平 3
A	挡板	−7.45	−7.31	—	−29.61	−27.94	—
B	设备外壳与进气口之间的距离/mm	−7.37	−4.48	−10.29	−30.35	−27.40	−28.57

(续)

可控因子		信噪比/db			灵敏度/db		
		水平1	水平2	水平3	水平1	水平2	水平3
C	进气口与热源之间的距离/mm	-6.98	-8.87	-6.29	-29.16	-30.06	-27.11
D	开口高度/mm	-5.34	-8.69	-8.11	-30.83	-29.42	-26.07
E	排风管道高度/mm	-8.96	-7.28	-5.91	-31.14	-29.13	-26.05
F	热源顶部孔的直径/mm	-5.92	-7.01	-9.21	-28.20	-27.88	-30.24
G	热源底部孔的直径/mm	-4.91	-9.29	-7.94	-26.58	-30.80	-28.94
H	热源与排气管之间的距离/mm	-8.71	-8.26	-5.18	-30.18	-29.60	-26.55

图9-3显示了冷却系统信噪比和灵敏度的主效应图。

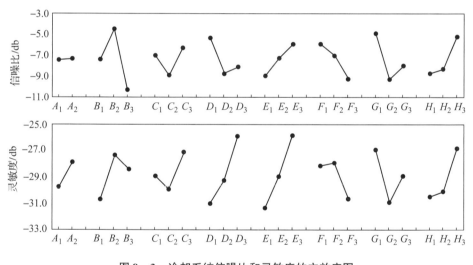

图9-3 冷却系统信噪比和灵敏度的主效应图

10. 选择最优条件

为使各可控因子的信噪比达到最大，应选择使信噪比较高的因子水平作为各可控因子的最优水平。从图9-3可知，信噪比的最优组合为 $A_2B_2C_3D_1E_3F_1G_1H_3$。综观信噪比和灵敏度的主效应图，因子的最优水平之间有矛盾，选择 D_3 水平可以增加灵敏度，但最后仍然选择 D_1 水平，因为具有较高信噪比的稳健性对系统更重要。

11. 通过增益评估稳健性的改进

计算最优设计条件和基线设计条件下的信噪比和灵敏度估计值。

在某些情况下,使用所有主效应的估计是多余的。对于信噪比和灵敏度的适度估计,可以选择一些较大的因子主效应来进行。

在本案例中,选择因子 B、D、G、H 来估计信噪比,选择因子 D、E、G、H 来估计灵敏度。

基线设计条件是冷却系统的初始设计条件,即可控因子水平组合 $A_1B_1C_1D_1E_1F_1G_1H_1$。利用表 9-14 所示的信噪比平均值,对最优设计条件和基线设计条件下的信噪比计算如下:

信噪比的总平均值(参考表 9-13):

$$\bar{T}_{SN} = 18 \text{ 个信噪比的平均值} = -7.38$$

最优设计条件下的信噪比估计值:

$$\eta_{\text{opt}} = \eta_{B2} + \eta_{D1} + \eta_{G1} + \eta_{H3} - 3\bar{T}_{SN} = -4.48 - 5.34 - 4.91 - 5.18 - 3 \times (-7.38)$$
$$= 2.23$$

基线设计条件下的信噪比估计值:

$$\eta_{\text{base}} = \eta_{B1} + \eta_{D1} + \eta_{G1} + \eta_{H1} - 3\bar{T}_{SN} = -7.37 - 5.34 - 4.91 - 8.71 - 3 \times (-7.38)$$
$$= -4.19$$

信噪比的增益为最优设计条件下的估计值与基线设计条件下的估计值的差值,故信噪比增益为:

$$\Delta\eta = \eta_{\text{opt}} - \eta_{\text{base}} = 2.23 - (-4.19) = 6.42 \text{ (db)}$$

同理,灵敏度的增益也用类似的方法进行估计。

灵敏度的总平均值(参考表 9-13):

$$\bar{T}_{\beta} = 18 \text{ 个灵敏度的平均值} = -28.77$$

最优设计条件下的灵敏度估计值:

$$S_{\text{opt}} = S_{D1} + S_{E3} + S_{G1} + S_{H3} - 3\bar{T}_{\beta} = -30.83 - 26.05 - 26.58 - 26.55 - 3 \times (-28.77)$$
$$= -23.70$$

基线设计条件下的灵敏度估计值：

$$S_{\text{base}} = S_{D1} + S_{E1} + S_{G1} + S_{H1} - 3\overline{T}_\beta = -30.83 - 31.14 - 26.58 - 30.18 - 3 \times (-28.77)$$
$$= -32.42$$

灵敏度的增益为最优设计条件下的估计值与基线设计条件下的估计值的差值，故灵敏度增益为：

$$\Delta S = S_{\text{opt}} - S_{\text{base}} = -23.70 - (-32.42) = 8.72 \text{（db）}$$

12. 进行验证实验，检查增益的重现性

在基线设计条件和最优设计条件的基础上进行验证实验。根据验证实验数据计算信噪比和灵敏度。从表 9-15 的验证实验结果可以看出，信噪比和灵敏度的增益具有很好的重现性。

表 9-15 冷却系统验证实验结果

方案	信噪比/db		灵敏度/db	
	估计值	验证值	估计值	验证值
最优设计条件	2.23	1.66	-23.70	-24.03
基线设计条件	-4.19	-4.17	-32.42	-35.08
增益	6.42	5.83	8.72	11.05

图 9-4 显示了最优设计和基线设计的输入-输出关系。

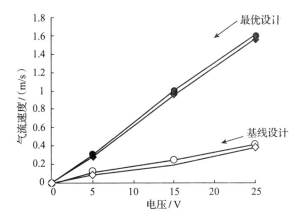

图 9-4 冷却系统确认实验中观察到的函数

可以看出，通过参数设计大大提高了冷却系统的稳健性和效率。在相同的电机电压下，优化设计后可以获得更高的气流速度，这可以通过灵敏度的增益来预测。这些结果表明，由于冷却能力的提高，可以预计温度也将降低。

最后，对最优设计和基线设计进行了温度测试。温度测试结果如图 9-5 所示，改进得到了证实。

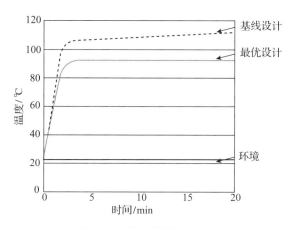

图 9-5 热部件的温度变化

从图 9-5 可以看出，对于基线设计，在测试开始后 20min，温度继续上升。但对于最优设计，在测试开始 3min 后，温度稳定，不再上升，保持在 100℃的临界温度以下。

由于通过测量温度来测试冷却性能非常烦琐和费时，因此，本案例采用了一种简单、快速的评定方法，重点研究了冷却系统的气流生成功能，并通过信噪比进行了稳健性优化。切记，信噪比是一种稳健性评定，分子是能量转换的效率，分母是能量转换的可变性。

9.4 被动型动态特性稳健参数设计

本节以热膨胀仪的稳健参数设计为例，介绍被动型动态特性稳健参数设计的方法和步骤。

1. 问题的提出

高 RPY-90 热膨胀仪主要用于测量金属材料的等温转变曲线、材料的临界点以及热膨胀系数等，其结构图见图 9-6。

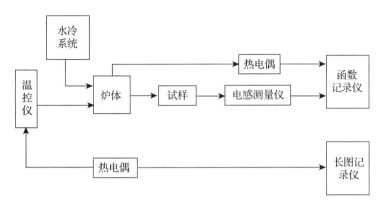

图 9-6 热膨胀仪结构简图

该仪器的炉体温度采用 TDW-89 系列可编程温度控制器自动控制,可以实现任意速率的升温和降温,但是,精度不太满意。这个问题用了很长时间、很多经费也没有解决。为此,用稳健参数设计对温控系统进行优化设计,减少测量误差。

2. 制定可控因子水平表

制定热膨胀仪可控因子水平表,见表 9-16。

表 9-16 热膨胀仪可控因子水平表

因子 水平	冷却速度 V	比例带 $P(\%)$	积分时间 I/s	微分时间 D/s	采样时间 t/s
1	大	20	100	50	1
2	小	40	200	100	2
3		60	300	200	4

3. 制定噪声因子水平表

制定热膨胀仪噪声因子水平表,见表 9-17。

表 9-17 热膨胀仪噪声因子水平表

因子 水平	热电偶 $A(\%)$	环境温度 $B/℃$	长图记录仪 $C(\%)$	试样位置 D	电压 E/V	温控仪 $F(\%)$
1	-0.05	15	-0.5	偏前	200	-0.5
2	0	20	0	中	220	0
3	0.05	25	0.5	偏后	240	0.5

4. 将多个噪声因子组合成复合噪声因子

将多个噪声因子组合成复合噪声因子，即噪声向量 $N = (A, B, C, D, E, F)$。选择复合噪声因子的三个水平如下：

$$N_1 = A_1 B_1 C_1 D_1 E_1 F_1$$
$$N_2 = A_2 B_2 C_2 D_2 E_2 F_2$$
$$N_3 = A_3 B_3 C_3 D_3 E_3 F_3$$

5. 选择信号因子及水平

选择热膨胀仪信号因子（M：升温速度），水平表见表 9 - 18。

表 9 - 18　热膨胀仪信号因子水平表

水平	1	2	3
信号因子 M/(℃/min)	16	12	8

6. 进行内设计

采用正交表 $L_{18}(2^1 \times 3^7)$ 进行内设计，其表头设计见表 9 - 19。

表 9 - 19　热膨胀仪内设计之表头设计

列号	1	2	3	4	5	6	7	8
可控因子	V	P	I	D	t			

7. 进行外设计

外设计采用信号因子和复合噪声因子的全部组合，见表 9 - 20。

表 9 - 20　热膨胀仪外设计

	M_1	M_2	M_3
N_1	Y_{11}	Y_{12}	Y_{13}
N_2	Y_{21}	Y_{22}	Y_{23}
N_3	Y_{31}	Y_{32}	Y_{33}

8. 进行实验并收集实验数据

应用内外表直积法进行实验，实验数据见表 9 - 21。

第 9 章 动态特性的稳健参数设计

表 9-21 热膨胀仪实验结果表

实验序号	M_1			M_2			M_3		
	N_1	N_2	N_3	N_1	N_2	N_3	N_1	N_2	N_3
1	16.22	16.30	16.35	11.78	11.85	12.08	7.92	8.08	8.18
2	15.65	15.90	16.20	11.90	12.20	12.25	7.86	7.88	8.06
3	15.62	16.10	16.20	11.80	11.85	12.28	8.08	8.10	8.18
4	15.84	16.12	16.24	12.25	12.28	12.30	7.82	7.92	8.12
5	16.06	16.28	16.35	11.78	11.82	12.18	7.86	8.14	8.20
6	15.60	15.82	16.38	11.18	11.84	12.26	7.92	7.94	8.16
7	16.16	16.24	16.30	12.12	12.28	12.30	7.90	8.08	8.10
8	15.60	15.74	15.80	11.84	11.90	11.92	7.85	8.10	8.15
9	15.80	16.27	16.34	11.85	12.20	12.25	7.82	8.08	8.18
10	16.10	16.28	16.38	11.76	11.78	11.80	7.84	7.92	7.94
11	15.65	15.78	15.85	11.80	12.20	12.30	7.82	8.08	8.20
12	15.75	16.28	16.38	12.18	12.20	12.28	7.821	7.92	8.06
13	15.90	16.10	16.48	11.70	11.82	11.85	7.85	7.86	8.07
14	15.68	15.80	16.20	12.12	12.24	12.28	7.82	8.15	8.16
15	16.24	16.38	16.40	11.70	11.90	12.30	7.92	7.96	8.10
16	7.92	7.96	8.10	11.86	11.92	12.24	7.92	8.12	8.18
17	16.22	16.28	16.30	12.25	12.30	12.31	7.90	8.06	8.16
18	15.65	15.70	16.10	11.70	11.90	12.29	7.82	8.15	8.20

9. 计算信噪比和斜率

采用零点比例式计算信噪比和斜率,计算结果见表 9-22。

表 9-22 热膨胀仪实验的信噪比和斜率

序号	信噪比/db	斜率	序号	信噪比/db	斜率
1	14.6021	1.00853	4	14.6721	1.00865
2	13.9545	0.99899	5	13.9734	1.00718
3	13.1959	1.00055	6	8.7874	0.99161

(续)

序号	信噪比/db	斜率	序号	信噪比/db	斜率
7	19.7062	1.01454	13	12.5825	0.99882
8	16.9925	0.98776	14	12.9896	1.00259
9	13.7717	1.00776	15	13.0041	1.01075
10	12.8937	1.00132	16	15.6151	0.99534
11	12.9034	0.99489	17	19.7329	1.01730
12	13.4934	1.00920	18	12.4791	0.99371

10. 生成信噪比和斜率响应表

热膨胀仪实验的信噪比响应表和斜率响应表，见表 9-23 和表 9-24。

表 9-23 热膨胀仪实验的信噪比响应表

水平	V	P	I	D	t
1	14.41	13.51	15.01	14.78	13.58
2	13.97	12.67	15.09	14.36	14.62
3		16.38	12.46	13.41	14.36
Delta	0.44	3.71	2.63	1.37	1.04
排秩	5	1	2	3	4

表 9-24 热膨胀仪实验的斜率响应表

水平	V	P	I	D	t
1	1.0028	1.0022	1.0045	1.0080	1.0010
2	1.0027	1.0033	1.0015	1.0037	1.0018
3		1.0027	1.0023	0.9965	1.0055
Delta	0.0001	0.0011	0.0030	0.0115	0.0045
排秩	5	4	3	1	2

11. 绘制信噪比和斜率主效应图

热膨胀仪实验的信噪比主效应图和斜率主效应图，见图 9-7。

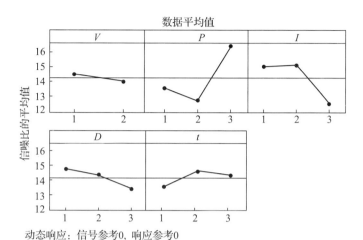

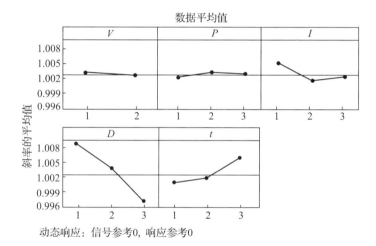

图 9-7 热膨胀仪实验的信噪比主效应图（上）和斜率主效应图（下）

12. 选择最佳方案

从信噪比主效应图可以看出，最佳方案为：$V_1P_3I_2D_1t_2$。

13. 计算信噪比增益

经过计算：

最佳方案（$V_1P_3I_2D_1t_2$）信噪比的估计为 18.5388db

初始方案（$V_1P_1I_1D_1t_1$）信噪比的估计为 14.5400db

信噪比增益为 3.9988db，接近 4db。

思考与练习

思 考

1. 举例说明主动型动态特性与被动型动态特性的异同。
2. 动态特性的信噪比和灵敏度有哪三种情形，各自应用在什么场合？
3. 为什么说零点比例式在动态特性的稳健参数设计中最常用？

练 习

1. 为比较两种染料 A_1 和 A_2 的染色性能，选取染料用量为信号因子 M：

M_1——纤维重量的 3%

M_2——纤维重量的 1%

M_3——纤维重量的 1/3%

噪声因子为 N：

N_1——加淀粉

N_2——不加淀粉

实验数据 Y——染色浓度，见表 9–25。

表 9–25 两种染料的染色浓度实验数据表

	M_1(3%)		M_2(1%)		M_3(1/3%)	
	N_1	N_2	N_1	N_2	N_1	N_2
A_1	22.4 22.3	22.4 22.1	12.2 12.5	12.3 12.1	5.4 5.2	5.1 5.0
和	89.2		49.1		20.7	
A_2	20.8 20.9	20.6 20.7	12.5 12.7	12.5 12.6	3.8 3.6	3.6 3.8
和	83.0		50.3		14.8	

采用零点比例式计算信噪比，并比较两种染料的染色性能。

2. 为比较两种抗拉强度试验机 A_1 和 A_2 的测试精度，选取被测量对象的截面积为信号因子 M：

M_1——0.8mm²

M_2——1.0mm²

M_3——1.2mm²

复合噪声因子为 N：

N_1——负侧最坏条件

N_2——正侧最坏条件

实验数据 Y——抗拉强度（MPa），见表 9–26。

表 9–26　两种抗拉强度试验机实验数据表

	M_1		M_2		M_3	
	N_1	N_2	N_1	N_2	N_1	N_2
A_1	425	437	533	542	642	657
和	862		1075		1299	
A_2	432	442	540	551	647	662
和	874		1091		1309	

采用线性式计算信噪比，并比较抗拉强度试验机 A_1 和 A_2 的测试性能。

3. 表 9–27 是 $L_8 \times L_4$ 的直积法实验的实验数据，其中 A、B、C、D、E、F、G 为可控因子，M 为水平间隔（$h=1$）的信号因子，N_1、N_2 是复合噪声因子的两个水平。

（1）确定最佳方案；

（2）求最佳方案条件下信噪比的工程平均估计。

表 9–27　某稳健参数设计实验数据表

序号	A	B	C	D	E	F	G	M_1		M_2	
	1	2	3	4	5	6	7	N_1	N_2	N_1	N_2
1	1	1	1	1	1	1	1	18	25	34	34
2	1	1	1	2	2	2	2	17	44	59	63
3	1	2	2	1	1	2	2	16	26	36	46
4	1	2	2	2	2	1	1	15	20	28	34
5	2	1	2	1	2	1	2	27	35	52	62
6	2	1	2	2	1	2	1	41	60	81	100
7	2	2	1	1	2	2	1	28	44	64	78
8	2	2	1	2	1	1	2	26	40	46	60

4. 为了改进一个声压计测系统，用稳健参数设计进行优化设计，具体做法如下。可控因子水平表见表 9–28。

稳健参数设计

表 9-28 声压计测系统可控因子水平表

水平 \ 因子	A 话筒类型	B 距离/m	C 高度/m	D 平均法	E 平均个数
1	Band K_{4133}	1.2	0.3	线性	10
2	Band K_{4134}	1.5	1.2	实验	50
3	Band K_{4155}	1.8	1.5	峰端	100
4	Band K_{4165}				

信号因子

声源 M：M_1 = 电吹风；M_2 = 吸尘器；M_2 = 电扇。

噪声因子

距离 P：P_1 = 名义值的 95%； P_2 = 名义值的 105%

高度 Q：Q_1 = 名义值的 95%； Q_2 = 名义值的 105%

选用 $L_{18}(2^1 \times 3^7)$ 作为内表，表头设计见表 9-29。

表 9-29 声压计测系统内表之表头设计

列号	1	2	3	4	5	6	7	8
因子		A	B	C	D	E		

由于第 2 列为三水平列，但因子 A 为 4 水平，故对第 2 列进行了改造，见表 9-30。

对信号因子和噪声因子进行外设计，采用全部实验，即外设计实验次数为 $3 \times 2 \times 2 = 12$ 次。内、外表的直积以及实验结果见表 9-30。

表 9-30 声压计测系统实验设计与实验结果

外设计					M	1	1	1	1	2	2	2	2	3	3	3	3
					P	2	2	1	1	2	2	1	1	2	2	1	1
					Q	2	1	2	1	2	1	2	1	2	1	2	1
						1	2	3	4	5	6	7	8	9	10	11	12
内设计	A 2	B 3	C 4	D 5	E 6												
1	1	1	1	1	1	68	65	70	70	63	64	65	65	41	43	42	45
2	1	2	2	2	2	66	61	67	66	61	62	64	63	40	41	42	41
3	1	3	3	3	3	69	69	68	69	66	67	67	65	45	43	47	45

(续)

外设计				M P Q	1 2 2 1	1 2 1 2	1 1 2 3	1 1 1 4	2 2 2 5	2 2 1 6	2 1 2 7	2 1 1 8	3 1 2 9	3 2 1 10	3 2 2 11	3 1 1 12
内设计	A 2	B 3	C 4	D 5	E 6											
4	2	1	1	2	2	67	65	69	70	69	69	70	70	48	47	48	49
5	2	2	2	3	3	71	70	73	71	69	69	70	70	48	47	48	49
6	2	3	3	1	1	75	65	66	66	62	62	63	64	41	39	40	40
7	3	1	2	1	3	67	67	69	68	66	66	66	66	42	43	44	42
8	3	2	3	2	1	67	67	68	67	63	65	64	65	39	41	42	41
9	3	3	1	3	2	68	66	68	68	67	67	68	68	45	45	47	46
10	4	1	3	3	2	72	72	72	73	71	71	71	71	46	48	49	49
11	4	2	1	1	3	67	67	66	66	64	65	65	65	39	40	42	41
12	4	3	2	2	1	65	63	65	66	61	62	63	62	38	40	40	39
13	1	1	2	3	1	70	69	72	70	69	69	70	70	47	47	48	48
14	1	2	3	1	2	67	66	65	66	64	63	63	64	41	39	41	37
15	1	3	1	2	3	63	62	64	63	61	62	61	62	40	39	39	39
16	2	1	3	2	3	67	68	68	69	66	66	66	66	42	41	43	43
17	2	2	1	3	1	69	71	68	68	67	69	69	69	46	45	46	46
18	2	3	2	1	2	63	64	65	66	60	62	62	62	40	40	39	40

（1）计算每一号方案的信噪比；

（2）确定最佳方案，并求最佳方案条件下信噪比的工程平均估计。

第 10 章
计数分类值特性的稳健参数设计

本书第 5 章至第 9 章介绍了系统的输出特性为计量值特性的稳健参数设计，计量值特性属于连续型变量，数据包含的信息比较充分。但是，有些系统的输出特性为计数分类值特性，如优、良、中、可的个数等。计数分类值特性属于离散型变量，这类数据不仅包含的信息比较少，而且可控因子之间的交互作用往往较显著。本章介绍计数分类值特性的稳健参数设计方法和步骤。但是，我们建议在稳健参数设计中，应当尽量采用连续型计量值特性，而尽量不用离散型计数分类值特性。

10.1 计数分类值特性与计量值特性的区别

计数分类值特性有不同的种类，但有一点是共同的，就是都可用 0 和 1，或其他数字表示。例如，合格品与不合格品的个数，0 表示合格品，1 表示不合格品，倒过来表示也可以，这是把结果分为两类的例子。有时也可以分为三类或更多的类型，如优等品、良品、合格品和不合格品等，每一类的数目也可用 0 和 1 来表示。

计数分类值特性在数据的采集和分析中使用非常普遍，但从稳健参数设计的角度来看，这并不是一种好的输出持性，原因有三个：信息丢失、效率低和交互作用大。

1. 信息丢失

例如，用通规和止规测量产品的尺寸，测量结果有两种：合格（好）和不合格（坏）。假设产品的公差规定为（10 ± 0.10）mm，那么对于尺寸为 10.5mm 和 9.8mm 的两件产品的测量结果是一样的，都是不合格。其实这两件产品一个太大、一个太小，这个重要的尺寸信息丢掉了，原因就在于这种分类方法。再举一个学生考试分数的例子，假定一个学生是 60 分，一个学生是 90 分，如果只分为及格和不及格，那么这两个学生就都被认为是及格。显然，谁也不会认为 90 分和 60 分是一样的。通规和止规广泛地应用于工业生产，直到近几年才有所改变。这很可能是采用此类量具的工厂的产品质量难以改进的原因之一。

2. 效率低

以不合格品百分率表示的质量特性看上去像是连续变量，但实质上是 0/1 数据。因为这是把产品分为合格品和不合格品，不合格品百分率是用不合格的产品个数除以总的产品个数之后得到的百分数。可靠性数据也属于此类，它是用有效的产品个数除以产品的总数。

用百分数统计，如果样本太小，得到的结论就不可信。可靠性试验如果只进行了几次，所得到的结论也是不可信的。确定产品的不合格率和可靠性的实验都要求使用的样本数足够大，这就使得研究的效率很低。

3. 交互作用大

在质量改进的研究中使用计数分类值特性，把产品分为合格和不合格、通过和不通过，所造成的最大问题是这种质量特性可能产生许多交互作用。

交互作用意味着稳定性差、无可加性和无再现性。下面用例子解释这个问题。实验中因子 A 和 B 各有两水平，结果用好和坏来表示，实验结果见表 10-1。

表 10-1 A 和 B 组合的实验结果

实验序号	条件	结果
1	A_1B_1	坏
2	A_2B_1	好
1	A_1B_1	坏
3	A_1B_2	好

这种类型的实验称为一次一个因子的实验，即在一次实验中只有一个因子的水平改变了。比较实验 1 和实验 2，A_2 比 A_1 好。比较实验 1 和实验 3，B_2 比 B_1 好。根据这三个实验推测的结果是 A_2B_2 好。但是，如果按照 A_2B_2 进行实验，结果却并不好，由此可知因子 A 和 B 之间存在交互作用。如果因子 A 和 B 之间不存在交互作用，那么，A_2 不管 B 怎样变化都总是比 A_1 好，B_2 不管 A 怎样变化都总是此 B_1 好。在本实验中，产生这种交互作用的原因是选择了错误的质量特性：

好和坏。

再举一个焊接的例子来对此加以解释。实验条件 A 和 B 为：

A = 电流　　　　　B = 焊接时间

A_1 = 小电流　　　　B_1 = 短时间

A_2 = 大电流　　　　B_2 = 长时间

条件组合 A_1B_1 是小电流短时间，由于输入的能量少，焊不上，结论是坏；条件组合 A_2B_2 是大电流长时间，烧穿了，结论也是坏。但在前面所讲的三个实验中不包含条件为 A_2B_2 组合的实验，只是推测该组合是最好的，然而实际上在这里，A_2B_2 是最坏的组合之一。结果 A 和 B 的作用都不是一定的，A 的作用无法加到 B 的变化所带来的影响上，无法得到最佳的结果，这就是可加性差。在确认实验中，最佳组合的预测不能再现，这就是无再现性。

一次一个因子的实验容易进行，但当因子之间有交互作用时，所得到的最佳条件可能不是最佳的，因为采用好和坏作为质量特性，就会被实验给蒙蔽了。

如果因子之间存在交互作用，最佳组合就要从全部因子的所有组合中去寻找，这类实验称为析因实验或全数析因实验。

在前面提到的实验中只有两个因子，所以进行全数实验只需要增加一次实验就可以了。但是，如果是一个 13 个因子三水平的实验，其全部组合的实验数为 1 594 323。进行 13 个因子三水平实验在质量改进研究中是很普通的事，但却要用数十年来完成一个全部析因实验，这种稳健性研究是不现实的。

如果结论没有再现性，小规模的实验研究就无法用于大规模生产，也无法在产品卖给用户后再现出预定的功能。例如，有时在实验研究中，材料 A_1 比 A_2 的结果好，但在生产或市场上，A_2 却比 A_1 的表现好。如果这样，在实验中所花费的时间和金钱就白费了，因为研究的结果根本没有用。

4. 避免交互作用的途径

在稳健参数设计中，输出特性的选择是避免交互作用的关键。为避免交互作用，通常有以下途径：

(1) 避免使用 0/1 数据

下面是一些 0/1 数据的例子：通过和不通过的实验数；合格和不合格的产品数；失效的比率；可靠性数据等。

在实际运用中，要避免使用上文提到的这些输出特性，应设法使用连续型计量值变量或将原变量转变为连续型计量值变量。例如，放弃通规和止规，直接测量尺寸数据；用测量缺陷孔的大小来代替计测缺陷孔的个数；用测量含糖量、含盐量和其他物理特性等计测项目代替品尝食品来确定好坏。

要回避使用 0/1 数据，并不是说这些数据不重要。事实上这些数据可能对管理或市场人员非常重要，因为这些数据不但对满足用户需求非常重要，而且也是度量质量改进活动的必要数据。在研究中避免使用这些数据的目的是避免交互作用。

（2）把分类个数由两个增加到三个或三个以上

这个方法只在无法测量连续型变量时才推荐使用。

把分类个数增加到三个或三个以上，同只有两类的分类方法相比，一些错误的结论就可能被避免。例如，焊接工序的不合格数可以分为以下 3 类。

情况 1：焊不上

情况 2：正常或好

情况 3：烧穿

在复印机进纸机构的可靠性研究中，故障类型可用以下分类方法。

情况 1：空进（没有纸送进）

情况 2：正常

情况 3：夹纸（送进了不止一张纸）

在这两个例子中，情况 1 是输入到系统的能量太少了，而情况 3 是输入到系统的能量大多了。在只有两种类型的分类中，这两种相反的不正常情况未加区分，都作为一种情况考虑了，这就是交互作用存在的原因。在此推荐的方法虽然要比分为两类的做法好，但这是在不得已的情况下推荐的输出特性。

（3）使用稳健性质量特性

静态特性的信噪比称为稳健性质量特性，此时有交互作用的概率比使用计数分类值特性或普通连续型计量特性要小得多。

（4）使用功能质量特性

功能质量特性用动态特性的信噪比来表示。使用这种质量特性可使交互作用的概率最小，后面将对此进一步讨论。

10.2 分为两类，只有一种错误的情形

将数据分为两类进行研究时，通常以 0 和 1 作为计数分类数据值。在这种计数分类型数据中有两种情况：存在一种错误和存在两种错误。例如，一个自动售货机，投进一个硬币希望能从机器得到一个产品，如一听可乐。如果没有产品出来，就是一种错误；另一种错误就是没有投入硬币却有产品出来。通常自动售货机的研究是保证很少发生第二种错误。而在自动售货机的可靠性研究中，只研究第一种错误。

如在上一节中提到的，使用计数分类型数据的问题是缺乏输出特性的可加性。例如，一个产品的可靠度是 99.40%，它由 A、B 和 C 三个元件组成。表 10-2 列出了可靠性实验结果。

表 10-2 可靠性实验结果

元件	当前	新的	改进效果
A	90%	99%	9%
B	95%	98%	3%
C	80%	95%	15%
各个元件改进效果之和			27%

显然，所有元件的改进效果没有线性可加性。因为，如果将各个元件改进结果之和相加到当前产品的可靠性数据上，产品的可靠性为 99.4%+27% =126.4%，超过了 100%。

为了获得良好的可加性，应当对 p 值进行 Ω 变换，采用数字型的信噪比。

10.2.1 p 值越大越好的情形

如果 p 值是可靠度、成功率、合格品率等越大越好的百分比数据，数字型的信噪比定义为：

$$\eta = 10\lg\frac{p}{1-p} = -10\lg\left(\frac{1}{p}-1\right)(\text{db}) \quad (10-1)$$

表 10-2 的数据可以转化为表 10-3 的信噪比计算。

表 10 – 3　数字型的信噪比计算结果

元件	当前/db	新的/db	信噪比增益/db
A	9.54	19.96	10.42
B	12.79	16.90	4.11
C	6.03	12.79	6.76
各个元件改进增益之和			21.29

其中元件 A 的信噪比增益的计算如下：

当前的信噪比　　$\eta_1 = -10\lg(1/0.90 - 1) = 9.54$ (db)

新的信噪比　　$\eta_2 = -10\lg(1/0.99 - 1) = 19.96$ (db)

信噪比增益　　$\Delta\eta = \eta_2 - \eta_1 = 19.96 - 9.54 = 10.42$ (db)

同理，可以计算元件 B、C 的信噪比增益，结果见表 10 – 3。

所有元件 A、B、C 的信噪比总增益为：

$$总增益 = 10.42 + 4.11 + 6.76 = 21.29 (\text{db})$$

当前产品的可靠度为 0.994，其信噪比为：

$$\eta_{当前} = -10\lg(1/0.994 - 1) = 22.19 (\text{db})$$

改进后产品的信噪比为：

$$\eta_{改进} = 22.19 + 21.29 = 43.48 \text{ (db)}$$

改进后产品的可靠度为：

$$-10\lg(1/p - 1) = 43.48$$
$$P = 0.999955$$

10.2.2　p 值越小越好的情形

如果 p 值是不合格品率、失效率、不可靠度等越小越好的百分比数据，则数字型的信噪比定义为：

$$\eta = 10\lg\frac{1-p}{p} = 10\lg\left(\frac{1}{p} - 1\right) \qquad (10-2)$$

10.2.3　其他百分率数据的情形

对于化学工程中的收率、含量、浓度等百分率数据，虽然属于计量值数据，不属于计数分类型数据，但是，其最小值为 0，最大值为 100%，数据也没有可加性。此时，采用 Ω 变换也可以改善数据的可加性。

10.3 分为两类，有两种错误的情形

10.3.1 问题的提出

本节讨论的是输入为 0 和 1，输出也为 0 和 1 的情形。一种错误是输入为 0 而输出为 1，另一种错误是输入为 1 而输出为 0。如在通信领域，发射机发出了一个信号脉冲，而接收机却收到了一个空脉冲；或者发射机发出了一个空脉冲，而接收机却收到了一个信号脉冲。又如烟火报警装置，在没有烟火时发出了警报，而有烟火时却没有报警。

在化工行业经常有两类错误并存的情形，此时标准信噪比有非常重要的应用价值。例如，将铜矿石分离为产品和矿渣，见表 10-4。

表 10-4　铜矿石精选结果

		输出	
		产品	矿渣
输入	铜	/	第 I 类错误
	杂质	第 II 类错误	/

这里有两类错误：

第 I 类错误：铜矿没有选出来，混到了矿渣中。

第 II 类错误：杂质选不净，混入了产品中。

选矿过程的目标是使两类错误都降低到最小，而不是只要降低两类错误中的某一类。使用这种信噪比，有可能全面评估所有的错误。下面是可能应用的一些场合：

- 提纯
- 过滤
- 气体分离
- 报警产品
- 安全装置
- 不合格品筛选

表 10-5 存在两类错误的输入输出表

		输出		总计
		0	1	
输入	0	n_{00}	n_{01}	n_0
	1	n_{10}	n_{11}	n_1
总计		r_0	r_1	n

在表 10-5 中，输入 0 测试 n_0 次，输入 1 测试 n_1 次，前一类测试出错数为 n_{01}，后一类测试出错数为 n_{10}。表 10-5 中的数据可以转换成表 10-6 中的比率。

表 10-6 用比率表示的输入输出表

		输出		总计
		0	1	
输入	0	$1-p$	$p = n_{01}/n_0$	1
	1	$q = n_{10}/n_1$	$1-q$	1

注：p 为输入为 0 而输出为 1 的概率，q 为输入为 1 而输出为 0 的概率。

对此类过程的优化存在两类问题：

问题 1：两类错误的比率 p 和 q 的值随阈值的变化而变化；

问题 2：通过实验所得到的两类错误的比率通常是不同的。

以铜的冶炼为例来说明问题 1。当加工的温度升高时，铜的熔化比较充分，大部分的铜被提炼出来了，此时错误比率 p 就降低了。但另一方面，杂质也熔化得更充分，产品中的杂质也就多了，所以错误比率 q 也就提高了。若把温度降低，p 提高了，q 又降低了。在这种情况下，温度不能作为可控因子，而应作为调整因子。

那么，如何确定温度的阈值呢？这应从经济的角度来考虑。也就是说，温度要确定得使总损失最小，即矿渣中含铜所造成的损失与产品中含杂质所造成的损失之和最小。

现在解释问题 2。假定过程中有一个可控因子，如原料混兑比有两个水平 A_1 和 A_2。通过实验得到如下结果：

A_1：$p = 0.01$ A_2：$p = 0.04$

　　　$q = 0.07$　　　　　　　$q = 0.03$

　　　$p + q = 0.08$　　　　　$p + q = 0.07$

如果比较两类错误的和，A_2 看起来好一些。但正如上一节所讲到的，0/1 数据有可能会导致错误的结论，所以不应把两类数据相加或求平均值进行对比。为了能在相同的基础上进行比较，各种条件下的错误的两类比率就应该用像温度这样的调整因子来进行调整，从而使 A_1 的 p 和 q 相等，对 A_2 也进行同样的处理。在 A_1 水平下，p 比 q 小，这说明铜混在矿渣中的错误比产品中混入杂质的错误的概率小，要使两类错误相等，就应该降低温度，假设调整的结果是 $p = q = 0.027$；在 A_2 水平下，p 比 q 大，即铜混在矿渣中的错误比产品中混入杂质的错误的概率大，此时应升高温度，直到使 p 和 q 相等，假设调整的结果是 $p = q = 0.035$。现在就可以确定条件 A_1 比 A_2 具有更好的选矿功能。当存在两类错误时，不能只考虑两类错误的和或平均值就下结论。

上面这种方法在理论上是可行的，但在实际中为了调整使 p 和 q 相等，要进行很多次单调又费钱的实验，这显然是不合适的。为了避免进行这种不现实的实验，可对数据进行 Ω 变换后再对 A_1 和 A_2 进行对比。实验表明，这种变换可以产生很好的可加性。p 和 q 进行 Ω 变换后，就可以对它们进行加减运算了。

假设 p 和 q 经过调整后相等了，此时的错误比率称为标准错误率，用 p_0 表示，而输入输出表可以变换为表 10 – 7 的形式。

表 10 – 7 标准错误率的输入输出表

		输出		总计
		0	**1**	
输入	0	$1 - p_0$	p_0	1
	1	p_0	$1 - p_0$	1
总计		1	1	2

当 $p = q = p_0$ 时，就可以对 A_1 和 A_2 进行对比并得出正确的结论。

10.3.2 标准错误率的确定

由表 10 – 6 可知，输入 0 的和输入 1 的信噪比分别为：

$$\eta_0 = -10\lg\left(\frac{1}{p} - 1\right) \qquad (10-3)$$

$$\eta_1 = -10\lg\left(\frac{1}{q} - 1\right) \qquad (10-4)$$

如上节所述，

$$-10\lg\left(\frac{1}{p_0}-1\right) = -10\lg\left(\frac{1}{p}-1\right)+k = -10\lg\left(\frac{1}{q}-1\right)-k \quad (10-5)$$

由此解得

$$k = -10\lg\sqrt{\left(\frac{1}{p}-1\right)\bigg/\left(\frac{1}{q}-1\right)} \quad (10-6)$$

$$p_0 = \frac{1}{1+\sqrt{\left(\frac{1}{p}-1\right)\left(\frac{1}{q}-1\right)}} \quad (10-7)$$

10.3.3 标准信噪比的计算

标准信噪比即两类错误相等时的信噪比，是评定冶炼、分离、提纯、过滤、精选、净化以及各种探测仪器的稳健性指标。为了求得标准信噪比，请看以下内容。

表 10-8 存在两类错误的输入输出表

		输出		总计
		0	**1**	
输入	0	n_{00}	n_{01}	n_0
	1	n_{10}	n_{11}	n_1
总计		r_0	r_1	n

1. 计算两种错误比率 p 和 q

$$p = \frac{n_{01}}{n_0}, \quad q = \frac{n_{10}}{n_1}$$

2. 计算标准错误率 p_0

$$p_0 = \frac{1}{1+\sqrt{\left(\frac{1}{p}-1\right)\left(\frac{1}{q}-1\right)}}$$

3. 计算贡献率 ρ_0

$$\rho_0 = (1-2p_0)^2$$

4. 计算标准信噪比

$$\eta_0 = -10\lg\left(\frac{1}{\rho_0}-1\right)$$

10.3.4 案例 10-1

有两种类型的铜矿筛选设备 A_1 和 A_2，在极端的条件下进行"通过"与"不通过"的测试，表 10-9 为测试结果。

表 10-9 铜矿筛选的输入输出表

	A_1				A_2		
	通过	不通过	合计		通过	不通过	合计
好	2970	30	3000	好	2952	48	3000
坏	20	1980	2000	坏	7	1993	2000
总计	2990	2010	5000	总计	2959	2041	5000

如果不用标准信噪比，直观上看 A_1 的总错误率要比 A_2 小：

A_1 的总错误率 = $(30+20)/5000 = 0.0100$

A_2 的总错误率 = $(48+7)/5000 = 0.0110$

正确的做法，应该用标准信噪比进行比较。下面，分别计算 A_1 和 A_2 的标准信噪比。

1. 首先，计算两种错误率的输入输出表

表 10-10 两种错误率的输入输出表

	A_1				A_2		
	通过	不通过	合计		通过	不通过	合计
好	0.9900	0.0100	1.0000	好	0.9840	0.0160	1.0000
坏	0.0100	0.9900	1.0000	坏	0.0035	0.9965	1.0000
总计	1.0000	1.0000	2.0000	总计	1.0000	1.0000	2.0000

A_1 的两种错误率：$p = q = 0.0100$

A_2 的两种错误率：$p = 0.0160$，$q = 0.0035$

2. 计算标准错误率

A_1 的标准错误率：$p_0 = 0.0100$

A_2 的标准错误率：

$$p_0 = \frac{1}{1+\sqrt{\left(\frac{1}{p}-1\right)\left(\frac{1}{q}-1\right)}} = 0.007501$$

3. 计算贡献率

A_1 的贡献率：$\rho_0 = (1 - 2p_0)^2 = (1 - 2 \times 0.0100)^2 = 0.9604$

A_2 的贡献率：$\rho_0 = (1 - 2p_0)^2 = (1 - 2 \times 0.007501)^2 = 0.9702$

4. 计算标准信噪比

A_1 的标准信噪比：

$$\eta_0 = -10\lg\left(\frac{1}{\rho_0} - 1\right) = -10\lg\left(\frac{1}{0.9604} - 1\right) = 13.85(\text{db})$$

A_2 的标准信噪比：

$$\eta_0 = -10\lg\left(\frac{1}{\rho_0} - 1\right) = -10\lg\left(\frac{1}{0.9702} - 1\right) = 15.13(\text{db})$$

由此可见，实际上 A_2 比 A_1 好 1.28db。

10.3.5 案例 10-2

在烟草加工过程中，要将烟叶中的叶和梗分离，这些部分都可能在气选加工过程中被选为产品和废料。表 10-11 是烟叶和烟梗的输入输出表。

表 10-11 烟叶和烟梗的输入输出表

		输出		
		产品	废料	总计
输入	烟叶	n_{00}	n_{01}	n_0
	烟梗	n_{10}	n_{11}	n_1

表 10-12 是气选加工过程中烟叶/烟梗分离的可控因子水平表。

表 10-12 烟叶/烟梗分离的可控因子水平表

可控因子	水平 1	水平 2
A（原料流量）/（kg/min）	5	8
B（主气门开启大小）	3.5	4.5
C（并联气门开启大小）	3/4	1
D（1 号鼓风机转速）	650	750
E（2 号鼓风机转速）	300	400
F（百叶窗 A 开启）	关	开
G（百叶窗的组合）	30/15	15/25

选用正交表 $L_{16}(2^{15})$ 作为内表进行内设计，实验设计方案及实验结果见表 10-13。

表 10-13 烟叶/烟梗分离的实验设计方案和实验结果

序号	A 1	B 2	E 4	C 8	F 10	G 12	D 15	实验结果 n_{00}	n_{01}	n_{10}	n_{11}	标准信噪比 /db
1	1	1	1	1	1	1	1	14453	103	47	71	4.993
2	1	1	1	1	2	2	2	14335	204	55	186	4.361
3	1	1	2	2	1	1	2	14395	121	55	118	5.453
4	1	1	2	2	2	2	1	14206	609	24	242	5.251
5	1	2	1	2	1	2	1	14420	179	50	39	1.799
6	1	2	1	2	2	1	2	14299	50	71	14	1.494
7	1	2	2	1	1	2	2	13976	256	74	43	-0.211
8	1	2	2	1	2	1	1	14507	48	41	13	2.951
9	2	1	1	2	1	2	2	21165	983	49	140	1.740
10	2	1	1	2	2	1	1	22137	1202	58	132	0.634
11	2	1	2	1	1	2	1	22040	870	76	94	-0.250
12	2	1	2	1	2	1	2	21340	1357	50	118	0.270
13	2	2	1	1	1	2	1	22832	1106	57	83	-0.380
14	2	2	1	1	2	1	2	21829	1118	121	75	-3.550
15	2	2	2	2	1	2	2	22481	987	90	72	-2.036
16	2	2	2	2	2	1	1	22412	793	82	78	-0.734

下面是内表中第 1 号实验的信噪比计算。首先，计算输入输出的值，结果见表 10-14。

表 10-14 烟叶/烟梗分离的输入输出值

总计		输出		
		产品 (0)	废料 (1)	总计
输入	烟叶 (0)	$n_{00}=14453$	$n_{01}=103$	$n_0=14556$
	烟梗 (1)	$n_{10}=47$	$n_{11}=71$	$n_1=118$
总计		$r_0=14500$	$r_1=174$	$n=14674$

1. 计算两种错误率

$$p = \frac{103}{(14453+103)} = 0.007076$$

$$q = \frac{47}{(47+71)} = 0.398305$$

2. 计算标准错误率

$$p_0 = \frac{1}{1 + \sqrt{\left(\frac{1}{0.007076} - 1\right)\left(\frac{1}{0.398305} - 1\right)}} = 0.064283$$

3. 计算贡献率

$$\rho_0 = (1 - 2 \times 0.064283)^2 = 0.759397$$

4. 计算标准信噪比

$$\eta = -10\lg\left(\frac{1}{0.759397} - 1\right) = 4.993 \text{ (db)}$$

其他各号实验的标准信噪比计算结果，见表 10-13。

5. 标准信噪比响应表

田口分析：标准信噪比与 A, B, E, C, F, G, D。

表 10-15　标准信噪比响应表

水平	A	B	E	C	F	G	D
1	3.26138	2.80650	1.38638	1.38850	1.51213	1.98625	1.34963
2	-0.53825	-0.08337	1.33675	1.33463	1.21100	0.73687	1.37350
Delta	3.79962	2.88988	0.04963	0.05388	0.30113	1.24938	0.02387
排秩	1	2	6	5	4	3	7

6. 标准信噪比主效应图

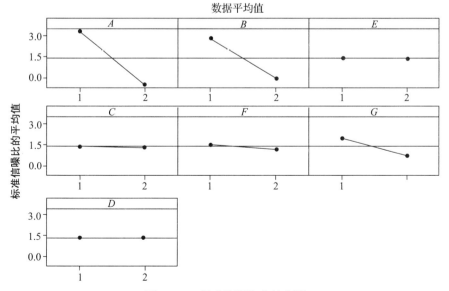

图 10-1　标准信噪比主效应图

从图 10-1 可以看出，因子 A、B 和 G 为显著因子，最佳工艺为 $A_1B_1G_1$，应用 Minitab 中的预测田口结果模块，其标准信噪比估计值为 5.33db，对应的标准错误率为 6%；初始工艺为 $A_1B_2G_2$，应用 Minitab 中的预测田口结果模块，其标准信噪比估计值为 1.19db，对应的标准错误率为 12%。标准信噪比增益为 4.14db，标准错误率减少了一半。

10.4 分为两类，信号因子真值未知的情形

在这种场合，输出特性为 0 和 1，如通过和不通过、合格和不合格等，本节与 10.3 的不同之处在于，10.3 中信号因子的真值已知，而本节信号因子的真值未知。

在传感器测试中，测量的真值是未知的，设有两个检查人员 A_1 和 A_2，每个检查者测试 k 个产品，依次为 M_1，M_2，…，M_k，各产品测量 r_0 次，结果见表 10-16。

表 10-16 传感器实验结果

样本	M_1	小计	M_2	小计	…	M_k	小计	合计
重复	$R_1R_2…R_{r_0}$		$R_1R_2…R_{r_0}$		…	$R_1R_2…R_{r_0}$		
A_1	0 1 … 1	y_{11}	1 1 … 0	y_{12}	…	1 0 … 1	y_{1k}	y_1
A_2	1 1 … 0	y_{21}	0 1 … 1	y_{22}	…	0 0 … 0	y_{2k}	y_2

根据 A_1 的实验结果，A_1 的信噪比计算如下。

修正项：

$$S_m = \frac{y_1^2}{kr_0} \quad (f=1) \tag{10-8}$$

总波动：

$$\begin{aligned} S_T &= 0^2 + 1^2 + \cdots + 1^2 - S_m \\ &= y_1 - \frac{y_1^2}{kr_0} \quad (f = kr_0 - 1) \end{aligned} \tag{10-9}$$

信号因子引起的波动：

$$S_M = \frac{y_{11}^2 + y_{12}^2 + \cdots + y_{1k}^2}{r_0} - S_m \quad (f = k-1) \tag{10-10}$$

请注意，有两个相似且易于混淆的项目：S_m 和 S_M。S_m 是 kr_0 个产品的数据和平方项的平均值；S_M 是 k 件产品相对平均值的波动。

误差波动：
$$S_e = S_T - S_M \quad [f = k(r_0 - 1)] \quad (10-11)$$

信号因子的影响：
$$V_M = \frac{S_M}{k-1} \quad (10-12)$$

误差的影响：
$$V_e = \frac{S_e}{k(r_0 - 1)} \quad (10-13)$$

信噪比：
$$\eta = 10\lg \frac{\frac{1}{r_0}(V_M - V_e)}{V_e} \quad (10-14)$$

同理，可以计算 A_2 的信噪比。

例如，两个检查人员检查四种化纤产品的手感，重复进行五次试验，结果按好坏分级列于表 10-17。在表中，1 和 0 分别代表好和坏。

表 10-17 化纤检查结果表

		M_1	M_2	M_3	M_4	总计
A_1	R_1	1	1	0	0	
	R_2	1	0	0	0	
	R_3	1	0	0	0	
	R_4	0	1	1	0	
	R_5	1	1	0	0	
	总计	4	3	1	0	8
A_2	R_1	1	1	1	0	
	R_2	1	1	0	0	
	R_3	0	0	1	1	
	R_4	0	1	0	0	
	R_5	1	1	1	0	
	总计	3	4	3	1	11

A_1 的信噪比计算如下：

$$S_m = \frac{8^2}{20} = 3.20 \quad (f = 1)$$

$$S_T = 8 - \frac{8^2}{20} = 4.80 \quad (f = 19)$$

$$S_M = \frac{4^2 + 3^2 + 1^2 + 0^2}{5} - 3.20 = 2.00 \quad (f=3)$$

$$S_e = 4.80 - 2.00 = 2.80 \quad (f=16)$$

$$V_e = \frac{2.80}{16} = 0.175$$

$$\eta_{A_1} = 10\lg \frac{\frac{1}{5}\left(\frac{2.00}{(4-1)} - 0.175\right)}{0.175} = 10\lg 0.562 = -2.50 \quad (\text{db})$$

同理，可求得 A_2 的信噪比：

$$\eta_{A_2} = -12.71 (\text{db})$$

A_1 优于 A_2 的程度为：

$$\eta(A_1) - \eta(A_2) = -2.50 - (-12.71) = 10.21 \quad (\text{db})$$

10.5 分为三类及以上，信号因子真值已知的情形

10.5.1 信噪比计算公式

在传感器测试和模式识别的场合，通常会将样本或信号分成三类以上。例如，两组人品尝 k 种品牌的啤酒，结果列于表 10–18。

表 10–18 啤酒品牌识别实验

A_1		输出				总计
		M'_1	M'_2	⋯	M'_k	
输入	M_1	y_{11}	y_{12}	⋯	y_{1k}	m_1
	M_2	y_{21}	y_{22}	⋯	y_{2k}	m_2
	⋮	⋮	⋮		⋮	⋮
	M_k	y_{k1}	y_{k2}	⋯	y_{kk}	m_k
总计		y_1	y_2	⋯	y_k	T

A_2		输出				总计
		M'_1	M'_2	⋯	M'_k	
输入	M_1	y_{11}	y_{12}	⋯	y_{1k}	m_1
	M_2	y_{21}	y_{22}	⋯	y_{2k}	m_2
	⋮	⋮	⋮		⋮	⋮
	M_k	y_{k1}	y_{k2}	⋯	y_{kk}	m_k
总计		y_1	y_2	⋯	y_k	T

在表 10-18 中，样品 M_1 进行了 m_1 次试验，M_2 进行了 m_2 次试验，依次类推；如果 M_1 被判为 M'_1 则 y_{11} 为 1，否则为 0，如果 M_1 被判为 M'_2 则 y_{12} 为 1，其余类推。计算信噪比的步骤如下（S – 波动平方和，V – 方差，η – 信噪比）：

$$\left.\begin{array}{l} M_1 \text{ 的权系数：} \omega_1 = \dfrac{T^2}{y_1(T-y_1)} \\[2mm] M_2 \text{ 的权系数：} \omega_2 = \dfrac{T^2}{y_2(T-y_2)} \\[2mm] \vdots \\[2mm] M_k \text{ 的权系数：} \omega_k = \dfrac{T^2}{y_k(T-y_k)} \end{array}\right\} \quad (10-15)$$

$$\begin{aligned} S_T &= \left(y_1 - \frac{y_1^2}{T}\right) \times \omega_1 + \left(y_2 - \frac{y_2^2}{T}\right) \times \omega_2 + \cdots + \left(y_k - \frac{y_k^2}{T}\right) \times \omega_k \\ &= k \times T \quad [(f_T = (k-1)(T-1))] \end{aligned} \quad (10-16)$$

$$\begin{aligned} S_M =& \left(\frac{y_{11}^2}{m_1} + \frac{y_{21}^2}{m_2} + \cdots + \frac{y_{k1}^2}{m_k} - \frac{y_1^2}{T}\right) \times \omega_1 + \left(\frac{y_{12}^2}{m_1} + \frac{y_{22}^2}{m_2} + \cdots + \frac{y_{k2}^2}{m_k} - \frac{y_2^2}{T}\right) \times \omega_2 + \cdots \\ & + \left(\frac{y_{1k}^2}{m_1} + \frac{y_{2k}^2}{m_2} + \cdots + \frac{y_{kk}^2}{m_k} - \frac{y_k^2}{T}\right) \omega_k \quad [f_M = (k-1)(k-1)] \end{aligned} \quad (10-17)$$

$$S_e = S_T - S_M \quad [f_e = (k-1)(T-k)] \quad (10-18)$$

$$\frac{1}{\bar{r}} = \frac{1}{k}\left(\frac{1}{m_1} + \frac{1}{m_2} + \cdots + \frac{1}{m_k}\right) \quad (10-19)$$

式中 $\bar{r}$ 为 m_1，m_2，$\cdots$，m_k 的调和中项。

$$V_M = \frac{S_M}{f_M} = \frac{S_M}{(k-1)(k-1)} \quad (10-20)$$

$$V_e = \frac{S_e}{f_e} = \frac{S_e}{(k-1)(T-k)} \quad (10-21)$$

$$\eta = 10\lg\frac{\frac{1}{\bar{r}}(V_M - V_e)}{V_e} \quad (10-22)$$

10.5.2 案例 10-3

以分组的形式，用不同的供应商提供的啤酒对各组品尝啤酒的能力进行实验，实验人员按有无吸烟习惯分为吸烟和不吸烟两组（A_1，A_2），吸烟组有 8 个人，不吸烟组有 5 个人。三种不同品牌的啤酒（M_1，M_2，M_3）供实验用，每种啤酒品尝两次（R_1，R_2）。

在这种场合，可控因子是吸烟的习惯（"是"或"否"），信号因子是啤酒的品牌，噪声因子是重复。实验者被告知有何种啤酒，结果列于表 10 - 19（最后部分的数据是前面 2 次品尝输出数据之和）。

表 10 - 19 品尝识别啤酒品牌

A_1		输出					输出					输出			
	R_1	M'_1	M'_2	M'_3	T	R_2	M'_1	M'_2	M'_3	T		M'_1	M'_2	M'_3	T
输入	M_1	4	4	1	9	M_1	5	4	1	10	M_1	9	8	2	19
	M_2	4	3	2	9	M_2	2	4	1	7	M_2	6	7	3	16
	M_3	2	0	4	6	M_3	1	0	6	7	M_3	3	0	10	13
T		10	7	7	24	T	8	8	8	24	T	18	15	15	48

A_2		输出					输出					输出			
	R_1	M'_1	M'_2	M'_3	T	R_2	M'_1	M'_2	M'_3	T		M'_1	M'_2	M'_3	T
输入	M_1	4	0	0	4	M_1	2	1	0	3	M_1	6	1	0	7
	M_2	1	3	0	4	M_2	1	5	0	6	M_2	2	8	0	10
	M_3	0	0	7	7	M_3	2	1	3	6	M_3	2	1	10	13
T		5	3	7	15	T	5	7	3	15	T	10	10	10	30

A_1 的信噪比：

$$\left. \begin{array}{l} \omega_1 = \dfrac{48^2}{18 \times (48-18)} = 4.267 \\[6pt] \omega_2 = \dfrac{48^2}{15 \times 33} = 4.655 \\[6pt] \omega_3 = \dfrac{48^2}{15 \times 33} = 4.655 \end{array} \right\}$$

$$S_T = \left(18 - \frac{18^2}{48}\right)\omega_1 + \left(15 - \frac{15^2}{48}\right)\omega_2 + \left(15 - \frac{15^2}{48}\right)\omega_3 = 48 + 48 + 48 = 144 \quad (f=94)$$

$$S_M = \left(\frac{9^2}{19} + \frac{6^2}{16} + \frac{3^2}{13} - \frac{18^2}{48}\right)\omega_1 + \left(\frac{8^2}{19} + \frac{7^2}{16} + \frac{0^2}{13} - \frac{15^2}{48}\right)\omega_2 + \left(\frac{2^2}{19} + \frac{3^2}{16} + \frac{10^2}{13} - \frac{15^2}{48}\right)\omega_3$$

$$= 0.455 \times 4.267 + 1.743 \times 4.655 + 3.778 \times 4.655 = 27.64 \quad (f=4)$$

$$S_e = S_T - S_M = 144 - 27.64 = 116.36 \quad (f=90)$$

$$\frac{1}{\bar{r}} = \frac{1}{3}\left(\frac{1}{19} + \frac{1}{16} + \frac{1}{13}\right) = 0.0640$$

$$V_M = \frac{S_M}{f_M} = \frac{27.64}{4} = 6.91$$

$$V_e = \frac{S_e}{f_e} = \frac{116.36}{90} = 1.29$$

$$\eta = 10\lg\frac{\frac{1}{\bar{r}}(V_M - V_e)}{V_e} = 10\lg\frac{0.0640(6.91 - 1.29)}{1.29} = 10\lg 0.279 = -5.54(\text{db})$$

A_2 的信噪比：

$$\left.\begin{array}{l}\omega_1 = \dfrac{30^2}{10 \times 20} = 4.5 \\ \omega_2 = \dfrac{30^2}{10 \times 20} = 4.5 \\ \omega_3 = \dfrac{30^2}{10 \times 20} = 4.5\end{array}\right\}$$

$$S_T = 30 + 30 + 30 = 90 \quad (f = 58)$$

$$S_M = \left(\frac{6^2}{7} + \frac{2^2}{10} + \frac{2^2}{13} - \frac{10^2}{30}\right)\omega_1 + \left(\frac{1^2}{7} + \frac{8^2}{10} + \frac{1^2}{13} - \frac{10^2}{30}\right)\omega_2 + \left(\frac{0^2}{7} + \frac{0^2}{10} + \frac{10^2}{13} - \frac{10^2}{30}\right)\omega_3$$

$$= 2.518 \times 4.5 + 3.287 \times 4.5 + 4.359 \times 4.5 = 45.74 \quad (f = 4)$$

$$S_e = 90.00 - 45.74 = 44.26 \quad (f = 54)$$

$$\frac{1}{\bar{r}} = \frac{1}{3}\left(\frac{1}{7} + \frac{1}{10} + \frac{1}{13}\right) = 0.1066$$

$$V_M = \frac{S_M}{f_M} = \frac{45.74}{4} = 11.44$$

$$V_e = \frac{S_e}{f_e} = \frac{44.26}{54} = 0.820$$

$$\eta = 10\lg\frac{\frac{1}{\bar{r}}(V_M - V_e)}{V_e} = 10\lg\frac{0.1066(11.44 - 0.820)}{0.820} = 10\lg(1.38) = 1.40(\text{db})$$

从上面的结果可以看出，A_2 优于 A_1 的程度为

$$1.40 - (-5.54) = 6.94(\text{db})$$

10.6 分为三类及以上，信号因子真值未知的情形

当分类有三个及以上时，且分类之间有工程意义，如分为好、一般、坏等，

可采用"累积分析法"进行分析。设有两种质量分析方法 A_1 和 A_2，用 k 个标准样件 M_1，M_2，$\cdots$，M_k 进行比较。重复数 r_0 为 3，此时 A 为可控因子，M 为信号因子，重复为噪声因子。A_1 的结果列于表 10-20。

表 10-20　A_1 的结果（重复 3 次）

信号因子	结果			未累积频数			累积频数		
	R_1	R_2	R_3	G	N	B	Ⅰ	Ⅱ	Ⅲ
M_1	G	N	N	1	2	0	1	3	3
M_2	G	N	G	2	1	0	2	3	3
$\vdots$	$\vdots$	$\vdots$	$\vdots$	$\vdots$	$\vdots$	$\vdots$	$\vdots$	$\vdots$	$\vdots$
M_k	B	B	B	0	0	3	0	0	3
合计				T_G	T_N	T_B	$T_Ⅰ$	$T_Ⅱ$	$T_Ⅲ$

注：G：好；N：一般；B：坏；R：重复。

样件 M_1 的测试结果为：一个好两个一般；M_2 的测试结果为：两个好一个一般。结果以未累积频数的方式按列列出在 G、N、B 之下。在累积频数栏中：

Ⅰ $= G$

Ⅱ $= G + N$

Ⅲ $= G + N + B$

在累积分析中，分析的是累积频数的结果，不用未累积频数的结果。

由于在列Ⅲ下的结果全一样，没有分析的必要，所以只对列Ⅰ和列Ⅱ进行分析就可以了。也就是说，只分析两个分类而不是三个分类。分类Ⅰ和Ⅱ的加权系数计算如下。

$$\left.\begin{aligned}\omega_1 &= \frac{T_Ⅲ^2}{T_Ⅰ(T_Ⅲ - T_Ⅰ)} \\ \omega_2 &= \frac{T_Ⅲ^2}{T_Ⅱ(T_Ⅲ - T_Ⅱ)}\end{aligned}\right\} \qquad (10-23)$$

修正项 S_m：

$$S_m = \frac{T_Ⅰ^2}{T_Ⅲ} \times \omega_1 + \frac{T_Ⅱ^2}{T_Ⅲ} \times \omega_2 \qquad (10-24)$$

总波动 S_T：

$$S_T = \left(T_Ⅰ - \frac{T_Ⅰ^2}{T_Ⅲ}\right) \times \omega_1 + \left(T_Ⅱ - \frac{T_Ⅱ^2}{T_Ⅲ}\right) \times \omega_2 = [(\text{分析和类型数} - 1)] \times (\text{总的结果数})$$

$$= (3-1) \times T_{\text{III}} \quad [f_T = 2 \times (T_{\text{III}} - 1)] \quad (10-25)$$

信号因子引起的波动 S_M：

$$S_M = \frac{1}{3}(1^2 + 2^2 + \cdots + 0^2) \times \omega_1 + \frac{1}{3}(3^2 + 3^2 + \cdots + 0^2) \times \omega_2 - S_m$$

$$[f_M = 2 \times (k-1)] \quad (10-26)$$

误差引起的波动 S_e：

$$S_e = S_T - S_M \quad (f_e = f_T - f_M) \quad (10-27)$$

信号因子的方差 V_M：

$$V_M = \frac{S_M}{f_M} \quad (10-28)$$

误差的方差 V_e：

$$V_e = \frac{S_e}{f_e} \quad (10-29)$$

信噪比：

$$\eta = 10\lg \frac{\frac{1}{r_0}(V_M - V_e)}{V_e} \quad (\text{db}) \quad (10-30)$$

例如，在质量分析中，用5个标准样品来比较分析方法 A_1 和 A_2。每个样本取4个观察值，即重复4次。A_1 的结果见表10-21。

表10-21 A_1 的实验结果（重复4次）

信号因子	结果				未累积频数			累积频数		
	R_1	R_2	R_3	R_4	G	N	B	I	II	III
M_1	G	N	G	G	3	1	0	3	4	4
M_2	N	G	G	N	2	2	0	2	4	4
M_3	G	N	N	N	1	3	0	1	4	4
M_4	B	N	N	N	0	3	1	0	3	4
M_5	B	B	B	B	0	0	4	0	0	4
合计					6	9	5	6	15	20

根据此计算 A_1 的信噪比。

$$\left.\begin{array}{l} \omega_1 = \dfrac{20^2}{6(20-6)} = 4.7619 \\[2mm] \omega_2 = \dfrac{20^2}{15(20-15)} = 5.3333 \end{array}\right\}$$

$$S_m = \frac{6^2}{20} \times 4.7619 + \frac{15^2}{20} \times 5.3333 = 68.5710$$

$$S_T = \left(6 - \frac{6^2}{20}\right) \times 4.7619 + \left(15 - \frac{15^2}{20}\right) \times 5.3333 = 20.0000 + 20.000$$

$$= 40.0000 \quad [f_T = 2 \times (20-1) = 38]$$

$$S_M = \frac{1}{4}(3^2 + 2^2 + 1^2 + 0^2 + 0^2) \times 4.7619 + \frac{1}{4}(4^2 + 4^2 + 4^2 + 3^2 + 0^2)$$

$$\times 5.3333 - 68.571 = 24.0951 \quad [f_M = 2 \times (5-1) = 8]$$

$$S_e = 40.0000 - 24.0951 = 15.9049 \quad (f_e = 30)$$

$$V_M = \frac{24.0951}{8} = 3.0119$$

$$V_e = \frac{15.9049}{30} = 0.53016$$

$$\eta = 10\lg \frac{\frac{1}{4}(3.0119 - 0.53016)}{0.53016} = 10\lg 1.1703 = 0.68 \text{ (db)}$$

10.7 分为三类及以上，无信号因子的情形

有时可能只有可控因子和噪声因子而没有信号因子，其结果按工程意义分为三类及以上，如等级数据。以焊接实验为例，结果分为五类：1 类为最好，5 类为最坏，见表 10-22。

表 10-22　焊接产品的外观

等级	1	2	3	4	5
结果	最好	较好	好	坏	最坏
数据个数	y_1	y_2	y_3	y_4	y_5
距离	0	1	2	3	4

在表 10-22 中，等级 1 为最好，可以认为是理想情况，等级数越大，偏离理想情况越远。所以，可对表中各类设定一个距离，并对结果按望小特性进行分析。望小特性的信噪比计算如下：

$$\sigma^2 = \frac{0^2 \times y_1 + 1^2 \times y_2 + 2^2 \times y_3 + 3^2 \times y_4 + 4^2 \times y_5}{y_1 + y_2 + y_3 + y_4 + y_5} \quad (10-31)$$

$$\eta = -10\lg\sigma^2 \qquad (10-32)$$

通过实验比较两种焊条 A_1 和 A_2，焊接的外观分为五类，见表 10-23。

表 10-23 焊接实验

	最好	较好	好	坏	最坏	合计
A_1	2	1	8	0	3	14
A_2	2	2	5	5	0	14
距离	0	1	2	3	4	

A_1 的信噪比：

$$\eta_{A_1} = -10\lg\frac{1}{14}(0^2\times2+1^2\times1+2^2\times8+3^2\times0+4^2\times3)$$

$$= -10\lg 5.78 = -7.62(\text{db})$$

A_2 的信噪比：

$$\eta_{A_2} = -10\lg\frac{1}{14}(0^2\times2+1^2\times2+2^2\times5+3^2\times5+4^2\times0)$$

$$= -10\lg 4.79 = -6.80(\text{db})$$

可见 A_2 优于 A_1 的程度为：

$$\text{增益} = -6.80-(-7.62) = 0.82(\text{db})$$

思考与练习

思 考

1. 举例说明什么叫计数分类值特性？
2. 为什么说计数分类值特性不是一种好的输出特性？
3. 什么情况下需要做 Ω 变换？它有什么优点？
4. 解释标准信噪比的概念，它用在什么场合？

练 习

1. 为了增产节约，某厂将压铸生产中产生的大量铝渣进行了熔炼回收，这为工厂节约了大量资金。但是，在回收铝中仍然含有 10%~25% 的杂质（如硅、铜、铁等），而在回收熔炼时去除的铝渣中仍有 40%~50% 的铝。应用标准信噪比优化回收工艺，尽量将杂质从铝中分离出来，并提高回收率。

选取以下可控因子水平表，见表 10-24：

稳健参数设计

表 10-24　回收铝实验可控因子水平表

因子 水平	A (加热方式)	B (坩埚容量)	C (熔炼温度)	D (熔炼时间)	E (粉碎状态)
1	焦炭加热	150kg	700℃	3 小时	>10cm²
2	电加热	200kg	750℃	4 小时	<10cm²

选用 $L_8(2^7)$ 正交表，表头设计如下，见表 10-25：

表 10-25　回收铝实验表头设计

列号	1	2	3	4	5	6	7
因子	D	A	A×D	C	C×D	E	B

实验结果见表 10-26：

表 10-26　回收铝实验结果

序号	铝		杂质		标准信噪比 /db
	回收铝	铝渣	回收铝	铝渣	
1	0.78	0.22	0.53	0.47	
2	0.90	0.10	0.41	0.59	
3	0.77	0.23	0.45	0.55	
4	0.80	0.20	0.44	0.56	
5	0.74	0.26	0.49	0.51	
6	0.88	0.12	0.52	0.48	
7	0.74	0.26	0.47	0.53	
8	0.81	0.19	0.48	0.52	

(1) 计算每一号方案的标准信噪比；

(2) 确定最佳工艺条件；

(3) 估计最佳工艺条件下标准信噪比的工程平均。

2. 为了探索液晶板配向膜的最佳生产工艺，选取以下可控因子水平表，见表 10-27。

表 10-27　液晶板实验可控因子水平表

因子 水平	A 前处理	B(%) 稀择量	C/(r/min) 环的转数	D/℃ 烧制温度	E 摩擦次数	F/N 摩擦负荷	G 稀释剂
1	刷子洗	8.0	700	220	20	180	乙酰胺
2	刷子洗	4.0	600	180	15	130	吡咯烷酮
3	+10 槽洗	12.0	800	260	25	230	乙酰胺

注意到因子 G 的第 3 水平为拟水平, 实际上是第 1 水平的重复, 故用 $L_{18}(2^1 \times 3^7)$ 进行内设计, A、B、C、D、E、F、G 依次排列在第 1 列至第 7 列。对每号方案, 各生产 6 个产品进行老化实验。将每个产品初始时的外观与老化后的外观进行对比, 并定性地分成 5 个等级, 采用如下计数分类方法:

外观等级	优	良	中	可	差
计数值	0	1	2	3	4

按望小特性处理。L_{18} 的每号方案各有 6 个计数值, 数据见表 10-28。例如, 1 号方案有 1 个中、5 个良。

表 10-28 液晶板实验数据表

序号	A	B	C	D	E	F	G		频数				信噪比 /db
	1	2	3	4	5	6	7	8	(4)	(3)	(2)	(1)	(0)	
1	1	1	1	1	1	1	1	1	0	0	1	5	0	-1.76
2	1	1	2	2	2	2	2	2	0	4	2	0	0	-4.77
3	1	1	3	3	3	3	3	3	0	1	3	2	0	-0.67
4	1	2	1	1	2	2	3	3	1	1	2	2	0	-7.66
5	1	2	2	2	3	3	1	1	0	0	3	3	0	-3.98
6	1	2	3	3	1	1	2	2	0	0	3	3	0	-3.98
7	1	3	1	2	1	3	2	3	0	0	2	4	0	-3.01
8	1	3	2	3	2	1	3	1	0	0	1	3	2	-0.67
9	1	3	3	1	3	2	1	2	0	0	1	5	0	-1.76
10	2	1	1	3	3	2	2	1	0	2	4	0	0	-7.53
11	2	1	2	1	1	3	3	2	0	0	0	6	0	0.00
12	2	1	3	2	2	1	1	3	0	0	3	3	0	-3.98
13	2	2	1	2	3	1	3	2	0	0	3	3	0	-3.98
14	2	2	2	3	1	2	1	3	2	1	1	2	0	-8.94
15	2	2	3	1	2	3	2	1	0	1	2	3	0	-5.23
16	2	3	1	3	2	3	1	2	0	0	0	0	6	7.81
17	2	3	2	1	3	1	2	3	0	0	0	2	4	4.77
18	2	3	3	2	1	2	3	1	0	0	3	3	0	-3.98

试确定最佳工艺条件以及信噪比工程平均的估计。

3. 为了提高某种产品的抗振性能，从零件尺寸、加工条件中选择 4 个可控因子 A、B、C、D，每个因子均取 3 个水平，安排在正交表 $L_9(3^4)$ 中。每一号方案制造一个产品，进行抗振实验。

噪声因子取时间段 ω：ω_1 为 $(0\sim 20)$ 小时，ω_2 为 $(20\sim 40)$ 小时，……，ω_{10} 为 $(180\sim 200)$ 小时。

在每一个时间段内，产品正常时记为 0，失效时记为 1，实验数据见表 10-29。

表 10-29 某产品抗振实验数据表

序号	A 1	B 2	C 3	D 4	ω_1	ω_2	ω_3	ω_4	ω_5	ω_6	ω_7	ω_8	ω_9	ω_{10}	和
1	1	1	1	1	0	0	0	0	0	0	1	1	1	1	4
2	1	2	2	2	0	0	0	0	0	1	1	1	1	1	5
3	1	3	3	3	0	0	0	0	1	1	1	1	1	1	6
4	2	1	2	3	0	0	0	0	0	0	0	0	1	1	2
5	2	2	3	1	0	0	0	0	0	0	0	0	0	0	0
6	2	3	1	2	0	0	0	0	0	0	0	0	0	0	0
7	3	1	3	2	0	0	0	0	0	0	0	0	0	1	1
8	3	2	1	3	0	0	0	0	0	0	0	0	1	1	2
9	3	3	2	1	0	0	0	0	0	0	0	0	0	0	0

试确定最佳方案。

第 11 章
关于信噪比的若干命题

关于一般情形的稳健参数设计,在前面第 5 章至第 10 章已经作了系统介绍。然而实际问题千差万别,本章将针对一些特殊情形:非线性公式、双信号因子、不完整数据,以及化学反应、交流电复数特性等情形,介绍稳健参数设计的方法。

11.1 一些特殊情形

11.1.1 在系统比较中使用信噪比

单个信噪比的绝对值没有任何特殊意义,但是,在相同的噪声水平下两个系统的信噪比之差,可以用作系统的比较。在相同的噪声水平下,信噪比大小为评定系统因噪声条件导致的低效率和可变性所造成的市场损失提供了一个指标。比较基于各种设计概念的设计系统的稳健性,就是所谓的稳健性评定。

稳健性评定不仅可以应用于技术开发和产品设计中引入的新系统,也可以用于评定当前产品和竞争产品,以找出哪种产品在市场上表现更优。

11.1.2 非线性公式的情形

即使信号因子和输出特性之间的理想关系是非线性的,在某些情况下,一个简单的变换可以将关系线性化,再据此计算出信噪比。

例如:给定 y 是输出特性,M 是信号因子,α 是常数,则

系统的理想功能是:$y = \alpha e^{\beta M}$

上式两边取自然对数:$\ln y = \ln \alpha + \beta M$

假设"$\ln y$"作为"Y"的新变量:$Y = \ln \alpha + \beta M$

在这种情况下，就可以用线性式计算信噪比了。

11.1.3　非动态特性的信噪比的使用场合

在技术开发和产品设计过程的上游阶段，建议采用动态特性的信噪比而不是非动态特性的信噪比，这是最有效的。在某些情况下，非动态特性的信噪比可以应用于技术开发和产品设计过程的下游阶段。

11.2　双信号因子的情形

近年来，并行工程已经在工业界推广，目的是缩短新产品的开发周期。有一种方法是同时进行产品开发和工艺开发。但是，当这些工作是由不同人员进行时，效率必然很低。田口博士倡导的稳健技术开发可以将这两种开发合并为一种。

11.2.1　两个信号因子相乘的情形

在焊接工艺研究中，用两块板做焊接实验。制备两块板时要使两块板之间的差异能产生出复合噪声因子的效应。例如，其热容量不同，各块板的端头都有三种不同的横截面积。复合噪声因子用 N 表示，横截面积用 M^* 表示。

从产品开发的角度来看，理想的情况是电流与电压成比例，输出特性为电流 Y，信号因子为电压 M；从工艺开发的角度来看，理想的情况是电流与横截面积成比例，输出特性为电流 Y，信号因子为横截面积 M^*。将 MM^* 组合成一个双信号因子，组合后只需优化一种信噪比就可以了。优化电流和电压之间的关系，就是优化产品设计中的基本功能，也就是产品开发；优化电流和横截面积之间的关系，就是优化产品制造中的基本功能，也就是工艺开发。所以，通过把两种信号组合为一个，可以将产品和工艺的基本功能同时优化。对于优化产品的功能性和可制造性而言，这就是非常有效的并行工程方法。

由于电流 Y 与电压和横截面积都应成比例关系，故其理想功能应为：

$$Y = \beta M M^* \tag{11-1}$$

实验测得的电流 Y、电压 M 和横截面积 M^* 见表 11-1。

表 11-1 电流与电压和横截面积的关系

		M_1	M_2	...	M_k
M_1*	N_1	y_{11}	y_{12}	...	y_{1k}
	N_2	y_{21}	y_{22}	...	y_{2k}
M_2*	N_1	y_{31}	y_{32}	...	y_{3k}
	N_2	y_{41}	y_{42}	...	y_{4k}
M_3*	N_1	y_{51}	y_{52}	...	y_{5k}
	N_2	y_{61}	y_{62}	...	y_{6k}

比例项的线性式在 N_1 和 N_2 条件下分别用 L_1 和 L_2 表示，计算方法如下：

$$L_1 = M_1^* M_1 y_{11} + M_1^* M_2 y_{12} + \cdots + M_3^* M_k y_{5k}$$

$$L_2 = M_1^* M_1 y_{21} + M_1^* M_2 y_{22} + \cdots + M_3^* M_k y_{6k} \qquad (11-2)$$

总平方和的分解公式见图 11-1。

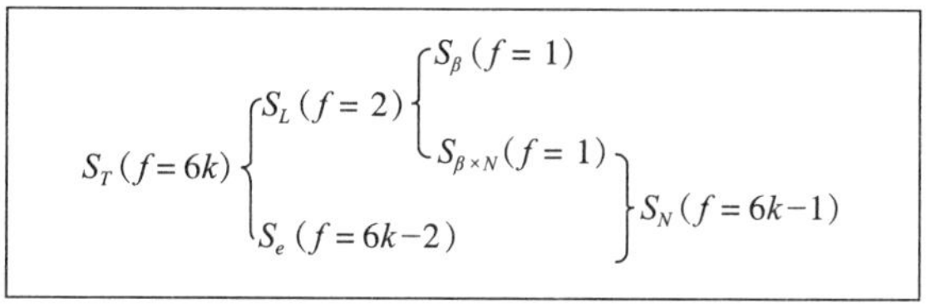

$$S_T(f=6k)\begin{cases} S_L(f=2)\begin{cases} S_\beta(f=1) \\ S_{\beta \times N}(f=1) \end{cases} \\ S_e(f=6k-2) \end{cases} \bigg\} S_N(f=6k-1)$$

图 11-1 波动的分解

$$S_T = y_{11}^2 + y_{12}^2 + \cdots + y_{6k}^2 \qquad (f=6k) \qquad (11-3)$$

$$r = (M_1^* M_1)^2 + (M_1^* M_2)^2 + \cdots + (M_1^* M_k)^2 + \cdots + (M_3^* M_k)^2$$

$$S_\beta = \frac{(L_1 + L_2)^2}{2r} \qquad (f=1) \qquad (11-4)$$

$$S_{\beta \times N} = \frac{L_1^2 + L_2^2}{r} - S_\beta \qquad (f=1) \qquad (11-5)$$

$$S_e = S_T - S_\beta - S_{\beta \times N} \qquad (f=6k-2) \qquad (11-6)$$

$$S_N = S_T - S_\beta \qquad (f=6k-1) \qquad (11-7)$$

$$V_e = \frac{S_e}{6k-2} \qquad (11-8)$$

$$V_N = \frac{S_N}{6k-1} \qquad (11-9)$$

$$\eta = 10\lg \frac{\frac{1}{2r}(S_\beta - V_e)}{V_N} \qquad (11-10)$$

$$S = 10\lg\frac{1}{2r}(S_\beta - V_e) \qquad (11-11)$$

案例 11-1 蚀刻工艺的优化

在 IC 线路板制造的蚀刻过程中，精细雕刻线路的电流与线路的横截面积和电压成正比。由于线路的厚度是一定的，其横截面积与宽度成正比，另外，当电压一定时，电流与线路的横截面积成正比，最终电流与"电压 × 横截面积"成正比，即：

$$Y = \beta M M^*$$

公式中，Y 为电流，M^* 为线宽，M 为电压。

假设某一次的实验结果见表 11-2，表中 N_1 和 N_2 分别代表电路的中间和边角部位。

表 11-2 电流、电压实验表结果

M \ M^*		M_1^* (1.2μm)	M_2^* (1.0μm)	M_3^* (0.8μm)	M_4^* (0.7μm)	M_5^* (0.6μm)	M_6^* (0.5μm)	M_7^* (0.4μm)
M_1 (0.5V)	N_1	12.50	24.90	37.12	49.10	60.71	71.91	92.87
	N_2	12.53	24.99	37.28	49.30	60.97	72.23	93.32
M_2 (1.0V)	N_1	10.74	21.41	31.95	42.28	52.34	62.07	80.41
	N_2	10.77	21.49	32.06	42.44	52.55	62.33	80.77
M_3 (1.5V)	N_1	9.210	18.38	27.42	36.32	45.01	53.45	69.44
	N_2	9.246	18.46	27.56	36.51	45.25	53.75	69.84
M_4 (2.0V)	N_1	8.525	17.00	25.36	33.61	41.65	49.49	64.39
	N_2	8.528	17.00	25.37	33.62	41.68	49.51	64.43
M_5 (2.5V)	N_1	7.746	15.46	23.09	30.61	37.96	45.14	58.82
	N_2	7.762	15.48	23.11	30.63	37.99	45.18	58.88
M_6 (3.0V)	N_1	6.846	13.71	20.48	27.15	33.70	40.11	52.36
	N_2	6.824	13.61	20.32	26.96	33.46	39.82	52.00
M_7 (4.0V)	N_1	5.461	10.91	16.30	21.65	26.90	32.05	41.98
	N_2	5.222	10.43	15.61	20.73	25.77	30.71	40.25

本例中信噪比的计算不区分 V_N 和 V_e。

（1）计算 S_T

$$S_T = 12.50^2 + 12.53^2 + \cdots\cdots + 40.25^2 \approx 162302 \qquad (f = 98)$$

(2) 计算 r

$$r = (1.2 \times 0.5)^2 + (1.2 \times 1.0)^2 + \cdots + (0.4 \times 4.0)^2 = 168.175$$

(3) 计算 S_β

$$S_\beta = \frac{1}{2 \times 168.175}\{[(1.2 \times 0.5) \times (12.50 + 12.53) + (1.2 \times 1.0)$$
$$\times (10.74 + 10.77) + \cdots + (0.4 \times 4.0) \times (41.98 + 40.25)]^2\} \approx 160667 \quad (f = 1)$$

(4) 计算 S_e

$$S_e = 162302 - 160667 = 1635 \quad (f = 97)$$

(5) 计算 V_e

$$V_e = 1635/97 \approx 16.86$$

(6) 计算 η

$$\eta = 10\lg \frac{\frac{1}{2 \times 168.175}(160667 - 16.86)}{16.86}$$

$$= 10\lg 28.3 = 14.52(\text{db})$$

(7) 计算 S

$$S = 10\lg \frac{1}{2 \times 168.175}(160667 - 16.86)$$

$$= 10\lg 477.63 = 26.79(\text{db})$$

11.2.2 两个信号因子相除的情形

前面讨论了双信号因子用于优化产品的功能性和可制造性，其理想功能为：

$$Y = \beta M M^*$$

在有些场合，理想功能也可能是：

$$Y = \frac{\beta M}{M^*} \qquad (11-12)$$

例如在材料的开发研究中，塑料制品通常通过注射成形或热挤压成形来制造。注射加工时，模具尺寸为信号因子，产品尺寸为输出特性。但是，在结构材料研究中，信号因子往往是取产品的横截面积。

下面的讨论假定：

横截面积（尺寸）：M_1^*，M_2^*，$\cdots$，M_k^*

负荷：M_1，M_2，M_3

噪声因子：N_1，N_2

实验件的尺寸有 k 个水平,在三个负荷水平下进行实验,测量其变形 Y。噪声因子有两个水平,如温度可作为噪声因子。其理想功能是变形与横截面积成反比而与负荷成正比,如式(11-12)所示。

在改进塑料物理特性中改变负荷和横截面积测得的变形,见表 11-3。

表 11-3 负荷、横截面积和变形

		M_1^*	M_2^*	$\cdots$	M_k^*
M_1	N_1	y_{11}	y_{12}	$\cdots$	y_{1k}
	N_2	y_{21}	y_{22}		y_{2k}
M_2	N_1	y_{31}	y_{32}	$\cdots$	y_{3k}
	N_2	y_{41}	y_{42}		y_{4k}
M_3	N_1	y_{51}	y_{52}	$\cdots$	y_{5k}
	N_2	y_{61}	y_{62}		y_{6k}

不同噪声条件下的线性式为:

$$\left. \begin{aligned} L_1 &= \frac{M_1}{M_1^*}y_{11} + \frac{M_1}{M_2^*}y_{12} + \cdots + \frac{M_3}{M_k^*}y_{5k} \\ L_2 &= \frac{M_1}{M_1^*}y_{21} + \frac{M_1}{M_2^*}y_{22} + \cdots + \frac{M_3}{M_k^*}y_{6k} \end{aligned} \right\} \quad (11-13)$$

总波动:

$$S_T = y_{11}^2 + y_{12}^2 + \cdots + y_{6k}^2 \quad (f = 6k) \quad (11-14)$$

总波动的分解见图 11-2:

$$S_T(f=6k) \begin{cases} S_L(f=2) \begin{cases} S_\beta(f=1) \\ S_{\beta \times N}(f=1) \end{cases} \\ S_e(f=6k-2) \end{cases} S_N(f=6k-1)$$

图 11-2 波动的分解

线性式引起的波动:

$$S_L = \frac{L_1^2 + L_2^2}{r} \quad (f=2) \quad (11-15)$$

比例项引起的波动:

$$S_\beta = \frac{(L_1 + L_2)^2}{2r} \quad (f=1) \quad (11-16)$$

式中：
$$r = \left(\frac{M_1}{M_1^*}\right)^2 + \left(\frac{M_1}{M_2^*}\right)^2 \cdots + \left(\frac{M_3}{M_k^*}\right)^2 \qquad (11-17)$$

比例项与噪声交互作用引起的波动：
$$S_{\beta \times N} = S_L - S_\beta \qquad (11-18)$$
$$= \frac{L_1^2 + L_2^2}{r} - \frac{(L_1+L_2)^2}{2r}$$
$$= \frac{(L_1-L_2)^2}{2r} \quad (f=1)$$

误差波动：
$$S_e = S_T - S_L$$
$$= S_T - S_\beta - S_{\beta \times N} \quad (f=6k-2) \qquad (11-19)$$

噪声波动：
$$S_N = S_T - S_\beta \quad (f=6k-1) \qquad (11-20)$$

误差方差：
$$V_e = \frac{S_e}{6k-2} \qquad (11-21)$$

噪声方差：
$$V_N = \frac{S_N}{6k-1} \qquad (11-22)$$

信噪比：
$$\eta = 10\lg \frac{\frac{1}{2r}(S_\beta - V_e)}{V_N} \qquad (11-23)$$

灵敏度：
$$S = 10\lg \frac{1}{2r}(S_\beta - S_e) \qquad (11-24)$$

注意：信号 M^* 的水平只是尺寸，因为横截面的形状是一致的，所以横截面不同只是尺寸不同。横截面积的变化是一个重要的可控因子，而不是信号因子或噪声因子。

本实验的目的是改进材料的刚度，它通过使灵敏度最小或斜率 β 最小来实现。使灵敏度最小就是使加到实验件上的负荷引起的变形最小，必须找出使灵敏度小而又不影响信噪比的条件。

11.2.3 正交表中不同实验的信号因子水平不同的场合

大多数情况下，信号因子的水平在整个正交表的各次实验中都是固定不变的。但有时在不同的实验中，信号因子的水平也会不同，下面举两个例子。

在改进真空荧光显示器用的发光材料时，理想功能是发光材料的亮度与电压和电流两者都成比例。在实验中，电压取20V、30V和40V，电流的值每次都变动。由于电压和电流的积是能量，因此能量每次都不同。表11-4为正交表L_{18}的三次实验的结果。输入为能量（mW），是电压和电流的乘积；输出为亮度（cd/m²）。

理想功能为：

$$Y = \beta MM^* \tag{11-25}$$

式中，

Y代表亮度（cd/m²）；M代表电压（V）；M^*代表电流（mA）。

表11-4 电压、电流和亮度

序号			M_1			M_2			M_3		
1	输入	M	20	20	20	30	30	30	40	40	40
		M^*	0.386	0.397	0.420	0.545	0.564	0.597	0.668	0.693	0.734
		mW	7.72	7.94	8.40	16.35	16.92	17.91	26.72	27.72	29.36
	输出	cd/m²	85	92	93	189	202	204	278	294	295
2	输入	M	20	20	20	30	30	30	40	40	40
		M^*	0.455	0.444	0.561	0.627	0.651	0.789	0.757	0.739	0.963
		mW	9.10	8.88	11.22	18.81	18.45	23.67	30.28	29.56	38.52
	输出	cd/m²	136	132	163	286	286	356	419	411	518
3	输入	M	20	20	20	30	30	30	40	40	40
		M^*	0.392	0.402	0.367	0.588	0.637	0.570	0.727	0.799	0.706
		mW	7.84	8.04	7.34	17.64	19.11	17.10	29.08	31.96	28.24
	输出	cd/m²	94	96	99	254	278	275	387	433	420

试验1的信噪比和灵敏度计算如下：

$$S_T = y_1^2 + y_2^2 + \cdots + y_9^2$$
$$= 85^2 + 92^2 + \cdots + 295^2$$

$$= 393224 \quad (f=9)$$

$$r = (M_1 \times M_1^*)^2 + (M_1 \times M_2^*)^2 + \cdots + (M_3 \times M_9^*)^2$$

$$= (20 \times 0.386)^2 + (20 \times 0.397)^2 + \cdots + (40 \times 0.734)^2$$

$$= 7.72^2 + 7.94^2 + \cdots + 29.36^2$$

$$= 3411.95$$

$$S_\beta = \frac{(M_1 M_1^* y_1 + M_1 M_2^* y_2 + \cdots + M_3 M_9^* y_9)^2}{r}$$

$$= \frac{(7.72 \times 85 + 7.94 \times 92 + \cdots + 29.36 \times 295)^2}{3411.95}$$

$$= \frac{36568.55^2}{3411.95} = 391934.42 \quad (f=1)$$

$$S_e = S_T - S_\beta$$

$$= 393224 - 391934.42 = 1289.58 \quad (f=8)$$

$$V_e = \frac{S_e}{8} = \frac{1289.58}{8} = 161.20$$

$$\eta = 10 \lg \frac{\frac{1}{3411.95}(391934.42 - 161.20)}{161.20}$$

$$= 10 \lg 0.7123$$

$$= -1.47 \ (db)$$

$$S = 10 \lg \frac{1}{3411.95}(391934.42 - 161.20)$$

$$= 10 \lg 1148237$$

$$= 20.60 \ (db)$$

按照相同的方法可以计算实验 2 和实验 3 的信噪比和灵敏度，并进行稳健性评估。

再举一个小电机稳健性改进的例子。其理想功能是输出扭矩与输入电压成比例。在此，电压是输入信号，扭矩是输出特性。通常是将电压固定在某一水平来观察扭矩，但在实验中将扭矩固定在某一水平观察电压更合适，那么信号因子的水平在每个观察点都有变化。在发光材料的开发研究案例中情况也是一样的。

虽然信号因子的水平每次都不同，但信噪比的计算和优化过程通常是一样的。

11.3 化学反应的信噪比

本节以化学反应为例说明信噪比的特殊计算方法。

11.3.1 第一种情形:无副反应(反应生成物质量 Y 与反应时间 T)

化学反应的功能是改变分子或原子的组合情况。这里讨论一个最简单的化学反应，物质 a 和 b 的反应生成物质 c。设物质 a 和 b 在相配的基础上初始量分别为 a 和 b，经过 t 时间生成物质 c 的量为 Y，根据化学反应原理有下面关系：

$$\frac{dY}{dt} = \beta(a-Y)(b-Y) \tag{11-26}$$

开始时，$t=0$，$Y=0$。解上式，得：

$$\frac{1}{b-a}\ln\frac{a(b-Y)}{b(a-Y)} = \beta t \tag{11-27}$$

假定本实验有许多可控因子安排在一个正交表中，时间有 k 个水平：$t_1, t_2, \cdots, t_k$，观察到了一组反应生成物的量 Y。以时间 t 为信号因子，记为 M。设 $M_1, M_2, \cdots, M_k$ 的对应观察值为 $Y_1, Y_2, \cdots, Y_k$。将式（11-27）的左边记为：

$$y = \frac{1}{b-a}\ln\frac{a(b-Y)}{b(a-Y)} \tag{11-28}$$

理想功能为：

$$y = \beta M \tag{11-29}$$

化学反应如果考虑噪声因子两水平 N_1 和 N_2 下的情况，就要进行两次反应，这会增加开支。如果观察更多的信号水平，则可以不考虑噪声因子。于是，用式（11-28）将数据 Y 转换为 y。如图 11-3 所示。

时间	$T_1\ T_2\cdots T_k$	
观察值	$Y_1\ Y_2\cdots Y_k$	
信号	$M_1\ M_2\cdots M_k$	$y = \dfrac{1}{b-a}\ln\dfrac{a}{b}\dfrac{(b-Y)}{(a-Y)}$
结果	$y_1\ y_2\cdots y_k$	

图 11-3 数据转换

根据图 11-3 流程的结果，信噪比和灵敏度的计算如下：

$$S_T = y_1^2 + y_2^2 + \cdots + y_k^2 \quad (f = k) \tag{11-30}$$

$$S_\beta = \frac{1}{r}(M_1 y_1 + M_2 y_2 + \cdots + M_k y_k)^2 \quad (f = 1) \tag{11-31}$$

$$r = M_1^2 + M_2^2 + \cdots + M_k^2 \tag{11-32}$$

$$S_e = S_T - S_\beta \quad (f = k-1) \tag{11-33}$$

$$V_e = \frac{S_e}{k-1} \tag{11-34}$$

$$\eta = 10\lg \frac{\frac{1}{r}(S_\beta - V_e)}{V_e} \tag{11-35}$$

$$S = 10\lg \frac{1}{r}(S_\beta - V_e) \tag{11-36}$$

本例采用了常规的信噪比公式，唯一的差别是用式（11-28）将数据 Y 转换成了 y。

11.3.2 第二种情形：无副反应（反应率 p 与反应时间 T）

化学反应包括分子或原子的结合或分解过程，许多情况下测量单个分子或原子的状况是不可能的，而测量一组分子或原子的状况则是可行的。例如，物质 a 和物质 b 经化学反应生成物质 c，测量物质 c 的生成量就可以得到反应率。反应率反映了物质 a 和物质 b 生成物质 c 的百分比。例如，内燃机中汽油和空气（氧气）发生反应，设 a 为汽油，b 为氧气。由于汽油是两者中比较贵的，因此应该倾向于使氧气的量高于化学反应公式所精确确定的量以保证汽油尽可能燃烧。这个超出量称为**过量比**，在采用稳健参数设计优化实验时，过量比应作为可控因子考虑。为了进行数据分析，汽油的反应率作为本反应中的主要成分，应作为观察值。

化学反应有时是逐步反应的，有时是爆炸式反应的，但这仅仅是反应速度上的差别。本例中根据化学反应理论推导出的式（11-37）反映了反应率 p 和反应时间之间 T 的关系。

$$p = 1 - e^{-\beta T} \tag{11-37}$$

在稳健参数设计中，式（11-37）应转换为式（11-38），以使输入和输出之间的关系转换为线性比例关系。

$$y = \beta T \quad (11-38)$$

由式（11-37）和式（11-38）可知

$$y = \ln \frac{1}{1-p} \quad (11-39)$$

在汽油燃烧的化学反应中，$(1-p)$ 代表未反应的汽油比率。将汽油的初始量作为一个单位，设 $p_1, p_2, \cdots, p_k$ 为 $T_1, T_2, \cdots, T_k$ 时刻的反应率，则有：

$$y_i = \ln \frac{1}{1-p_i} \quad (i=1, 2, \cdots, k) \quad (11-40)$$

将式（11-40）代入式（11-38）中，可知汽油燃烧实验的理想功能为线性关系。

11.3.3 第三种情形：有副反应的情形（动态功能窗）

11.3.1 和 11.3.2 中讨论的物质 a 和物质 b 反应生成物质 c，没有副反应。如果有副反应存在，用 d 代表副反应生成物，则有：

$$a + b \rightarrow c + d$$

设物质 a 的反应率为 q，目标物质 c 的生成率为 p，同时观测 p 和 q。$(1-q)$ 为物质 a 的残存率，$(q-p)$ 为副反应率。表 11-5 为 p 和 q 在时刻 $T_1, T_2, \cdots, T_k$ 的观察值。

表 11-5　p 和 q 在不同时刻的观测值

T_1	T_2	$\cdots$	T_k
p_1	p_2	$\cdots$	p_k
q_1	q_2	$\cdots$	q_k

若无副反应，则 p 等于 q。由于有一些变量（噪声因子）的影响，p 小于 q，q 代表了物质 a 的反应状况，$(q-p)$ 代表了副反应的状况。设 M_1 为物质 a 反应率的情况，M_2 为副反应率的情况，设 M_1 和 M_2 的反应速度分别为 β_1 和 β_2。y 值由式（11-41）、式（11-42）确定：

$$y_{1i} = \ln \frac{1}{1-q_i} \quad (i=1, 2, \cdots, k) \quad (11-41)$$

$$y_{2i} = \ln \frac{1}{1-(q_i-p_i)} \quad (i=1, 2, \cdots, k) \quad (11-42)$$

表 11-6 为转换后的结果。

表 11-6 转换后的结果

	T_1	T_2	$\cdots$	T_k	L
M_1	y_{11}	y_{12}	$\cdots$	y_{1k}	L_1
M_2	y_{21}	y_{22}	$\cdots$	y_{2k}	L_2

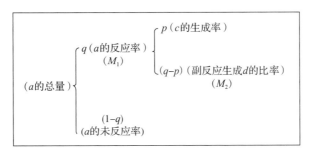

图 11-4 有副反应的化学反应

有副反应存在时,理想状态是使副反应尽可能小而总的反应尽可能大。在其研究中应使 M_1 的斜率最大,使 M_2 的斜率最小,这就是动态功能窗。它相当于两个斜率之间的差,如图 11-5 所示。这种动态功能窗的信噪比计算见下文。

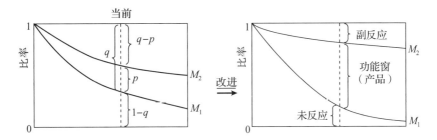

图 11-5 动态功能窗

为使 M_1 和 M_2 的差异最大,信噪比应如下计算:

$$\left.\begin{array}{l} L_1 = T_1 y_{11} + T_2 y_{12} + \cdots + T_k y_{1k} \\ L_2 = T_1 y_{21} + T_2 y_{22} + \cdots + T_k y_{2k} \end{array}\right\} \quad (11-43)$$

$$S_T = y_{11}^2 + y_{12}^2 + \cdots + y_{2k}^2 \quad (f = 2k) \quad (11-44)$$

$$S_\beta = \frac{(L_1 + L_2)^2}{2r} \quad (f = 1) \quad (11-45)$$

$$S_{M \times \beta} = \frac{(L_1 - L_2)^2}{2r} \quad (f = 1) \quad (11-46)$$

$$r = T_1^2 + T_2^2 + \cdots + T_k^2 \qquad (11-47)$$

$$S_e = S_T - (S_\beta + S_{M\times\beta}) \quad (f = 2k-2) \qquad (11-48)$$

$$V_e = \frac{S_e}{2k-2} \qquad (11-49)$$

$$\eta = 10\lg \frac{\frac{1}{2r}(S_{M\times\beta} - V_e)}{V_e} \qquad (11-50)$$

$$S = 10\lg \frac{1}{2r}(S_\beta - V_e) \qquad (11-51)$$

在此,信噪比非常重要,因为不希望物质 a 由于副反应过多生成与期望不同的物质。此时,应特别定义式(11-50)作为信噪比。

上面的信噪比是由 p 和 q 确定的,p 和 q 的观察值是在一个反应或在像 L_{18} 正交表中的一次实验中得到的。p 是目标物质的生成率,q 是物质 a 的反应率,前者应小于后者。换言之,M_2 代表了副反应的速度。根据经过式(11-41)和式(11-42)转换得到的数据,可以将 M_1 的反应速度调整到一个确定的水平,也可以使 M_2 的反应速度尽可能小,时间 T 是信号因子。只要一个实验就可产生 M_1 和 M_2 的这种结果。

对比这两种化学反应的例子,可以看到其差别。没有副反应的例子只是对数据进行转换,将原始观察值转换为基本功能的输出,经过转换以后,信噪比的计算同基本公式相似。在有副反应的例子中,没有这种转换,只是考虑了何为信噪比,同时也解释了何为噪声因子、何为有害部分、何为信噪比的分母。

案例 11-2 有副反应的化学反应

某化学反应中物质 a 和 b 反应生成目标物质 c,副反应的生成物为 d。

$a + b \rightarrow c + d$

表 11-7 为某实验条件下的实验结果及转换后的数据。

表 11-7 实验结果及转换后的数据

	时间 T/h	1	2	3	4	5
生成率 (%)	目标产品生成率 (p)	36.88	60.30	84.13	91.93	92.78
	副产品生成率 ($q-p$)	0.00	0.40	2.21	5.59	7.02
	总反应率 q	36.88	60.70	86.34	97.52	99.80

(续)

	时间 T/h	1	2	3	4	5
M_1	$y_{1i} = \ln \dfrac{1}{1-q}$	0.46	0.99	1.99	3.70	6.21
M_2	$y_{2i} = \ln \dfrac{1}{1-(q-p)}$	0.00	0.00	0.02	0.06	0.07

表 11-7 中，p：c 的生成率；$q-p$：d 的生成率；q：$c+d$ 的生成率。

将百分比生成率先转换为小数，再转换为 M_1 和 M_2 中的数值。根据本节介绍的公式，信噪比和灵敏度的计算如下：

$$L_1 = T_1 y_{11} + T_2 y_{12} + \cdots + T_5 y_{15}$$
$$= 1 \times 0.46 + 2 \times 0.99 + \cdots + 5 \times 6.21 = 54.26$$
$$L_2 = T_1 y_{21} + T_2 y_{22} + \cdots + T_5 y_{25}$$
$$= 1 \times 0.00 + 2 \times 0.00 + \cdots + 5 \times 0.07 = 0.65$$
$$S_T = y_{11}^2 + y_{12}^2 + \cdots + y_{25}^2$$
$$= 0.46^2 + 0.99^2 + \cdots + 0.07^2 = 57.4148 \quad (f=10)$$
$$r = T_1^2 + T_2^2 + \cdots + T_5^2 = 1^2 + 2^2 + \cdots + 5^2 = 55$$
$$S_\beta = \frac{(L_1 + L_2)^2}{2r}$$
$$= \frac{(54.26 + 0.65)^2}{2 \times 55}$$
$$= 27.4101 \quad (f=1)$$
$$S_{M \times \beta} = \frac{(L_1 - L_2)^2}{2r} = \frac{(54.26 - 0.65)^2}{2 \times 55} = 26.1276 \quad (f=1)$$
$$S_e = S_T - (S_\beta + S_{M \times \beta})$$
$$= 57.4148 - (27.4101 + 26.1276) = 3.8771 \quad (f=8)$$
$$V_e = \frac{S_e}{8} = \frac{3.8771}{8} = 0.48464$$
$$\eta = 10 \lg \frac{\dfrac{1}{2 \times 55}(26.1276 - 0.48464)}{0.48464}$$
$$= -3.18 \ (\text{db})$$
$$S = 10 \lg \frac{1}{2 \times 55}(27.4101 - 0.48464)$$
$$= -6.11 \ (\text{db})$$

本例说明了动态功能窗一个实验条件下的信噪比计算。为使整个反应率最大，应对其他条件进行同样的参数设计。下面简要说明一下不同场合的优化方法。

1. 静态望目特性

（1）为稳健性最大使信噪比最大；

（2）用对信噪比影响最小而对目标值或灵敏度影响大的可控因子把平均值调整到目标值。

2. 动态特性

（1）为稳健性最大使信噪比最大；

（2）用对信噪比影响小而对斜率（β）或灵敏度（S）影响大的可控因子把斜率调整到期望值，这种调整决定了输入变化时输出特性应有何种灵敏度。

3. 静态功能窗

（1）为稳健性最大使信噪比最大；

（2）用对信噪比影响最小而对平均值影响大的可控因子将功能窗调整到期望的位置。在进纸机构研究中，平均值即为空进和夹纸的平均值——中间值。

4. 动态功能窗

（1）为稳健性最大使信噪比最大；

（2）用对信噪比影响最小而对灵敏度（β 或 S）影响最大的可控因子进行调整。这种调整控制了总反应率和副反应率之间的平衡。

11.4 复数特性的信噪比

11.4.1 电流电路的理想功能

交流电路的输入输出一般用复数来表示。要改进这类电路的稳健性，推荐采用复数信噪比。像 RC 电路、RL 电路或 RCL 电路这种含有复数的交流电路的理想功能是把电压转化为电流。前面所讨论的分析数据的方法适用于只有实数或只有虚数的情况。因而，希望能有一种方法可以分析实部和虚部都包括的复数数据。在一个简单的 RC 电路中，其阻抗：

$$Z = R + \frac{1}{j\omega C} \tag{11-52}$$

式中，R 代表电阻，ω 代表角速度，C 代表电容，$j = \sqrt{-1}$。

由式（11-52）可见，阻抗中既有实数成分，也有虚数成分。虚数部分称为感抗。实部和虚部是否具有确定的值对功能的稳健性具有重要影响。

11.4.2 复数信噪比

当实数和虚数共存时，通常对实部和虚部分别进行分析。由于所有的电流电路理论都用复数进行表达，所以对电流电路进行分析时最好用复数。艾米特型（11.4.3 会专门介绍）的应用使这种想法有了实现的可能。

下面将介绍含有复数的信噪比计算，对于含有虚数的波动的分解，采用了艾米特型。

在实数域里，输入 M 和输出 y 的理想功能为：

$$y = \beta M \tag{11-53}$$

下列数据

$$y_1, y_2, \cdots, y_n$$

的总波动为：

$$S_T = y_1^2 + y_2^2 + \cdots + y_n^2 \tag{11-54}$$

这个总波动可分解为有用部分和有害部分，因此，在复数域内，总波动可定义为：

$$S_T = y_1 \bar{y}_1 + y_2 \bar{y}_2 + \cdots + y_n \bar{y}_n \tag{11-55}$$

式中，$\bar{y}_i$ 是 y_i 的共轭。

然后，将 S_T 分解为比例部分 S_β 和剩余部分，比例系数 β 是一个复数，但 S_T、S_β 和 S_e 都是正的实数。

例如，复数 y 由两部分组成：

$$y = R + jX \tag{11-56}$$

式中，R 代表电阻，X 代表感抗，$j = \sqrt{-1}$。

y 的共轭为：

$$\bar{y} = R - jX \tag{11-57}$$

y 和 $\bar{y}$ 的乘积为：

$$y\bar{y} = (R + jX)(R - jX) = R^2 + X^2 \quad (11-58)$$

注意：这个乘积是一个非负的实数，对应于总输出的量值。

在得到比例常数 β 之前，还要讨论其影响：

$$S_\beta = \frac{(M_1 y_1 + M_2 y_2 + \cdots + M_k y_k)^2}{M_1^2 + M_2^2 + \cdots + M_k^2} = \frac{(M_1 y_1 + M_2 y_2 + \cdots + M_k y_k)^2}{(M_1^2 + M_2^2 + \cdots + M_k^2)^2}$$

$$\times (M_1^2 + M_2^2 + \cdots + M_k^2) = \beta^2 (M_1^2 + M_2^2 + \cdots + M_k^2) \quad (11-59)$$

在复数域内，有两个系数，分别为 β 和其共轭 $\bar{\beta}$。

$$\beta = \frac{\overline{M}_1 y_1 + \overline{M}_2 y_2 + \cdots + \overline{M}_k y_k}{M_1 \overline{M}_1 + M_2 \overline{M}_2 + \cdots + M_k \overline{M}_k} \quad (11-60)$$

$$\bar{\beta} = \frac{M_1 \bar{y}_1 + M_2 \bar{y}_2 + \cdots + M_k \bar{y}_k}{M_1 \overline{M}_1 + M_2 \overline{M}_2 + \cdots + M_k \overline{M}_k} \quad (11-61)$$

比例项的波动 S_β 计算如下：

$$S_\beta = \beta \bar{\beta}(M_1 \overline{M}_1 + M_2 \overline{M}_2 + \cdots + M_k \overline{M}_k)$$

$$= \frac{(\overline{M}_1 y_1 + \overline{M}_2 y_2 + \cdots + \overline{M}_k y_k)(M_1 \bar{y}_1 + M_2 \bar{y}_2 + \cdots + M_k \bar{y}_k)}{M_1 \overline{M}_1 + M_2 \overline{M}_2 + \cdots + M_k \overline{M}_k} \quad (11-62)$$

误差波动为：

$$S_e = S_T - S_\beta \quad (11-63)$$

同样计算信噪比和灵敏度：

$$\eta = 10\lg \frac{\frac{1}{r_0 r}(S_\beta - V_e)}{V_e} \quad (11-64)$$

$$S = 10\lg \frac{1}{r_0 r}(S_\beta - V_e) \quad (11-65)$$

式中 r 为输入值：

$$r = M_1 \overline{M}_1 + M_2 \overline{M}_2 + \cdots + M_k \overline{M}_k \quad (11-66)$$

表 11-8 列出了噪声因子有三个水平的实验结果。

表 11-8　复数实验结果

	M_1	M_2	$\cdots$	M_k	线性式
N_1	y_{11}	y_{12}	$\cdots$	y_{1k}	L_1
N_2	y_{21}	y_{22}	$\cdots$	y_{2k}	L_2
N_3	y_{31}	y_{32}	$\cdots$	y_{3k}	L_3

其线性式为：

$$\left.\begin{aligned} L_1 &= \overline{M}_1 y_{11} + \overline{M}_2 y_{12} + \cdots + \overline{M}_k y_{1k} \\ L_2 &= \overline{M}_1 y_{21} + \overline{M}_2 y_{22} + \cdots + \overline{M}_k y_{2k} \\ L_3 &= \overline{M}_1 y_{31} + \overline{M}_2 y_{32} + \cdots + \overline{M}_k y_{3k} \end{aligned}\right\} \tag{11-67}$$

利用上面的公式，在完成数据分解后即可求得信噪比和灵敏度。

总波动 S_T：

$$S_T = y_{11}\overline{y}_{11} + y_{12}\overline{y}_{12} + \cdots + y_{3k}\overline{y}_{3k} \quad (f = 3k) \tag{11-68}$$

比例项波动 S_β：

$$S_\beta = \frac{(L_1 + L_2 + L_3)(\overline{L}_1 + \overline{L}_2 + \overline{L}_3)}{3r} \quad (f = 1) \tag{11-69}$$

$$r = M_1 \overline{M}_1 + M_2 \overline{M}_2 + \cdots + M_k \overline{M}_k \tag{11-70}$$

噪声 N 与比例项交互作用的波动 $S_{N \times \beta}$：

$$S_{N \times \beta} = \frac{L_1 \overline{L}_1 + L_2 \overline{L}_2 + L_3 \overline{L}_3}{r} - S_\beta \quad (f = 2) \tag{11-71}$$

误差波动 S_e：

$$S_e = S_T - S_\beta - S_{N \times \beta} \quad (f = 3k - 3) \tag{11-72}$$

总误差波动 S_N：

$$S_N = S_e + S_{N \times \beta} \quad (f = 3k - 1) \tag{11-73}$$

校正用的误差方差 V_e：

$$V_e = \frac{S_e}{3k - 3} \tag{11-74}$$

含有非线性因子的噪声方差 V_N：

$$V_N = \frac{S_N}{3k - 1} \tag{11-75}$$

信噪比：

$$\eta = 10\lg \frac{\frac{1}{3r}(S_\beta - V_e)}{V_N} \quad (11-76)$$

灵敏度：

$$S = 10\lg \frac{1}{3r}(S_\beta - V_e) \quad (11-77)$$

11.4.3 艾米特型

当矩阵 A 的第 i 行第 k 列的元素 a_{ik} 是其元素 a_{ki} 的共轭复数时，矩阵 A 称为艾米特（Hermitian）矩阵。

含有艾米特矩阵的二次型称为艾米特型，表示为：

$$\sum_{ik} a_{ik} \bar{x}_i x_k$$

式中，$\bar{x}$ 为 x 的共轭复数，这个表达式的值总是实数。艾米特型是广义二次型，绝大多数二次型的定理可用于艾米特型。

表 11-9 输入输出表

输入	M_2	M_2	⋯	M_n
输出	y_1	y_2	⋯	y_n

在实数域内，误差波动 S_e：

$$S_e = S_T - S_\beta \quad (11-78)$$

根据定义，S_e 可写为：

$$\begin{aligned} S_e &= (y_1 - \beta M_1)^2 + (y_2 - \beta M_2)^2 + \cdots + (y_n - \beta M_n)^2 \\ &= (y_1^2 + y_2^2 + \cdots + y_n^2) - 2\beta(M_1 y_1 + M_2 y_2 + \cdots + M_n y_n) \\ &\quad + \beta^2(M_1^2 + M_2^2 + \cdots + M_n^2) + \frac{(M_1 y_1 + M_2 y_2 + \cdots + M_n y_n)^2}{M_1^2 + M_2^2 + \cdots + M_n^2} \\ &\quad - \frac{(M_1 y_1 + M_2 y_2 + \cdots + M_n y_n)^2}{M_1^2 + M_2^2 + \cdots + M_n^2} \\ &= (y_1^2 + y_2^2 + \cdots + y_n^2) \\ &\quad + \left[\beta \sqrt{M_1^2 + M_2^2 + \cdots + M_n^2} - \frac{(M_1 y_1 + M_2 y_2 + \cdots + M_n y_n)}{\sqrt{M_1^2 + M_2^2 + \cdots + M_n^2}} \right]^2 \end{aligned}$$

$$-\frac{(M_1y_1 + M_2y_2 + \cdots + M_ny_n)^2}{M_1^2 + M_2^2 + \cdots + M_n^2} \tag{11-79}$$

使 S_e 最小的 β 的值为：

$$\beta = \frac{M_1y_1 + M_2y_2 + \cdots + M_ny_n}{M_1^2 + M_2^2 + \cdots + M_n^2} \tag{11-80}$$

在复数域内，误差波动 S_e 为：

$$\begin{aligned}
S_e &= (y_1 - \beta M_1)(\overline{y_1 - \beta M_1}) + \cdots + (y_n - \beta M_n)(\overline{y_n - \beta M_n}) \\
&= (y_1\bar{y}_1 + \cdots + y_n\bar{y}_n) - \beta(M_1\bar{y}_1 + \cdots + M_n\bar{y}_n) - \bar{\beta}(\overline{M}_1 y_1 + \cdots + \overline{M}_n y_n) \\
&\quad + \beta\bar{\beta}(M_1\overline{M}_1 + \cdots + M_n\overline{M}_n) + \frac{(\overline{M}_1 y_1 + \cdots + \overline{M}_n y_n)(M_1\bar{y}_1 + \cdots + M_n\bar{y}_n)}{(M_1\overline{M}_1 + \cdots + M_n\overline{M}_n)} \\
&\quad - \frac{(\overline{M}_1 y_1 + \cdots + \overline{M}_n y_n)(M_1\bar{y}_1 + \cdots + M_n\bar{y}_n)}{(M_1\overline{M}_1 + \cdots + M_n\overline{M}_n)} \\
&= (y_1\bar{y}_1 + \cdots + y_n\bar{y}_n) \\
&\quad + \left[\beta\sqrt{M_1\overline{M}_1 + \cdots + M_n\overline{M}_n} - \frac{(\overline{M}_1 y_1 + \cdots + \overline{M}_n y_n)}{\sqrt{M_1\overline{M}_1 + \cdots + M_n\overline{M}_n}}\right] \\
&\quad \times \left[\bar{\beta}\sqrt{M_1\overline{M}_1 + \cdots + M_n\overline{M}_n} - \frac{(M_1\bar{y}_1 + \cdots + M_n\bar{y}_n)}{\sqrt{M_1\overline{M}_1 + \cdots + M_n\overline{M}_n}}\right] \\
&\quad - \frac{(\overline{M}_1 y_1 + \cdots + \overline{M}_n y_n)(M_1\bar{y}_1 + \cdots + M_n\bar{y}_n)}{M_1\overline{M}_1 + \cdots + M_n\overline{M}_n}
\end{aligned} \tag{11-81}$$

使 S_e 最小的 β 和 $\bar{\beta}$ 的值为：

$$\beta = \frac{\overline{M}_1 y_1 + \cdots + \overline{M}_n y_n}{M_1\overline{M}_1 + \cdots + M_n\overline{M}_n} \tag{11-82}$$

$$\bar{\beta} = \frac{M_1\bar{y}_1 + \cdots + M_n\bar{y}_n}{M_1\overline{M}_1 + \cdots + M_n\overline{M}_n} \tag{11-83}$$

误差波动 S_e 为：

$$S_e = y_1\bar{y}_1 + \cdots + y_n\bar{y}_n - \frac{(M_1\bar{y}_1 + \cdots + M_n\bar{y}_n)(\overline{M}_1 y_1 + \cdots + \overline{M}_n y_n)}{M_1\overline{M}_1 + \cdots + M_n\overline{M}_n} \tag{11-84}$$

例如，在车载电话中用相位补偿器使输入信号产生一定的相移，其基本功能是将输入的电压按比例放大为输出电压。

在相位补偿器的改进实验中，研究的可控因子为线圈类型、相位补搭配、电容器类型和电阻类型等因子，研究的信号因子如下：

$$M_1 = 224 + \text{j} \times 0 \ (\text{mV})$$

$$M_2 = 707 + \text{j} \times 0 \ (\text{mV})$$

$$M_3 = 2236 + \text{j} \times 0 \ (\text{mV})$$

在此信号因子的水平为实数。

频率作为标示因子,其变化如下:

$$\omega_1 = 0.9 \ (\text{MHz})$$

$$\omega_2 = 1.0 \ (\text{MHz})$$

$$\omega_3 = 1.1 \ (\text{MHz})$$

噪声的2个水平为:

$$N_1 = 10\text{℃}$$

$$N_2 = 60\text{℃}$$

表 11 - 10 为第 1 号实验的实验结果。

表 11 - 10 第 1 号实验的实验结果

噪声因子	频率	M_1	M_2	M_3	L
N_1	ω_1	77 + j101	248 + j322	796 + j1017	$L_{11} = 1972440 + \text{j}2524290$
	ω_2	87 + j104	280 + j330	870 + j1044	$L_{21} = 2162768 + \text{j}2590990$
	ω_3	97 + j106	311 + j335	970 + j1058	$L_{31} = 2410525 + \text{j}2626277$
N_2	ω_1	77 + j102	247 + j322	784 + j1025	$L_{12} = 1944901 + \text{j}2542402$
	ω_2	88 + j105	280 + j331	889 + j1052	$L_{22} = 2205476 + \text{j}2609809$
	ω_3	98 + j107	331 + j335	989 + j1068	$L_{32} = 2467373 + \text{j}2648861$

信噪比计算如下。

总波动 S_T:

$$\begin{aligned} S_T &= y_{111}\bar{y}_{111} + y_{121}\bar{y}_{121} + \cdots + y_{332}\bar{y}_{332} \\ &= (77 + \text{j}101)(77 - \text{j}101) + \cdots + (989 + \text{j}1068)(989 - \text{j}1068) \\ &= 12448150 \quad (f = 18) \end{aligned}$$

输入量 r:

$$\begin{aligned} r &= M_1\overline{M}_1 + M_2\overline{M}_2 + M_3\overline{M}_3 \\ &= (224 + \text{j}0)(224 - \text{j}0) + (707 + \text{j}0)(707 - \text{j}0) + (2236 + \text{j}0)(2236 - \text{j}0) \\ &= 5549721 \end{aligned}$$

比例项波动 S_β：

$$S_\beta = \frac{(L_{11} + L_{21} + \cdots + L_{32})(\overline{L}_{11} + \overline{L}_{21} + \cdots + \overline{L}_{32})}{6r} = \frac{(13088971^2 + 15542629^2)}{6 \times 5549721}$$

$$= 12399857 \quad (f = 1)$$

比例项的线性式：

$$L_{11} = \overline{M}_1 y_{111} + \overline{M}_2 y_{121} + \overline{M}_3 y_{131}$$

$$= (224 - j0)(77 + j101) + (707 - j0)(248 + j332)$$

$$+ (2236 - j0)(769 + j1017)$$

$$= 1972440 + j2524290$$

$$L_{21} = \overline{M}_1 y_{211} + \overline{M}_2 y_{221} + \overline{M}_3 y_{231}$$

$$= 2162768 + j2590990$$

$$\cdots$$

$$L_{32} = \overline{M}_1 y_{312} + \overline{M}_2 y_{322} + \overline{M}_3 y_{332}$$

$$= 2467373 + j2648861$$

比例常数的波动 $S_{\omega \times \beta}$：

$$S_{\omega \times \beta} = \frac{(L_{11} + L_{12})(\overline{L}_{11} + \overline{L}_{12}) + (L_{21} + L_{22})(\overline{L}_{21} + \overline{L}_{22}) + (L_{31} + L_{32})(\overline{L}_{31} + \overline{L}_{32})}{2r} - S_\beta$$

$$= 47676 \quad (f = 2)$$

温度引起的波动 $S_{N(\omega) \times \beta}$：

$$S_{N(\omega) \times \beta} = \frac{(L_{11}\overline{L}_{11} + L_{21}\overline{L}_{21} + L_{31}\overline{L}_{31} + L_{12}\overline{L}_{12} + L_{22}\overline{L}_{22} + L_{32}\overline{L}_{32})}{r} - S_\beta - S_{\omega \times \beta}$$

$$= 533 \quad (f = 3)$$

误差波动 S_e：

$$S_e = S_T - S_\beta - S_{\omega \times \beta} - S_{N(\omega) \times \beta} = 12448150 - 12399857 - 47676 - 533$$

$$= 84 \quad (f = 12)$$

校正用误差方差 V_e：

$$V_e = \frac{S_e}{12} = 7$$

总的误差波动 S_N：

$$S_N = S_e + S_{N(\omega) \times \beta} = 84 + 533 = 617 \quad (f = 15)$$

总的误差方差 V_N：

$$V_N = \frac{S_N}{15} = \frac{617}{15} \approx 41$$

信噪比：

$$\eta = 10\lg\frac{\frac{1}{6r}(S_\beta - V_e)}{V_N} = 10\lg\frac{\frac{1}{6\times 5549721}(12399857 - 7)}{41}$$
$$= 10\lg 0.0090825 = -20.42 \text{（db）}$$

灵敏度：

$$S = 10\lg\frac{1}{6r}(S_\beta - V_e) = 10\lg 0.37239 = -4.29 \text{（db）}$$

11.4.4 滤波电路的设计

为了满足新车型的设计要求，通常要为汽车音响系统开发新的滤波电路。本例介绍的是采用稳健参数设计开发的可用于新车型的一组滤波电路。

1. 系统简介

汽车音响要在有限的空间里播放音乐需要有一个特定的器件，称为滤波电路。图 11-6 是在驾驶员位置处测得的系统输入固定音（不响亮、无起伏的声音）的频率响应特性图。由于频率响应特性是有波动的，需要一个补偿电路来控制功放。图 11-7 为一个滤波电路的示例图。

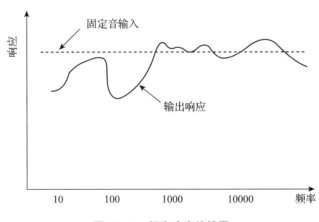

图 11-6 频率响应特性图

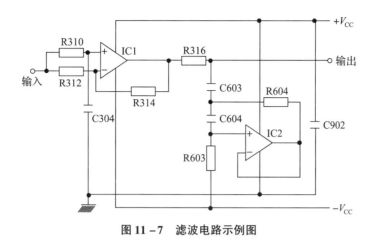

图 11-7　滤波电路示例图

进行产品设计的通常做法是将频率特性曲线调整到目标曲线上，再努力减小波动。向目标值的调整是根据每个元件的固定特性进行计算做出的，然后再装出一个硬件产品进行验证。

这种做法既单调又浪费时间，更不必说难于减小和控制波动了。在稳健参数设计中，首先要提高稳健性，其次才是调整。在此特定场合，目标值是一条由不同的输出频率组成的输出曲线。为了实现多目标调整，采用动态特性的稳健参数设计。

2. 理想功能

滤波电路的理想功能是输出电压与输入电压成比例。

$$y = \beta M$$

式中，y 为输出电压，M 为输入电压。

在这种电路中，输出电压相对输入电压有一个相位滞后，这个滞后在图 11-8 中用 θ 表示。M 是实数，y 和 β 都是复数。理想功能为零点比例式。

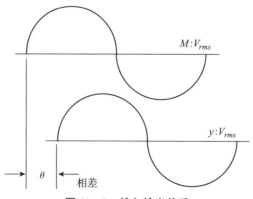

图 11-8　输入输出关系

3. 目标频率特性

图 11-9 为一个要实现的目标频率特性。

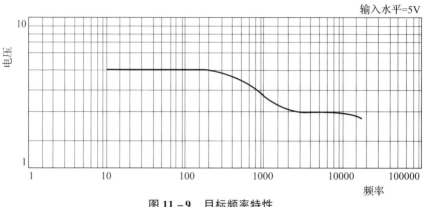

图 11-9　目标频率特性

4. 因子、水平和实验设计

表 11-11 列出了可控因子及其水平，表 11-12 列出了复合噪声因子及其水平。在复合噪声因子之前先进行了确定各噪声因子影响趋势的预实验。表 11-13 和表 11-14 列出了信号因子和标示因子及其水平。表 11-15 为记录输入输出数据的表格。实验安排在 L_{18} 正交表中，表 11-16 列出了某次实验的结果。

在 L_{18} 正交表中有 18 种可控因子的组合。在每个组合中有 4 个信号因子水平和 2 个复合噪声因子水平。另外，上述每个组合还有 18 个频率水平，输出的总数为：

$$18 \times 4 \times 2 \times 18 = 2592$$

表 11-11　可控因子及其水平

代号	可控因子	1 水平	2 水平	3 水平
A	R310 × C304	6.435E-4	1.287E-3	2.574E-3
B	C304	2.200E-8	3.900E-8	6.800E-8
C	C603 × C604 × R604 × R603	8.424E-9	1.053E-8	1.264E-8
D	C603 × R604	5.265E-5	1.035E-4	2.106E-4
E	C603 × (R604 + R316)	2.182E-8	2.727E-4	3.272E-4
F	C603	1.800E-8	2.700E-8	4.700E-8
G	C604	6.800E-10	1.000E-9	1.800E-9

表 11-12　复合噪声因子及其水平

代号	噪声因子	N_1	N_2
N	R310 × C304	小	大
	C304	小	大
	C603 × C604 × R604 × R603	大	中
	C603 × R604	小	大
	C603 × (R603 + R316)	小	大
	C603	小	中
	C604	小	中

表 11-13　信号因子及其水平

代号	信号因子	1 水平	2 水平	3 水平	4 水平
M	输入电压	5μV	500μV	50mV	5V

表 11-14　标示因子及其水平

代号	标示因子	1 水平	…	18 水平
f	频率	10Hz	…	25kHz

表 11-15　输入输出记录表

噪声	频率	M_1	M_2	M_3	M_4	L
N_1	f_1	y_{11}	y_{12}	y_{13}	y_{14}	L_1
	f_2	y_{21}	y_{22}	y_{23}	y_{24}	L_2
	…	…	…	…	…	…
	f_{17}	y_{171}	y_{172}	y_{173}	y_{174}	L_{17}
	f_{18}	y_{181}	y_{182}	y_{183}	y_{184}	L_{18}
N_2	f_1	y_{191}	y_{192}	y_{193}	y_{194}	L_{19}
	f_2	y_{201}	y_{202}	y_{203}	y_{204}	L_{20}
	…	…	…	…	…	…
	f_{17}	y_{351}	y_{352}	y_{353}	y_{354}	L_{35}
	f_{18}	y_{361}	y_{362}	y_{363}	y_{364}	L_{36}

5．信噪比和灵敏度的计算

下面是计算信噪比和灵敏度的公式：

$$\left.\begin{aligned}L_1 &= M_1 y_{11} + M_2 y_{12} + M_3 y_{13} + M_4 y_{14} \\ &\cdots \\ L_{36} &= M_1 y_{361} + M_2 y_{362} + M_3 y_{363} + M_4 y_{364}\end{aligned}\right\}$$

$$S_T = y_{11}\overline{y_{11}} + y_{12}\overline{y_{12}} + \cdots + y_{363}\overline{y_{363}} + y_{364}\overline{y_{364}} \quad (f = 144) \quad (11-85)$$

$$r = M_1^2 + M_2^2 + M_3^2 + M_4^2 \quad (11-86)$$

$$L = L_1 + L_2 + L_3 + \cdots + L_{34} + L_{35} + L_{36} \quad (11-87)$$

$$S_\beta = \frac{L \times \overline{L}}{18 \times 2 \times r} \quad (f = 1) \quad (11-88)$$

$$\left.\begin{aligned}L_{N1} &= L_1 + L_2 + \cdots + L_{17} + L_{18} \\ L_{N2} &= L_{19} + L_{20} + \cdots + L_{35} + L_{36}\end{aligned}\right\} \quad (11-89)$$

$$S_{N \times \beta} = \frac{L_{N1}\overline{L_{N1}} + L_{N2}\overline{L_{N2}}}{18 \times r} - S_\beta \quad (f = 1) \quad (11-90)$$

$$\left.\begin{aligned}L_{f1} &= L_1 + L_{19} \\ &\cdots \\ L_{f18} &= L_{18} + L_{36}\end{aligned}\right\} \quad (11-91)$$

$$S_{f \times \beta} = \frac{L_{f1}\overline{L_{f1}} + \cdots + L_{f18}\overline{L_{f18}}}{2 \times r} - S_\beta \quad (f = 17) \quad (11-92)$$

$$V_e = \frac{S_T - S_\beta - S_{N \times \beta} - S_{f \times \beta}}{18 \times 2 \times 4 - 1 - 1 - 17} \quad (11-93)$$

$$V_N = \frac{S_T - S_\beta - S_{f \times \beta}}{18 \times 2 \times 4 - 1 - 17} \quad (11-94)$$

$$\eta = 10 \times \lg \frac{S_\beta - V_e}{18 \times 2 \times r \times V_N} \quad (\text{db}) \quad (11-95)$$

$$S = 10 \times \lg \frac{S_\beta - V_e}{18 \times 2 \times r} \quad (\text{db}) \quad (11-96)$$

表 11-16 为 L_{18} 正交表中第一号实验的结果（部分）。

$$S_T = 515.6716$$

$$r = 25.0025$$

$$\left.\begin{aligned}L_1 &= 24.92857 - \text{j}1.87916 \\ &\cdots \\ L_{36} &= -5.77217 + \text{j}1.476996\end{aligned}\right\}$$

$$L = 66.96326 - j200.768$$

$$S_\beta = 49.76395$$

$$\left.\begin{array}{l} L_{N1} = 50.90719 - j100.546 \\ L_{N2} = 16.05607 - j100.222 \end{array}\right\}$$

$$S_{N \times \beta} = 1.349538$$

$$\left.\begin{array}{l} L_{f1} = 49.78403 - j4.55382 \\ \cdots \\ L_{f18} = -11.3187 + j2.941412 \end{array}\right\}$$

$$S_{f \times \beta} = 459.0557$$

$$V_e = 0.044019$$

$$V_N = 0.054381$$

$$\eta = 0.07(\text{db})$$

$$S = -12.58(\text{db})$$

表 11 – 16 第一号实验的结果（部分）

噪声	频率	M_1	M_2	M_3	M_4
N_1	f_1	4.99E(-6) -j3.76E(-7)	4.99E(-4) -j3.76E(-5)	0.0499 - j0.00376	4.99 - j0.376
	f_2	4.96E(-6) -j5.94E(-7)	4.96E(-4) -j5.94E(-5)	0.0496 - j0.00594	4.96 - j0.594
	...	...	...	...	...
	f_{17}	-1.20E(-6) +j2.93E(-7)	-1.20E(-4) +j2.93E(-5)	-0.0120 - j0.00293	-1.20 - j0.293
	f_{18}	-1.11E(-6) +j2.93E(-7)	-1.11E(-4) +j2.93E(-5)	-0.0111 - j0.00293	-1.11 - j0.293
N_2	f_1	4.97E(-6) -j5.35E(-7)	4.97E(-4) -j5.35E(-5)	0.0497 - j0.00535	4.97 - j0.535
	f_2	4.93E(-6) -j8.44E(-7)	4.93E(-4) -j8.44E(-5)	0.0493 - j0.00844	4.93 - j0.844
	...	...	...	...	...
	f_{17}	-1.24E(-6) +j3.10E(-7)	-1.24E(-4) +j3.10E(-5)	-0.0124 + j0.0031	-1.24 - j0.310
	f_{18}	-1.15E(-6) +j2.95E(-7)	-1.15E(-4) +j2.95E(-5)	-0.0115 + j0.00295	-1.15 - j0.295

表 11-17 列出了信噪比和灵敏度的计算结果，图 11-10 显示了其效应图。

表 11-17 信噪比和灵敏度

实验号	1	2	3	4	5	6
η	0.07	0.59	1.70	0.40	2.33	-0.88
S	-12.58	-12.25	-10.98	-11.80	-9.83	-12.96
实验号	7	8	9	10	11	12
η	-0.75	3.57	5.40	2.47	0.83	0.32
S	-12.73	-8.27	-6.42	-9.84	-12.47	-12.17
实验号	13	14	15	16	17	18
η	5.34	-1.58	-0.21	1.04	7.05	0.26
S	-6.45	-13.80	-12.56	-10.93	-4.64	-11.67

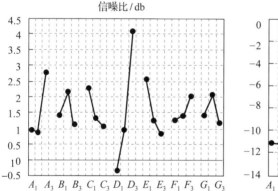 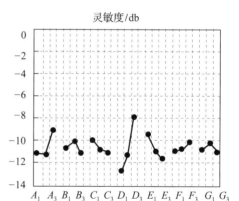

图 11-10 信噪比效应图（左）与灵敏度效应图（右）

表 11-17 中的灵敏度反映了整个频谱的平均水平，如没有工程意义上的显著因子，每个重要频率的灵敏度都可用于调整。

6. 优化条件和工程平均的估计

由前面的计算可知，使信噪比最大的可控因子组合为 $A_3B_2C_1D_3E_1F_3G_2$。

初始条件为 $A_2B_3C_3D_1E_3F_1G_3$。

根据这些条件，工程平均和增益的估计值和确认值见表 11-18。

表 11-18 增益的估计值和确认值

	估计值		确认值	
	η/db	S/db	η/db	S/db
优化条件	7.00	-4.69	7.16	-4.58
初始条件	-2.22	-14.60	-1.72	-14.09
增益	9.22	9.91	8.88	9.51

由表 11-18 可知结论是有再现性的。但是，实际的频率特性却显著地偏离了目标曲线，见图 11-11。

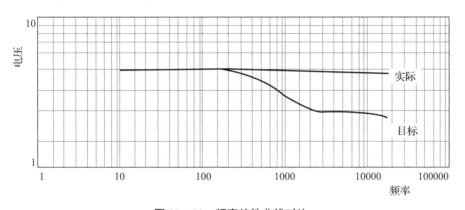

图 11-11 频率特性曲线对比

7. 调整

下面是在信噪比最大化之后的调整步骤。

（1）灵敏度的计算

根据原始数据，每个频率的灵敏度按表 11-19 计算。

表 11-19 灵敏度的计算

	M_1	M_2	M_3	M_4	L
N_1	y_{11}	y_{21}	y_{31}	y_{41}	L_1
N_2	y_{12}	y_{22}	y_{32}	y_{42}	L_2

计算公式如下：

$$S_T = y_{11}\overline{y_{11}} + y_{21}\overline{y_{21}} + \cdots + y_{42}\overline{y_{42}}$$

$$L_1 = \overline{M_1}y_{11} + \overline{M_2}y_{21} + \overline{M_3}y_{31} + \overline{M_4}y_{41}$$

$$L_2 = \overline{M_1}y_{12} + \overline{M_2}y_{22} + \overline{M_3}y_{32} + \overline{M_4}y_{42}$$

$$r = M_1\overline{M_1} + M_2\overline{M_2} + M_3\overline{M_3} + M_4\overline{M_4}$$

$$S_\beta = \frac{(L_1 + L_2) \times (\overline{L_1} + \overline{L_2})}{2 \times r}$$

$$S_{N \times \beta} = \frac{L_1\overline{L_1} + L_2\overline{L_2}}{r} - S_\beta$$

$$V_e = \frac{S_T - S_\beta - S_{N \times \beta}}{8 - 1 - 1}$$

$$S = 10\lg\frac{1}{2r}(S_\beta - V_e) \ (\text{db})$$

表 11-30 列出了频率在 4kHz 处的灵敏度。

表 11-20　频率在 4kHz 处的灵敏度

实验号	1	2	3	4	5	6
灵敏度	-10.10	-7.39	-3.56	-7.72	-3.57	-9.99
实验号	7	8	9	10	11	12
灵敏度	-13.29	-5.51	-2.05	-2.08	-13.13	-5.50
实验号	13	14	15	16	17	18
灵敏度	-0.27	-11.79	-8.95	-8.93	-0.27	-11.65

（2）选择调整用的可控因子

图 11-12 显示了频率在 4kHz 处因子对灵敏度的效应图，其他频率处因子对灵敏度的效应图未给出。由图可知只有因子 D 和 E 对灵敏度有较大的影响，所以因子 D 和 E 作为调整因子。

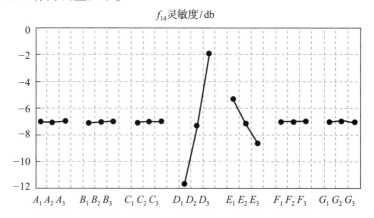

图 11-12　4kHz 处的灵敏度效应图

（3）确定经验频率方程

根据例子给出的条件，4kHz 处的经验方程确定如下：

$$S_{4kHz} = -6.96 - 0.0187(\lg A + 2.890) + 0.0831(\lg B + 7.409)$$
$$- 4063016(C - 1.05 \times 10^8) + 16.10(\lg D + 3.978) - 30240(E - 0.000273)$$

（4）将优化组合条件代入到经验方程中

将优化条件代入经验方程，得到 D 和 E 的方程。例如，4kHz 处的经验方程为：

$$S_{4kHz} = -6.96 + 16.10(\lg D + 3.978) - 30240(E - 0.000273)$$

由于有 18 个频率，所以需要找出 18 个方程。

（5）解联立方程，确定调整因子的水平

如果每个频率的灵敏度都调整靠近到表中的相应值，频率特性曲线就会靠近目标特性曲线。每个频率的灵敏度应转换成以 db 为单位的值，如表 11-21 所示。

表 11-21　目标频率特性的灵敏度　　　　　　　　（单位：db）

频率	f_1	f_2	f_3	f_4	f_5	f_6
灵敏度	-0.002	-0.003	-0.008	-0.018	-0.045	-0.110
频率	f_7	f_8	f_9	f_{10}	f_{11}	f_{12}
灵敏度	-0.269	-0.635	-1.390	-2.668	-4.297	-5.791
频率	f_{13}	f_{14}	f_{15}	f_{16}	f_{17}	f_{18}
灵敏度	-6.804	-7.376	-7.376	-8.111	-8.679	-9.474

将这 18 个值分别代入到（4）中的方程的左边，得到 18 个含有两个未知数 D 和 E 的方程。用最小二乘法确定 D 和 E，可使方程两边的差异最小。

列出方程两边总偏差的表达式并对 D 和 E 求偏导，可得到如下方程：

$$\begin{cases} 1962(\lg D + 3.98) - 3853740(E - 0.000273) = -68.19 \\ -3853740(\lg D + 3.98) + 7922619779(E - 0.000273) = 144004 \end{cases}$$

解之得：

$$D = 0.00011057$$
$$E = 0.0003012$$

此即为优化条件。而其他因子的优化条件已经根据信噪比最大的原则确定好了。

（6）确认实验

图 11-13 为实际频率特性曲线和目标频率特性曲线的对比。

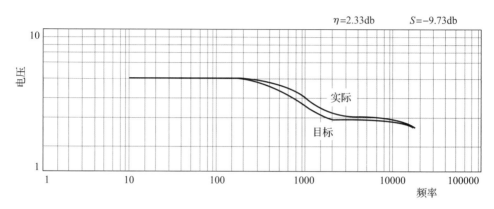

图 11-13 实际频率特性曲线和目标频率特性曲线的对比

由于 D 的水平确定是为了调整，而不是为了使信噪比最大，对信噪比只是有一点影响。但是，实际频率特性曲线非常接近目标频率特性曲线，信噪比仍有很大的提高。

11.5 不完整数据的情形

11.5.1 不完整数据的类型

在参数设计实验或仿真中，一般可以计算信噪比，并根据响应表或效应图确定优化条件。但有时有些实验的信噪比会由于某些原因无法计算求得，为了根据现有的数据进行分析、寻找优化条件，必须采取一些特殊方法。本节将介绍不完整数据的类型及其处理方法。

不完整数据的类型可分为如下几种。

（1）正交表中某次实验的所有数据由于下述原因全部丢失了

①等待测量获得数据的样本丢失了。

②记录数据的数据单丢失了。

③由于工作变动，有几次实验不连续。

④原料不足或实验件不够，无法完成整个实验。

（2）某次实验的数据个数比其他实验少

①如某次实验的信号因子水平数为3，而其他实验的信号因子水平数为5。

②某次实验的重复数与其他实验不同。

③某次实验的某一噪声因子水平下的全部结果丢失。

（3）某次实验的部分结果或全部结果由于本次实验的最坏条件都丢了

①化学反应装置爆炸了。

②电路中无电流。

③无产品输出。

（4）信噪比为正无穷或负无穷

①零点比例式或线性比例式中，噪声波动 S_e 比斜率波动 S_β 大。

②望目特性中，噪声波动比平均波动大。

③在分为三类及以上的分类特性型数据分析中，噪声波动大于类型间平均值的波动。

④望小特性的所有结果全为零。

⑤望大特性的所有结果全为零。

11.5.2 不完整数据的处理方法

为了对不完整数据进行分析和处理，寻找可能的优化结论，根据不同的情况建议进行如下处理：

情况1 正交表中某次实验的数据全部丢失：

这种情况即为传统实验设计教材中的数据丢失。这时候，通常采用 Fisher - Yates 方法，也可采用序列近似法（Sequential approximation）。

情况2-1 某次实验的信号因子水平数为3，而其他实验的信号因子水平数为5：

当某次实验的信号因子水平数为3而其他实验的信号因子水平数为5时，其信噪比的计算照常进行，与其他信噪比同等进行分析。

情况2-2 某次实验的重复数与其他实验不同：

表11-22显示了各信号因子水平重复数不同的情况。

表 11-22　信号因子水平重复数不同的情形

信号	M_1	M_2	...	M_k
重复	y_{11} y_{12} ... y_{1r_1}	y_{21} y_{22} ... y_{2r_2}	... ...	y_{k1} y_{k2} ... y_{kr_k}
合计	y_1	y_2	...	y_k

若采用零点比例式，信噪比计算如下：

$$S_T = y_{11}^2 + y_{12}^2 + \cdots + y_{kr_k}^2 \quad (f_T = r_1 + r_2 + \cdots + r_k) \quad (11-97)$$

$$S_\beta = \frac{(M_1 y_1 + M_2 y_2 + \cdots + M_k y_k)^2}{r_1 M_1^2 + r_2 M_2^2 + \cdots + r_k M_k^2} \quad (f_\beta = 1) \quad (11-98)$$

$$S_e = S_T - S_\beta \quad (f_e = f_T - 1) \quad (11-99)$$

$$V_e = \frac{S_e}{f_e} \quad (11-100)$$

$$\eta = 10\lg \frac{\frac{1}{r_1 M_1^2 + r_2 M_2^2 + \cdots + r_k M_k^2}(S_\beta - V_e)}{V_e} \quad (11-101)$$

表 11-23 是一个简单的数字型例子。

表 11-23　数字型例子

信号	$M_1 = 0.1$	$M_2 = 0.3$	$M_3 = 0.5$
结果	0.098 0.097 0.093 0.092	0.294 0.288 0.288 0.296 0.297 0.287	0.459 0.493 0.489 0.495 0.495 0.488
合计	0.380	1.750	2.919
	$r_1 = 4$	$r_2 = 6$	$r_3 = 6$

$$S_T = 0.098^2 + 0.097^2 + \cdots + 0.488^2$$
$$= 1.967689 \quad (f_T = 4 + 6 + 6 = 16)$$

$$S_\beta = \frac{(0.1 \times 0.380 + 0.3 \times 1.750 + 0.5 \times 2.919)^2}{4 \times 0.1^2 + 6 \times 0.3^2 + 6 \times 0.5^2} = \frac{2.0225^2}{2.08}$$
$$= 1.966590 \quad (f = 1)$$

$$S_e = 1.967689 - 1.966590 = 0.001099 \quad (f = 16 - 1 = 15)$$

$$V_e = \frac{0.001099}{15} = 0.000073$$

$$\eta = 10\lg \frac{\frac{1}{2.08}(1.966590 - 0.000073)}{0.000073}$$

$$= 10\lg 12951.24 = 41.12(\text{db})$$

情况 2-3 某次实验的某一噪声因子水平下的全部结果丢失：

例如，复合噪声因子有两个水平：正侧最坏条件和负侧最坏条件。如果其中一侧的全部结果都丢失了，只用另一侧条件下的实验结果计算信噪比是不正确的。在这种情况下，应同情况 1 所介绍的那样进行处理。

情况 3 某次实验的部分结果或全部结果由于本次实验的最坏条件都丢了：

出现这种情况说明太糟了，信噪比为负无穷大了。将这种情况同情况 1 区分开是非常必要的，因为情况 1 是不知道条件是太好还是太坏。这种情况有两种处理方法：

① 将包含有正负无穷大的信噪比分为几类，再用累积分析法进行分析。

② 将正交表中最小的信噪比减去 3~5db，放入试验结果中，再用序列近似法进行分析。

情况 4-1，4-2，4-3 计算信噪比和灵敏度时，负数不好取对数：

出现这些情况，采用负无穷大做信噪比，并同情况 3 那样处理。

情况 4-4 望小特性的所有结果全为零：

用正无穷大做信噪比，并且进行以下分析：

① 分为几类，用累积分析法进行分析。

② 将最大的信噪比加上 3~5db 作为实验结果，再用序列近似法进行分析。

情况 4-5 望大特性的所有结果全为零：

用负无穷大做信噪比，同情况 3 那样处理。

11.5.3 序列近似法

采用序列近似法时，不完整数据的实验次数可以少到只有一次。其步骤如下：

（1）对 11.5.2 中的情况 1，根据现有的信噪比计算平均值。例如 L_{18} 表中 4 号实验的数据丢失了，可根据现有的 17 个信噪比求平均值，平均值可看做是零阶近似。

（2）进行响应分析，找出半数左右的较大影响因子。

（3）用这些因子来估计丢失的实验结果，得到一阶近似。

（4）进行第二次响应分析，找出半数左右的较大影响因子并估计出二阶近似值。

（5）继续进行这种近似分析，直到结果收敛为止。

11.5.4 数字型例子

在下面的实验研究中，4 号实验的试验结果丢失了，见表 11-24。

表 11-24 丢失数据的情况

序号	A	B	C	D	E	F	G	H	N_1		N_2		η
1	1	1	1	1	1	1	1	1	83	88	90	91	27.9
2	1	1	2	2	2	2	2	2	73	73	83	81	23.4
3	1	1	3	3	3	3	3	3	57	58	65	69	20.7
4	1	2	1	1	2	2	3	3					
5	1	2	2	2	3	3	1	1	73	75	76	79	29.6
6	1	2	3	3	1	1	2	2	58	60	68	72	19.8
7	1	3	1	2	1	3	2	3	44	49	55	58	18.3
8	1	3	2	3	2	1	3	1	50	54	57	64	19.6
9	1	3	3	1	3	2	1	2	64	65	66	68	31.7
10	2	1	1	3	3	2	2	1	74	79	86	94	19.6
11	2	1	2	1	1	3	3	2	75	78	90	94	19.2
12	2	1	3	2	2	1	1	3	70	76	52	88	19.7
13	2	2	1	2	3	1	3	2	71	80	57	95	13.5
14	2	2	2	3	1	2	1	3	48	56	59	65	18.1
15	2	2	3	1	2	3	2	1	66	67	79	86	17.7
16	2	3	1	3	2	3	1	2	45	53	58	64	16.7
17	2	3	2	1	3	1	2	3	60	67	66	73	21.9
18	2	3	3	2	1	2	3	1	57	65	79	83	15.3

采用序列近似法进行分析。

首先求出其余 17 个信噪比的平均值。

$$\eta\ (\text{平均}) = \frac{1}{17}(27.9 + 23.4 + \cdots + 15.3) = 20.75\ (\text{db})$$

将 20.75 首先作为 4 号实验的结果，水平的平均值计算见表 11 - 25 和表 11 - 26。

表 11 - 25　第一次迭代的响应表

因子	1 水平	2 水平	3 水平
A	23.53	17.97	
B	21.75	19.92	20.58
C	19.47	21.97	20.82
D	23.20	19.97	19.08
E	19.77	19.65	22.83
F	20.40	21.48	20.37
G	23.95	20.12	18.18
H	21.62	20.72	19.92

表 11 - 26　第一次迭代的最大和最小响应表

因子	高 水平	高 信噪比	低 水平	低 信噪比	差
G	1	23.95	3	18.18	5.77
A	1	23.53	2	17.97	5.56
D	1	23.20	3	19.08	4.12
E	3	22.83	2	19.65	3.18
C	2	21.97	1	19.47	2.50
B	1	21.75	2	19.92	1.83
H	1	21.62	3	19.92	1.70
F	2	21.48	3	20.37	1.11

最大和最小响应表以由大到小的顺序显示了效应的大小。由表 11 - 26 可知，半数效应 A、D、E 和 G 用于计算 4 号实验的信噪比和估计值。

首先，可求出 18 次试验的信噪比总平均。

$$\overline{T} = \frac{1}{18}(27.9 + 23.4 + 20.7 + 20.4 + \cdots + 15.3) = 20.75$$

4号实验的实验条件为 $A_1B_2C_1D_1E_2F_2G_3H_3$，用 A、D、E、G 估计其过程平均：

$$\eta(4\text{号实验}) = \overline{A_1} + \overline{D_1} + \overline{E_2} + \overline{G_3} - 3\overline{T} = 23.53 + 23.20 + 19.65 + 18.18 - 3 \times 20.75$$
$$= 22.29$$

这是第一次迭代的结果。再进行第二次迭代，22.31 作为 4 号实验的信噪比值，过程同前。一直迭代到估计值收敛为止。

迭代的结果见表 11-27。

表 11-27 迭代结果

迭代	信噪比	同前一次迭代的差别（%）
第 1 次	22.29	
第 2 次	22.98	0.69
第 3 次	23.29	0.31
第 4 次	23.42	0.13
第 5 次	23.48	0.06

手算结果同软件计算结果的差异可能是由于计算机采用了更大的数位。

假设优化条件为 $A_1D_1E_3G_1$，其 4 号实验的信噪比为 23.48，过程平均估计为：

$$\eta(\text{优化}) = \overline{A_1} + \overline{D_1} + \overline{E_3} + \overline{G_1} - 3\overline{T} = 23.83 + 23.65 + 22.83 + 23.95 - 3 \times 20.90$$
$$= 31.56$$

思考与练习

思 考

1. 静态特性信噪比和动态特性信噪比，各自适用于什么场合？

2. 对于比率这种数据，最小是 0，最大是 100%，一般没有可加性。除了做 Ω 变换以外，还有没有其他方法？

3. 在化学反应中，有无副反应两种情形的信噪比有何不同？

4. 举例说明双信号因子的应用。

5. 复数特性在什么场合下应用？

6. 说明标准信噪比在技术上的意义。

练 习

1. 为了提高某产品的纯度，将可控因子 A、B、C、D、E 和交互作用 $A \times B$ 安排在正交表 $L_8(2^7)$ 中，实验方案见表 11-28。每一号实验各测量两次纯度，实验结果见表 11-28。

（1）将数据进行 Ω 变换；

（2）确定最佳方案；

（3）估计最佳方案的信噪比，并换算成纯度。

表 11-28　某产品工艺优化实验方案及实验结果

序号	A	B	$A \times B$	C	D	E	e	纯度（%）	
	1	2	3	4	5	6	7		
1	1	1	1	1	1	1	1	52	54
2	1	1	1	2	2	2	2	90	91
3	1	2	2	1	1	2	2	98	97
4	1	2	2	2	2	1	1	70	70
5	2	1	2	1	2	1	2	25	26
6	2	1	2	2	1	2	1	99	98
7	2	2	1	1	2	1	1	82	85
8	2	2	1	2	1	1	2	78	78

2. 为了改善隔膜法，对于可控因子 A、B：

A：膜的种类，3 水平

B：液体温度，2 水平

有六种组合，调查两种错误率 p、q，数据见表 11-29（单位:%）。

表 11-29　隔膜法实验条件及两种错误率

条件	p	q
A_1B_1	8.5	4.2
A_1B_2	2.7	6.0
A_2B_1	10.0	0.3
A_2B_2	2.0	0.5
A_3B_1	3.2	5.3
A_3B_2	1.2	7.0

(1) 针对六种组合条件，每种条件计算一个标准信噪比；

(2) 确定最佳条件，估计标准信噪比的工程平均；

(3) 计算最佳条件的标准错误率和现状条件 A_1B_1 的标准错误率。

3. 给出 A_1、A_2 两种场合下的错误数据表，见表 11-30。

表 11-30　A_1、A_2 两种场合下的错误数据表

A_1 场合				A_2 场合			
输入\输出	0	1	合计	输入\输出	0	1	合计
0	80	20	100	0	99	1	100
1	20	80	100	1	50	50	100
合计	100	100	200	合计	149	51	200

用两种不同的方法比较 A_1、A_2 两种场合的错误率，并说明哪一种方法更合理。

第 12 章
稳健参数设计在工程领域的应用

稳健参数设计技术是一种通用的质量工程技术，可以应用于工程领域的技术开发、产品设计、生产制造等阶段。大量应用实践表明，应用稳健参数设计技术能够让产品质量更好、成本更低、生产周期更短。本章介绍了稳健参数设计在机械工程、电气工程、电子工程、冶金工程、热处理工程、车辆工程、能源工程、纺织服装工程、电线电缆工程、制药工程、食品工程、生物工程以及测量工程中的应用。这些案例效果显著，具有很高的参考价值。

12.1 在机械工程中的应用

案例 12-1 难切削材料数控加工技术开发

1. 问题的提出

高性能钢的数控机械加工一直是机械工业亟待解决的技术问题。由于材质和材料硬度的变化，在数控机床上获得稳定的加工能力是一个难以解决的课题。在实际生产中，对传动和操纵等系统中使用的高强度和耐久性零件，以往都是先用容易切削的低碳钢进行粗加工，然后进行渗碳处理使其达到要求的强度和硬度，最后进行精加工。渗碳处理用的材料，其洛氏硬度几乎接近于 0，切削性能极好，但渗碳处理需要 10 个小时，能源耗费大，生产成本高，生产效率低。因此，逐渐将其改为处理时间仅为约 1 分钟的高频淬火处理。这种热处理方法使生产效率大大提高，但经高频淬火的材料其洛氏硬度接近于 30，切削性能大大降低。采用高频淬火方法进行齿轮加工时，产品表面粗糙度不合格和工具寿命低成为两个主要的问题。本案例运用稳健参数设计技术来解决这两个问题。

本案例的直接目的是降低齿轮表面粗糙度和提高工具寿命，间接目的是提高适用于一定尺寸范围、各种形状的高强度、难切削材料的数控机械加工性能。

2. 确定基本功能、理想功能以及信号因子

表面粗糙度和工具寿命都是反映表面现象的输出特性。提高加工表面的均匀性是降低表面粗糙度和提高工具寿命的根本，而提高加工表面均匀性的技术根源在于提高加工系统（数控机床）的加工精度。数控机床加工的基本功能就是尺寸与尺寸的转换，即输入（信号）是尺寸，输出特性也是尺寸。假若找到了适合加工各种形状、各种尺寸、各种硬度、各种材质的加工精度很高的数控机床切削条件，则难切削材料的切削加工技术就已开发成功，齿轮的表面粗糙度和工具寿命问题也就迎刃而解了。数控机床加工的理想功能为：

$$y = M$$

其中，y 为输出尺寸；M 为输入尺寸（信号因子）。

3. 设计试验件

本案例中，为了开发难切削材料的加工技术，在开发研究中必须将齿轮这一具体产品转换为特殊设计的试验件。试验件设计的原则是：

（1）采用容易加工和测量的形状

直线的加工和测量是最容易的。而且，加工系统只有能顺利地切削直线，才能正确地切削平面。基于以上考虑，试验件可采用正方体或长方体，并以其顶点间输入输出尺寸来反映其基本功能。

（2）选择信号因子水平尽量宽的形状

信号因子即输入尺寸，可根据数控机床的加工范围或可能加工的各种产品尺寸范围来确定，并以此设计试验件的尺寸。在此，试验件选择三个尺寸不同的长方体。在试验件设计中，信号因子水平的间隔是否相等，并不是十分重要，因而不用着重考虑。

（3）试验件能反映各种产品的形状特征

为了使加工出的产品与目标形状相符，要求试验件不仅能反映数控机床几个直接切削方向上的尺寸，而且能反映各个方向（多维）切削加工的基本功能。只有这样，才能使在技术开发中得到的信噪比增益在加工各种形状产品时得以重现。为此，构思了图 12-1 中的试验件，三个摆放角度不同的长方体的联结体。

本案例的实验方法是：

1) 确定图 12 – 1 所示试验件各顶点的坐标；计算出各顶点间所有的直线距离，并以此作为信号因子各水平。如图 12 – 1 所示，顶点共有 12 个，因此信号因子的水平数（各顶点间的直线距离数）为 $C_{12}^2 = (12 \times 11)/2 = 66$。

2) 将信号因子各水平输入数控机床，加工试验件。

3) 用三坐标测量仪读出各顶点的坐标值 (x, y, z)。

4) 由顶点坐标测量值计算各顶点间的直线距离，作为与信号因子各水平相对应的输出。

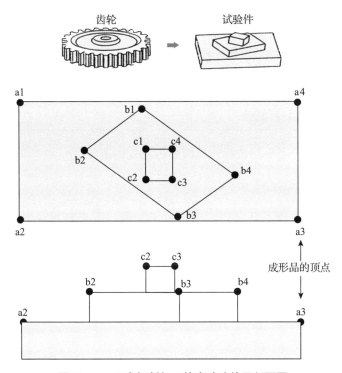

图 12 – 1　开发切削加工技术试验件平剖面图

4. 确定可控因子及其水平

在机械加工中，机床加工条件和刃具的材质、形状是可控因子的主要来源。本案例根据实践经验和实地观察，选定了对加工精度和刃具寿命影响较大的 8 个因子。在表 12 – 1 中，A、B、C、H 属机床加工条件因子，D、E、F、G 属刃具部分因子。除此之外，本案例中还有一些可控因子属企业技术秘密，没有公开。在本实验中，采用无切削油加工技术。其原因是，如果能开发出不使用切削油也能顺利切削的技术，那么，在实际生产现场若使用切削油，则能更顺利地切削。

表 12-1 难切削材料切削加工中的因子与水平

因子		水平 1	2	3
可控因子	A（切削方向）	往上	往下	—
	B（切削速度）/m·min^{-1}	慢	标准	快
	C（进刀速度）/m·min^{-1}	慢	标准	快
	D（刃具材料）	软	标准	硬
	E（刃具刚性）	低	标准	高
	F（扭转角）	小	标准	大
	G（斜角）	小	标准	大
	H（进刀量）	小	标准	大
噪声因子	材料硬度	软	硬	—

注意，可控因子水平的选择应反映尽可能宽的范围。

5. 确定噪声因子及其水平

在进行产品功能技术开发时，噪声因子一般只考虑环境条件和老化两个方面。在可计算系统设计时，常以可控因子各水平值左右的波动代替噪声因子；在生产工程技术的开发中，噪声因子的选取一般考虑材料的变动和工厂环境条件两个方面，其中材料的材质和硬度是主要的噪声因子。通常的方法是：从所有可能加工的材料中，选择硬度的两个水平和材质的两个水平，然后将其综合为复合噪声因子的两个水平：

N_1——负侧最坏条件（使加工尺寸变小的条件）

N_2——正侧最坏条件（使加工尺寸变大的条件）

本案例的噪声因子选取了材料硬度一项，并考虑了实际生产现场所有的加工情况，选定了材料硬度的最大值和最小值两个水平。

6. 进行内设计和外设计

(1) 内设计

选用 $L_{18}(2^1 \times 3^7)$ 为内表，将因子 A，B，……，H 依次排列在第 1 列至第 8 列，实验方案见表 12-2。

表 12-2　内表的实验方案

因子 序号	A	B	C	D	E	F	G	H	信噪比 /db	灵敏度 /db
1	1	1	1	1	1	1	1	1	31.41	-0.0022
2	1	1	2	2	2	2	2	2	39.70	0.0058
3	1	1	3	3	3	3	3	3	39.68	0.0028
4	1	2	1	1	2	2	3	3	9.25	0.0073
5	1	2	2	2	3	3	1	1	44.56	-0.0001
6	1	2	3	3	1	1	2	2	42.04	0.0020
7	1	3	1	2	1	3	2	3	33.75	0.00057
8	1	3	2	3	2	1	3	1	44.59	0.0003
9	1	3	3	1	3	2	1	2	19.18	0.0114
10	2	1	1	3	3	2	2	1	42.80	0.0011
11	2	1	2	1	1	3	3	2	30.55	0.0145
12	2	1	3	2	2	1	1	3	26.41	0.0166
13	2	2	1	2	3	1	3	2	25.86	0.0148
14	2	2	2	3	1	2	1	3	35.21	0.0056
15	2	2	3	1	2	3	2	1	42.52	0.0022
16	2	3	1	3	2	3	1	2	41.01	-0.0009
17	2	3	2	1	3	1	2	3	2.63	0.1801
18	2	3	3	2	1	2	3	1	39.30	0.0025

（2）外设计

外设计采用信号因子和噪声因子的全部组合，内表中第 1 号方案的实验结果见表 12-3。

表 12-3　内表中第 1 号方案的实验结果

信号因子 噪声因子	M_1 $a_1 \sim a_2$ 71.000	M_2 $a_1 \sim a_3$ 84.599	…	M_{66} $c_1 \sim c_3$ 11.000
N_1	70.992	84.607	…	10.958
N_2	70.991	84.607	…	10.955
合计	141.983	169.214	…	21.913

7. 计算信噪比和灵敏度

(1) 总平方和

$$S_T = \sum_{i=1}^{k} \sum_{j=1}^{r_0} y_{ij}^2 = 70.992^2 + 84.607^2 + \cdots + 10.955^2 = 250021.74039$$

$$f_T = kr_0 = 132$$

(2) 有效除数

$$r = r_0 \sum_{i=1}^{k} M_i^2 = 2 \times (71.000^2 + 84.599^2 + \cdots + 11.000^2) = 250146.96985$$

(3) 信号因子引起的线性波动平方和

$$S_\beta = \frac{1}{r} \left(\sum_{i=1}^{k} M_i T_i \right)^2$$

$$= \frac{1}{250146.96985} (71.000 \times 141.983 + 84.599 \times 169.214 + \cdots + 11.000 \times 21.913)^2$$

$$= 250021.64575$$

$$f_\beta = 1$$

(4) 计算 S_e, V_e

$$S_e = S_T - S_\beta = 250021.74039 - 250021.64575 = 0.09464$$

$$f_e = f_T - f_\beta = 132 - 1 = 131$$

$$V_e = \frac{S_e}{f_e} = \frac{0.09464}{131} = 0.000722$$

(5) 计算信噪比和灵敏度

$$\eta = 10 \lg \frac{\frac{1}{r}(S_\beta - V_e)}{V_e}$$

$$= 10 \lg \frac{250021.64575 - 0.00072}{250146.96985 \times 0.00072} = 31.41 \text{ (db)}$$

$$S = 10 \lg \frac{1}{r} (S_\beta - V_e)$$

$$= 10 \lg \frac{250021.64575 - 0.00072}{250146.96985} = -0.0022 \text{ (db)}$$

按上述方法，可计算其他各号方案的信噪比和灵敏度。

8. 生成信噪比和灵敏度的主效应图

应用 Minitab 中的分析田口设计模块,可以生成信噪比和灵敏度的主效应表(见表 12-4)和主效应图(见图 12-2)。

表 12-4 难切削材料切削实验信噪比和灵敏度主效应表

水平 可控因子	信噪比/db			灵敏度/db		
	1	2	3	1	2	3
A 切削方向	33.80	31.81	—	0.0031	0.0263	—
B 切削速度	35.09	33.24	30.08	0.0064	0.0053	0.0323
C 进刀速度	30.68	32.87	34.86	0.0034	0.0344	0.0063
D 刃具材料	22.59	34.93	40.89	0.0356	0.0067	0.0018
E 刃具刚性	35.38	33.91	29.12	0.0038	0.0052	0.0350
F 扭转角	28.82	30.91	38.68	0.0353	0.0056	0.0032
G 斜角	32.96	33.91	31.54	0.0051	0.0320	0.0070
H 进刀量	40.86	33.06	24.49	0.0006	0.0079	0.0355
总平均值		32.80			0.0147	

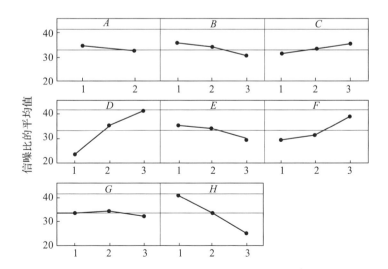

图 12-2 难切削材料切削实验信噪比和灵敏度的主效应图

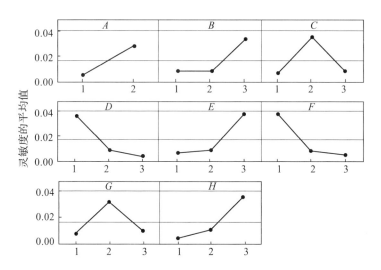

图 12 - 2 难切削材料切削实验信噪比和灵敏度的主效应图（续）

9. 确定最佳设计方案

根据表 12 - 4 和图 12 - 2，可知最佳设计方案为 $A_1B_1C_3D_3E_1F_3G_2H_1$。

10. 估计信噪比和灵敏度的增益

（1）估计信噪比的增益

选择与信噪比总平均值（32.80）差异大的因子 B、D、F、H，进行信噪比的估计为：

$$\hat{\eta}_{最佳条件} = \overline{B}_1 + \overline{D}_3 + \overline{F}_3 + \overline{H}_1 - 3\overline{T}$$

$$= 35.09 + 40.89 + 38.68 + 40.86 - 3 \times 32.80 = 57.12 \text{（db）}$$

因初始条件为：

$$A_1B_2C_2D_2E_2F_2G_2H_2$$

其信噪比的估计为：

$$\hat{\eta}_{初始条件} = \overline{B}_2 + \overline{D}_2 + \overline{F}_2 + \overline{H}_2 - 3\overline{T}$$

$$= 33.24 + 34.93 + 30.91 + 33.05 - 3 \times 32.80 = 33.73(\text{db})$$

信噪比增益 $= 57.12 - 33.73 = 23.39(\text{db})$

（2）估计灵敏度的增益

本案例稳健设计的目的是求得基本功能的稳定性，即提高加工精度，相对来说灵敏度并不重要，因此灵敏度的估计是在信噪比最佳的条件下进行的。当只考虑对总均值（0.0147）影响较大的因子 B，D，E，F，H 时：

$$\hat{S}_{\text{最佳条件}} = \bar{B}_1 + \bar{D}_3 + \bar{E}_1 + \bar{F}_3 + \bar{H}_1 - 4\bar{T}$$
$$= 0.0064 + 0.0018 + 0.0038 + 0.0032 + 0.0006 - 4 \times 0.0147$$
$$= -0.0430(\text{db})$$

$$\hat{S}_{\text{初始条件}} = \bar{B}_2 + \bar{D}_2 + \bar{E}_2 + \bar{F}_2 + \bar{H}_2 - 4\bar{T}$$
$$= 0.0053 + 0.0067 + 0.0052 + 0.0056 + 0.0079 - 4 \times 0.0147$$
$$= -0.0281(\text{db})$$

灵敏度增益 $= -0.0430 + 0.0281 = -0.0149(\text{db})$

根据灵敏度的定义，反求 β 的估计值：

由于
$$S = 10\lg\beta^2$$

则
$$\hat{\beta}_{\text{最佳条件}} = 10^{\frac{-0.0430}{10 \times 2}} = 0.9951$$
$$\hat{\beta}_{\text{初始条件}} = 10^{\frac{-0.0281}{10 \times 2}} = 0.9968$$

11. 进行验证实验

对最佳条件和初始条件进行验证实验。对验证实验的测量数据（省略）分别计算信噪比和灵敏度，并与实验估计值比较，结果如表 12-5 所示。

表 12-5　验证实验结果表

条件	信噪比/db		β	
	估计	验证结果	估计	验证结果
最佳条件	57.12	54.09	0.9951	0.9939
初始条件	33.73	34.71	0.9968	0.9992
增益	23.39	19.38	—	—

可以看出信噪比大约有 20db 的改善，且再现性很高。这意味着最佳条件的标准差缩小到了初始条件的 1/10，大大提高了基本功能的稳定性。

$$\hat{\eta}_{\text{最佳条件}} - \hat{\eta}_{\text{初始条件}} = 10\lg\frac{\beta^2/\sigma_{\text{佳}}^2}{\beta^2/\sigma_{\text{原}}^2} = 20$$

$$\sigma_{\text{原}}/\sigma_{\text{佳}} = \sqrt{10^{\frac{20}{10}}} = 10$$

12.2 在电气工程中的应用

案例 12-2 基于能量转换的小型直流电机优化

汽车的各个子系统，如窗式空气调节器、雨刷系统、电动卡钳等，都使用了许多小型直流电机。汽车制造厂要求提高子系统的性能和质量，如对电机的噪音、发热、扭矩、转速以及能耗和可靠性提出了更高的要求。

典型的做法是对电机逐一进行测试，检查其是否满足这些要求，并在必要时进行权衡。但这只是验证，不是稳健性评定或优化。

本案例以直流电机能量转换为基础，确定了理想功能，并进行稳健性评定。这非常符合当今对能源效率的要求。

该方法通过优化基于能量转换的理想功能，同时满足多个需求。

1. 明确系统的理想功能

直流电机以电能消耗为输入，得到做某些工作所需的旋转功率。直流电机的功能可以描述为将电能转换为旋转机械动力，以提供预期的位移。

直流电机的理想功能应定义为能量传递的零点比例式，即"以低功耗提供所需动力"的能量思想。它的理想功能可以表示为：

$$y = \beta M$$

其中，输入 M 为动力；输出 y 为提供动力所需要的电耗；系数 β 定义为电耗率，对应单位动力所需电耗。优化的准则是减小由于噪声引起的变异性，即增加这种关系的稳健性，使电耗率 β 最小，见图 12-3。

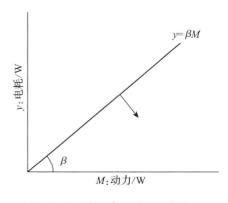

图 12-3 直流电机的理想功能

2. 选择信号因子及其水平

在实验中，电机分别加载 2、3、4 级扭矩（N·m）模拟驱动负载，并连接 12V 的汽车电池。所需要的旋转功率可以表示为机械能 M，即 $2\pi \times$ 旋转速度 $n \times$ 扭矩 T，即 $M = 2\pi n T$。

在采样间隔为 0、90s、180 s 时测量电机的转速和负载扭矩,计算动力功率。确定输入信号因子水平,信号因子水平为表 12-6 所示的转速和负载扭矩的乘积。转速是在采样间隔 0、90s、180s 处测量的,因为即使在恒转矩条件下,电机的瞬时速度也会受噪声的影响而不断变化,例如产生热量。

表 12-6 直流电机的信号因子及其水平

信号因子	负载扭矩 T_1 M_1	负载扭矩 T_2 M_2	负载扭矩 T_3 M_3
动力 $2\pi nT$	$M_1 = 2\pi nT_1$	$M_2 = 2\pi nT_2$	$M_3 = 2\pi nT_3$

3. 选择输出响应的测量方法

输出响应是电力消耗,可表示为输入电流与电压的乘积,即电流 I × 电压 E,则有 $y = IE$。因此,理想功能可以表示为:

$$IE = \beta \times 2\pi nT$$

从电机的运行状态来看,总体趋势经过三个时间周期:初始启动、启动后 90s 和启动后 180s 的运行状态。在"初始""90s"和"180s"各取 10 个数据。由于每点的数据量设为 10 个,每一次加载条件下的数据总数为 30 个,因此每次用于计算信噪比的数据为 90 个。对于可控因子的第一种组合,图 12-4 左侧为各负荷条件下测量的耗电量,右侧为理想功能的输入输出关系示例。

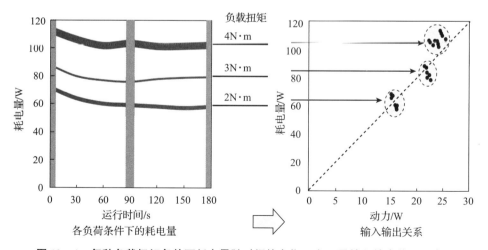

图 12-4 每种负载扭矩条件下耗电量随时间的变化(左)及输入输出关系(右)

4. 确定噪声策略，选择噪声因子及其水平

认识到噪声因子是运行时间，其三个水平为：初始时间、90 秒后和 180 秒后，见表 12 – 7。噪声因子会产生不受欢迎的影响，如可变性、低效率以及输入和输出功率之间的非线性关系。

在案例中研究导致效率降低的热愈（电机故意运行不断让它加热），由于这种影响远远超过了实际使用情况的影响（可以放心地说，没有人会连续使用窗口调节器 180 秒），因此选取运行时间作为噪声因子，设置为三个水平。这是一个非常有创意的噪声策略。

表 12 – 7 直流电机的噪声因子及其水平

噪声因子	水平 1 N_1	水平 2 N_2	水平 3 N_3
运行时间	初始时间	90s 后	180s 后

5. 从设计参数中选择可控因子及其水平

从直流电机设计中选取了 8 个可控因子，可控因子及其水平见表 12 – 8。

表 12 – 8 直流电机的可控因子及其水平

可控因子		水平 1	水平 2	水平 3
A	A 部分的安装方法	目前的	精确的	—
B	B 部分的板材厚度	小	中	大
C	C 部分的外形	形状 1	形状 2	形状 3
D	D 部分的宽度	小	中	大
E	E 部分的外形	形状 1	形状 2	形状 3
F	F 部分的内角 R	小	中	大
G	G 部分的外形	形状 1	形状 2	形状 3
H	H 部分的板材厚度	小	中	大

6. 将可控因子分配到内正交表

将可控因子分配到内正交表 L_{18}，见表 12 – 9。

表 12-9 分配可控因子

序号	A	B	C	D	E	F	G	H
1	目前的	小	形状1	小	形状1	小	形状1	小
2	目前的	小	形状2	中	形状2	中	形状2	中
3	目前的	小	形状3	大	形状3	大	形状3	大
4	目前的	中	形状1	小	形状2	中	形状3	大
5	目前的	中	形状2	中	形状3	大	形状1	小
6	目前的	中	形状3	大	形状1	小	形状2	中
7	目前的	大	形状1	中	形状1	大	形状2	大
8	目前的	大	形状2	大	形状2	小	形状3	小
9	目前的	大	形状3	小	形状3	中	形状1	中
10	精确的	小	形状1	大	形状3	中	形状2	小
11	精确的	小	形状2	小	形状1	大	形状3	中
12	精确的	小	形状3	中	形状2	小	形状1	大
13	精确的	中	形状1	中	形状3	小	形状3	中
14	精确的	中	形状2	大	形状1	中	形状1	大
15	精确的	中	形状3	小	形状2	大	形状2	小
16	精确的	大	形状1	大	形状2	大	形状1	中
17	精确的	大	形状2	小	形状3	小	形状2	大
18	精确的	大	形状3	中	形状1	中	形状3	小

7. 进行实验并收集实验数据

表 12-10 为内正交表中每一行在外部数组中获得的数据（省略了 T_2 的相关数据）。

表 12-10 在外部数组中获得的数据

实验条件	电压	E（固定）					
测量数据	负荷	T_1			T_3		
	测量点	初始时间	90s 后	180s 后	初始时间	90s 后	180s 后
	转速	$n_1 \cdots n_{10}$	$n_{11} \cdots n_{20}$	$n_{21} \cdots n_{30}$	$n_{61} \cdots n_{70}$	$n_{71} \cdots n_{80}$	$n_{81} \cdots n_{90}$
	电流	$I_1 \cdots I_{10}$	$I_{11} \cdots I_{20}$	$I_{21} \cdots I_{30}$	$I_{61} \cdots I_{70}$	$I_{71} \cdots I_{80}$	$I_{81} \cdots I_{90}$

(续)

实验条件	电压	E（固定）					
信号 M	动力：W	n_1T_1 $\cdots n_{10}T_1$	$n_{11}T_1$ $\cdots n_{20}T_1$	$n_{21}T_1$ $\cdots n_{30}T_1$	$n_{61}T_3$ $\cdots n_{70}T_3$	$n_{71}T_3$ $\cdots n_{80}T_3$	$n_{81}T_3$ $\cdots n_{90}T_3$
输出 y	耗电量：W	I_1E $\cdots I_{10}E$	$I_{11}E$ $\cdots I_{20}E$	$I_{21}E$ $\cdots I_{30}E$	$I_{61}E$ $\cdots I_{70}E$	$I_{71}E$ $\cdots I_{80}E$	$I_{81}E$ $\cdots I_{90}E$

注：省略了 T_2 的数据。

8. 计算信噪比和灵敏度

由于输入信号和输出特性都是与能量相关的物理量，所以每个值取平方根，才能满足由平方和分解得到的因子效应具有可加性的要求。应用动态理想功能的零点比例式关系分析：信号因子 $M_1\cdots M_{90}$ 为 $2\pi n_1T_1\cdots 2\pi n_{90}T_3$ 的平方根；输出特性 $y_1\cdots y_{90}$ 为 $I_1E\cdots I_{90}E$ 的平方根，计算程序与第 9 章 9.2 中动态特性稳健参数设计的基本步骤相同。

① 总平方和：
$$S_T = y_1^2 + y_2^2 + \cdots + y_{90}^2 \quad (f_T = 90)$$

② 由输入信号水平引起的平方和（有效除数）：
$$r = M_1^2 + M_2^2 + \cdots + M_{90}^2$$

③ 线性形式：
$$L = M_1y_1 + M_2y_2 + \cdots + M_{90}y_{90}$$

④ 由线性斜率引起的平方和：
$$S_\beta = \frac{L^2}{r} \quad (f_\beta = 1)$$

⑤ 由误差（噪声）引起的平方和：
$$S_e = S_T - S_\beta \quad (f_e = 89)$$

⑥ 由误差引起的方差（误差方差）：
$$V_e = \frac{S_e}{f_e}$$

⑦ 信噪比 η 和灵敏度 S：
$$\eta = 10\lg\frac{(1/r)(S_\beta - V_e)}{V_e}(\text{db}), \quad S = 10\lg\frac{1}{r}(S_\beta - V_e)(\text{db})$$

由上述公式计算的信噪比和灵敏度见表 12-11。

表 12-11 信噪比和灵敏度

序号	信噪比/db	灵敏度/db
1	11.20	6.00
2	8.99	6.64
3	14.61	5.99
4	14.04	6.46
5	9.33	6.65
6	14.78	5.98
7	11.95	6.21
8	10.86	6.51
9	9.72	6.81
10	7.34	6.78
11	12.22	6.47
12	8.99	6.17
13	11.90	6.21
14	7.92	6.32
15	12.54	6.66
16	9.68	6.64
17	14.92	6.20
18	8.99	6.61

表 12-12 表示每个因子各个水平信噪比和灵敏度的平均值。

表 12-12 信噪比和灵敏度的响应表

可控因子		信噪比/db			灵敏度/db		
		水平1	水平2	水平3	水平1	水平2	水平3
A	A部分的安装方法	11.72	10.50	—	6.36	6.45	—
B	B部分的板材厚度	10.56	11.75	11.02	6.34	6.38	6.50
C	C部分的外形	11.02	10.71	11.61	6.38	6.47	6.37
D	D部分的宽度	12.44	10.03	10.87	6.43	6.42	6.37
E	E部分的外形	11.18	10.85	11.30	6.27	6.51	6.44
F	F部分的内角R	12.11	9.50	11.72	6.18	6.60	6.44
G	G部分的外形	9.47	11.75	12.10	6.43	6.41	6.38
H	H部分的板材厚度	10.04	11.22	12.07	6.54	6.46	6.23

9. 生成信噪比和灵敏度的主效应图

图 12-5 为直流电机信噪比和灵敏度的主效应图。

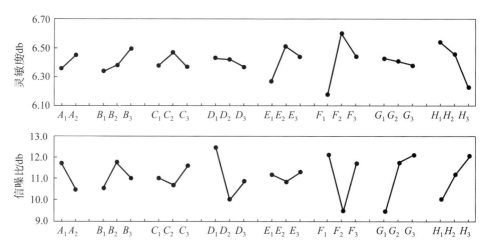

图 12-5 信噪比和灵敏度的主效应图

10. 选择最优条件

图 12-5 显示，除 B 和 D 之外的因子，均为当信噪比较高时灵敏度较低。也就是说，稳健性越好，功耗就越低。由图 12-5 可以看出，最大信噪比的最优条件为 $A_1B_2C_3D_1E_3F_1G_3H_3$。但是，出于灵敏度和成本考虑，再加上 E_1 和 E_3 的信噪比差异较小，所以最终选择 E_1，即最优工艺条件为 $A_1B_2C_3D_1E_1F_1G_3H_3$。

11. 通过增益估计稳健性的改进

在确认实验前，计算最优条件和当前条件下的信噪比和灵敏度。这里，所有因子的影响用于计算，当前条件是 $A_1B_2C_1D_3E_2F_1G_1H_1$。

信噪比的计算：

①信噪比的总平均值

$$\overline{T}_{SN} = \frac{\eta_1 + \eta_2 + \cdots + \eta_{18}}{18} = \frac{11.20 + 8.99 + \cdots + 8.99}{18} = 11.11$$

②最优条件下的信噪比的估计

$$\eta_{opt} = \eta_{A_1} + \eta_{B_2} + \eta_{C_3} + \eta_{D_1} + \eta_{E_1} + \eta_{F_1} + \eta_{G_3} + \eta_{H_3} - 7\overline{T}_{SN} = 11.72 + 11.75$$
$$+ 11.61 + 12.44 + 11.18 + 12.11 + 12.10 + 12.07 - 7 \times 11.11 = 17.21(\text{db})$$

③当前条件下的 η_{cur} 的信噪比的估计

$$\eta_{cur} = \eta_{A_1} + \eta_{B_2} + \eta_{C_1} + \eta_{D_3} + \eta_{E_2} + \eta_{F_1} + \eta_{G_1} + \eta_{H_1} - 7\overline{T}_{SN}$$
$$= 11.72 + 11.75 + 11.02 + 10.87 + 10.85 + 12.11 + 9.47 + 10.04$$
$$- 7 \times 11.11 = 10.06(\text{db})$$

④信噪比增益的估计

$$\Delta \eta = \eta_{opt} - \eta_{cur} = 17.21 - 10.06 = 7.15(\text{db})$$

灵敏度的计算：

以类似的方式计算灵敏度。

①灵敏度的总平均值

$$\overline{T}_\beta = \frac{S_1 + S_2 + \cdots + S_{18}}{18} = \frac{6.00 + 6.64 + \cdots + 6.61}{18} = 6.406$$

②最优条件下的灵敏度估计

$$\begin{aligned} S_{opt} &= S_{A_1} + S_{B_2} + S_{C_3} + S_{D_1} + S_{E_1} + S_{F_1} + S_{G_3} + S_{H_3} - 7\overline{T}_\beta \\ &= 6.36 + 6.38 + 6.37 + 6.43 + 6.27 + 6.18 + 6.38 + 6.23 \\ &\quad - 7 \times 6.406 = 5.758 \ (\text{db}) \end{aligned}$$

③当前条件下的 S_{cur} 的灵敏度估计

$$\begin{aligned} S_{cur} &= S_{A_1} + S_{B_2} + S_{C_1} + S_{D_3} + S_{E_2} + S_{F_1} + S_{G_1} + S_{H_1} - 7\overline{T}_\beta \\ &= 6.36 + 6.38 + 6.38 + 6.37 + 6.51 + 6.18 + 6.43 + 6.54 - 7 \times 6.406 \\ &= 6.308 \ (\text{db}) \end{aligned}$$

④灵敏度增益的估计

$$\Delta S = S_{opt} - S_{cur} = 5.758 - 6.308 = -0.55(\text{db})$$

在这种情况下，更小的灵敏度或更小的线性斜率意味着更低的耗电量。灵敏度增益为负值，意味着电耗的改善。

12. 进行验证实验，检查增益的重现性

验证实验在最优条件和当前条件下进行。信噪比和灵敏度的验证实验结果见表 12-13。通过选择最优设计，验证了该方法在稳健性和电耗方面的改进。我们可以得出结论，它具有良好的重现性。

表 12-13 验证实验结果

方案	信噪比/db		灵敏度/db	
	估计值	确认值	估计值	确认值
最优条件	17.21	16.43	5.758	6.11
当前条件	10.06	11.73	6.308	6.93
增益	7.15	4.70	-0.55	-0.82

最优条件与当前条件下的输入输出关系如图 12-6 所示。

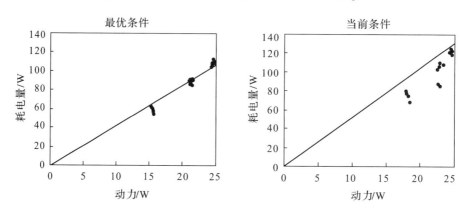

图 12-6 各条件的输入输出关系

在最优条件下，耗电量的变异性较小。因为，最优条件下的电耗率 β 为 4.08，而当前条件下的电耗率为 4.93，降低了约 17%。

这意味着从电力到机械动力的能量转换变得更加高效和平稳，可以期待更少的振动和噪声。在相同的转速下，对可听噪声进行测量，最优条件比当前条件下降低了 8db。

此外，降低电耗意味着产生相同的输出扭矩需要的电能更少了。这表明在不影响性能的情况下，有缩小电机尺寸的机会。

在这个稳健参数设计的案例中，根据直流电机的能量转换，确定其理想功能，通过稳健参数设计降低了噪声和振动，使其得到了极大的改进。这种改进不可能通过典型的一次一个因子的实验来测量传统的质量特性来实现。稳健参数设计可以减少自然资源和能源的消耗，有助于全球生态的发展。

12.3 在电子工程中的应用

案例 12-3 稳健参数设计在 SMT（表面组装技术）行业中的应用

1. 明确目的、确定输出特性

目的：优化 SMT 生产线钢网印刷工序，降低钢网印刷工序单位产品加权缺陷数。

输出特性：单位产品加权缺陷数。其中，单位产品是指每块拼板产品。

2. 确定输出特性的测量方法

表 12–14　钢网印刷常见缺陷类型及其权重

缺陷类型	桥连	漏印	偏移	少锡	拉尖	其他	合计
权重	0.35	0.25	0.2	0.1	0.05	0.05	1
数量	C_1	C_2	C_3	C_4	C_5	C_6	总缺陷数

$$加权缺陷数 = 0.35 \times C_1 + 0.25 \times C_2 + 0.2 \times C_3 + 0.1 \times C_4 + 0.05 \times C_5 + 0.05 \times C_6$$

输出特性 y：加权平均缺陷数（望小特性）。

3. 选择可控因子及其水平

钢网印刷的影响因子主要有印刷速度、印刷压力、脱模距离、脱模速度等。本实验可控因子及其水平见表 12–15。

表 12–15　可控因子及其水平

可控因子 水平	A(印刷速度) /(mm/s)	B(印刷压力前) /(kgf/cm^2)	C(印刷压力后) /(kgf/cm^2)	D(脱模距离) /mm	E(脱模速度) /(mm/s)
1	55	1.5	2.5	1.5	0.3
2	50	1	2	1	0.2
3	60	3	3	2	0.4

其中，1 号水平组合为原工艺。

4. 制定噪声策略

本案例选取制造误差模拟产品间噪声，每个方案取 5 块拼板产品做实验。

5. 将实验因子分配到内表或外表

实验选用 $L_{18}(2^1 \times 3^7)$ 正交表，将 A、B、C、D、E 依次安排在第 2 列至第 6 列，实验方案设计见表 12–16。

表 12–16　实验方案设计

序号	e_1	A(印刷速度)	B(印刷压力前)	C(印刷压力后)	D(脱模距离)	E(脱模速度)	e_2	e_3
1	1	55	1.5	2.5	1.5	0.3	1	1
2	1	55	1	2	1	0.2	2	2
3	1	55	3	3	2	0.4	3	3

(续)

序号	e_1	A(印刷速度)	B(印刷压力前)	C(印刷压力后)	D(脱模距离)	E(脱模速度)	e_2	e_3
4	1	50	1.5	2.5	1	0.2	3	3
5	1	50	1	2	2	0.4	1	1
6	1	50	3	3	1.5	0.3	2	2
7	1	60	1.5	2	1.5	0.4	2	3
8	1	60	1	3	1	0.3	3	1
9	1	60	3	2.5	2	0.2	1	2
10	2	55	1.5	3	2	0.2	2	1
11	2	55	1	2.5	1.5	0.4	3	2
12	2	55	3	2	1	0.3	1	3
13	2	50	1.5	2	2	0.3	3	2
14	2	50	1	3	1.5	0.2	1	3
15	2	50	3	2.5	1	0.4	2	1
16	2	60	1.5	3	1	0.4	1	2
17	2	60	1	2.5	2	0.3	2	3
18	2	60	3	2	1.5	0.2	3	1

6. 进行实验并收集实验数据

由于篇幅所限,各号实验的输出特性数据的详细结果从略。

7. 计算信噪比和平均值

表12-17 加权平均缺陷数的信噪比和平均值

序号	信噪比/db	平均值
1	9.652379	0.183333
2	10.18483	0.15
3	27.78151	0.016667
4	36.80	0
5	30.79181	0.016667
6	33.80211	0.008333
7	30.79181	0.016667
8	16.72641	0.075
9	16.90015	0.058333

(续)

序号	信噪比/db	平均值
10	15.1098	0.1
11	26.81241	0.041667
12	36.80	0
13	16.90015	0.058333
14	16.81241	0.066667
15	36.80	0
16	16.81241	0.066667
17	33.80211	0.008333
18	16.47817	0.083333

注：表12-17中斜体数据是补充数据，因为在实际实验时存在一个方案下出现所有产品缺陷数为零，导致无法计算信噪比，这时考虑用最大的信噪比加上3db。

8. 生成信噪比和平均值的主效应图

信噪比的主效应图见图12-7，因子主次关系为 $E-A-B-C-D$，信噪比的最佳方案为 $A_2B_3C_1D_2E_3$。

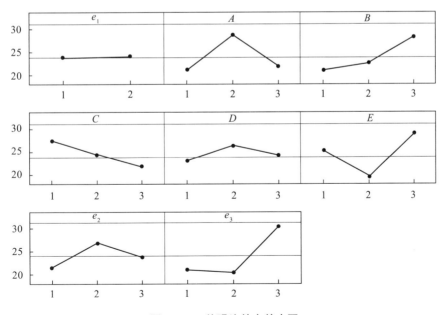

图12-7 信噪比的主效应图

平均值的主效应图见图12-8，因子主次关系为 $A-E-B-D-C$，输出特性平均值的最佳方案为 $A_2B_3C_1D_3E_3$。

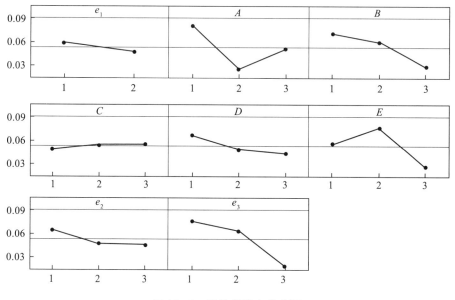

图 12-8　平均值的主效应图

9. 选择最优条件

为使各可控因子的信噪比最大化，应选择使信噪比较大的因子水平作为各可控因子的最优水平，信噪比的最优组合为 $A_2B_3C_1D_2E_3$。为使输出特性平均值达到最小，应选取使输出特性平均值较低的因子水平作为各可控因子的最优水平，输出特性平均值的最优组合为 $A_2B_3C_1D_3E_3$。综观信噪比和输出特性平均值的主效应图，因子的最优水平之间有矛盾，选择 D_2 水平可以使信噪比最大化，选择 D_3 水平可以使输出特性平均值最小化。从因子的重要性来看，D 因子在信噪比中重要度最低，在输出特性平均值中的重要性次低。所以综合考虑选取 D_3 水平，最终的最优方案为 $A_2B_3C_1D_3E_3$。各因子主次关系分析见表12-18。

表 12-18　各因子主次关系分析

方法	因子主次关系	最优方案
信噪比分析	$E-A-B-C-D$	$A_2 B_3 C_1 D_2 E_3$
平均值分析	$A-E-B-D-C$	$A_2 B_3 C_1 D_3 E_3$
综合平衡	$A_2 B_3 C_1 D_3 E_3$	

10. 进行验证实验

在现有条件和最优条件下进行验证实验。根据验证数据计算信噪比和平均值的验证实验结果见表 12-19。可以看出，信噪比的增益具有很好的重现性。

表 12-19　验证实验结果

比较项 方案	信噪比/db		平均值	
	预测值	验证值	预测值	验证值
最优条件	39.8833	23.0103	-0.0403	0.004
现有条件	20.3659	9.0309	0.1125	0.017
增益	19.5174	13.9794	-0.1528	-0.013

最优条件相比现有条件，信噪比增加了 13.9794db，加权平均缺陷数减少了 0.013。

12.4 在冶金工程中的应用

案例 12-4　钢丝镀锌工艺优化（多质量特性的稳健参数设计）

1. 明确目的、界定过程

某厂生产的钢丝，镀锌质量不稳定，时好时坏，并引起后道工序出现大模（模具内径变大）、脱锌、黑丝、脆丝等问题，废品率较高。为解决钢丝镀锌的质量问题，提高镀锌的质量稳定性，减少废品率，应用稳健参数设计技术优化钢丝镀锌工艺。本案例包含钢丝镀锌工序和拉拔工序。

2. 确定输出特性

本案例输出特性选取如下：

(1) 镀锌工序的质量特性值

1) 粗丝淬火强度 y_1，望目特性；

2) 粗丝锌层重量 y_2，望大特性；

3) 粗丝延伸率 y_3，越大越好，但不会超过 10，即 $10-y_3$ 为望小特性。

(2) 拉拔工序的质量特性值

1) 细丝强度 y_4，望目特性；

2）细丝锌层重量 y_5，望大特性；

3）细丝扭转次数 y_6，望大特性；

4）细丝打结率 y_7%，越大越好，但不会超过100%，即 $100-y_7$ 为望小特性。

(3) 参考质量特性

1）大模次数；

2）脱锌情况；

3）黑丝情况；

4）脆丝程度。

3. 选择可控因子及其水平

经过充分酌量，选取可控因子及其水平，见表 12-20。

表 12-20　镀锌工艺可控因子及其水平

因子 水平	A(ZnSO$_4$浓度)/(g/L)	B(炉温)/℃	C(铅温)/℃	D(H$_2$SO$_4$浓度)/(g/L)	E(单丝电流)/(A/根)	C(转速)/(r/min)
1	A_1	B_1	C_1	D_1	E_1	F_1
2	A_1-100	B_1-20	C_1-30	D_1-40	E_1-30	F_1-1
3	A_1+100	B_1+20	C_1+30	D_1+40	E_1+30	F_1+1
容差	±20	±5	±5	±10	±20	0

注：表中 A_1 B_1 C_1 D_1 E_1 F_1 为原工艺参数。

4. 制定噪声策略

本案例通过制造误差模拟产品间噪声。

5. 将实验因子分配到内表或外表

选用正交表 $L_{18}(2^1 \times 3^7)$ 安排实验，表头设计见表 12-21。

表 12-21　正交表 $L_{18}(2^1 \times 3^7)$ 的表头设计

列号	1	2	3	4	5	6	7	8
因素	e_1	A	e_2	B	C	D	E	F

6. 进行实验并收集实验数据

由于篇幅所限，各号实验 7 项计量特性值的详细结果从略。

7. 计算信噪比

信噪比之和统计分析见表 12-22。

表 12-22 信噪比之和统计分析表

序号	e_1	A	e_2	B	C	D	E	F	η/db
1	1	1	1	1	1	1	1	1	113.99
2	1	1	2	2	2	2	2	2	108.04
3	1	1	3	3	3	3	3	3	115.14
4	1	2	1	1	2	2	3	3	97.22
5	1	2	2	2	3	3	1	1	112.81
6	1	2	3	3	1	1	2	2	104.86
7	1	3	1	2	1	3	2	3	100.13
8	1	3	2	3	2	1	3	1	100.54
9	1	3	3	1	3	2	1	2	110.69
10	2	1	1	3	3	2	2	1	104.66
11	2	1	2	1	1	3	3	2	116.63
12	2	1	3	2	2	1	1	3	108.05
13	2	2	1	2	3	1	3	2	113.00
14	2	2	2	3	1	2	1	3	106.63
15	2	2	3	1	2	3	2	1	110.46
16	2	3	1	3	2	3	1	2	111.54
17	2	3	2	1	3	1	2	3	100.25
18	2	3	3	2	1	2	3	1	101.61

注：η 为 7 个质量特性的信噪比之和。

8. 生成信噪比之和的主效应图

信噪比之和的主效应图见图 12-9。

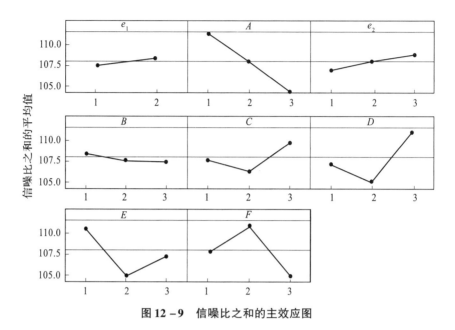

图 12-9 信噪比之和的主效应图

9. 选择最优条件

本案例采用信噪比之和来确定最佳方案,根据信噪比越大越好这一原则,从图 12-9 可以看出最佳工艺参数为:$A_1B_1C_3D_3E_1F_2$,预测信噪比之和的均值为 123.399db。

10. 进行验证实验

用表 12-23 所示两个方案进行对比实验。

表 12-23 验证实验方案

原工艺	A_1	B_1	C_1	D_1	E_1	F_1
最佳工艺	A_1	B_1	C_3	D_3	E_1	F_2

生产验证表明,最佳工艺比原工艺好,各计量质量特性均合格,稳定性明显改善,没有出现大模、脱锌、黑丝和脆丝等现象。

12.5 在热处理工程中的应用

案例 12-5 应用稳健参数设计优化热处理工艺

为了寻找使物品经过热处理后硬度波动达到最小的热处理条件,进行了下面的稳健参数设计实验。

1. 制定可控因子水平表

表 12-24 热处理实验可控因子水平表

可控因子	水平		
	1	2	3
A(淬火冷却速度)	有风扇	无风扇	/
B(最高加热温度)/℃	1050	1000	950
C(加热时间)/min	40	30	20
D(回火温度)/℃	650	630	610
E(回火时间)/min	90	75	60
F(回火冷却速度)	有风扇	无风扇	有风扇(拟水平)
G(加热上升速度)/(℃/min)	12	8	4
H(第二预热时间)/(min)	60	45	30

2. 噪声因子水平

噪声为材料批次 N：N_1—第一批材料；N_2—第二批材料。

3. 实验方案及信噪比结果

采用正交表 $L_{18}(2^1 \times 3^7)$ 进行内设计，A、B、C、D、E、F、G、H 分别安排在正交表的第 1 列至第 8 列。对每一号实验，从每批材料中各取 1 个产品进行热处理。热处理之后，对每个产品测量 16 处硬度。表 12-25 只给出了每号实验 2 个产品 32 个硬度数据的信噪比（硬度为望目特性）。

表 12-25 热处理实验方案及信噪比结果

序号	A	B	C	D	E	F	G	H	信噪比
	1	2	3	4	5	6	7	8	/db
1	1	1	1	1	1	1	1	1	30.6
2	1	1	2	2	2	2	2	2	33.8
3	1	1	3	3	3	3	3	3	29.1
4	1	2	1	1	2	2	3	3	25.8
5	1	2	2	2	3	3	1	1	33.5
6	1	2	3	3	1	1	2	2	31.5
7	1	3	1	2	1	3	2	3	27.3
8	1	3	2	3	2	1	3	1	26.6
9	1	3	3	1	3	2	1	2	26.5
10	2	1	1	3	3	2	2	1	23.0

(续)

序号	A	B	C	D	E	F	G	H	信噪比 /db
	1	2	3	4	5	6	7	8	
11	2	1	2	1	1	3	3	2	17.9
12	2	1	3	2	2	1	1	3	19.7
13	2	2	1	2	3	1	3	2	20.4
14	2	2	2	3	1	2	1	3	20.4
15	2	2	3	1	2	3	2	1	19.4
16	2	3	1	3	2	3	1	2	6.2
17	2	3	2	1	3	1	2	3	7.1
18	2	3	3	2	1	2	3	1	7.1

4. 确定最佳工艺

应用 Minitab 中的分析田口设计模块，可以输出信噪比平均值的响应表及主效应图，见表 12-26 和图 12-10。

表 12-26　热处理实验信噪比平均值的响应表

水平	A	B	C	D	E	F	G	H
1	29.41	25.68	22.22	21.22	22.47	22.44	22.82	23.37
2	15.69	25.17	23.22	23.63	21.92	22.77	23.68	22.72
3		16.80	22.22	22.80	23.27		21.15	21.57
Delta	13.72	8.88	1.00	2.41	1.35	0.33	2.53	1.80
排秩	1	2	7	4	6	8	3	5

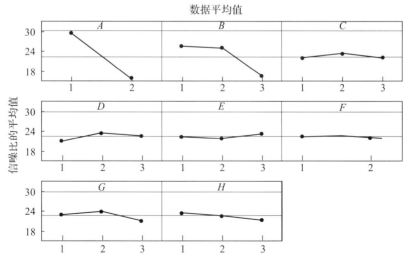

图 12-10　信噪比平均值的主效应图

从图 12-10 可以看出，最佳热处理工艺为 $A_1B_1C_2D_2E_3F_2G_2H_1$。

5. 工程平均估计

应用 Minitab 中的预测田口结果模块，可以得到最佳热处理工艺硬度的信噪比工程平均的估计为 37.18db。

12.6 在车辆工程中的应用

案例 12-6 汽车操纵特性的稳健参数设计

所谓汽车操纵特性好，其标志是在不同运行条件与一定方向指令下，转弯半径波动小，运行轨迹重复性好。以下是日本五十铃汽车设计集团在 1974 年进行的有关汽车行进方向的操纵特性，即转向性设计实验的部分内容。

1. 因子分类

(1) 可控因子

通过专业技术分析，汽车操纵特性的优劣主要取决于转向机构的几何形状与前弹簧的硬度。因而，可控因子及其水平选为：

A——汽车前弹簧的硬度

A_1：软的；A_2：标准的；A_3：硬的。

B——转向机构型式

B_1：阿克曼式（内轮与外轮的切线角不等，可平滑地绕圆拐弯改变行驶方向）。

B_2：平行式（内轮与外轮切线角相等，在回转中轮胎有横向滑动倾向）。

(2) 标示因子

对汽车操纵特性来说，标示因子主要是速度。由于操纵特性是动态特性，所以汽车运行速度不能只选一个特定的水平，而应选速度区间。例如，低速区间为 5~15km/h、中速区间为 15~25km/h、高速区间为 25~40km/h 等。为方便计算，这里只选中速区间，并取三个水平：

C——车速

C_1：15km/h；C_2：20km/h；C_3：25km/h。

(3) 信号因子

对汽车操纵特性来说，信号因子起着传达驾驶员意志的作用。因此，选方向盘的转向角为信号因子，取三个水平：

M——方向盘的转向角

M_1：200°；M_2：250°；M_3：300°。

(4) 噪声因子

噪声因子主要考虑汽车运行中的各种干扰，所以选择下列噪声因子：

K——转弯方向

K_1：右转；K_2：左转。

L——路面状态

L_1：湿柏油路；L_2：干柏油路；L_3：干水泥路。

N——荷载位置

N_1：前载；N_2：标准；N_3：后载。

P——轮胎种类

P_1：刚性轮胎；P_2：拱形轮胎；P_3：放射性轮胎。

Q——前轮胎气压

Q_1：左、右均为 $6\text{kgf}/\text{cm}^2$；Q_2：右为 $6\text{kgf}/\text{cm}^2$，左为 $3\text{kgf}/\text{cm}^2$；Q_3：左、右均为 $3\text{kgf}/\text{cm}^2$。

2. 设计与数据

(1) 内设计

内表安排可控因子和标示因子。本案例可控因子 A 为 3 水平、B 为 2 水平，标示因子 C 为 3 水平，采用全部实验，共有 $3\times2\times3=18$ 个组合条件。

(2) 外设计

外表安排信号因子和噪声因子。本案例有 1 个信号因子，M 为 3 水平；5 个噪声因子，K 为 2 水平，L、N、P、Q 均为 3 水平。将它们安排在正交表 $L_{18}(2^1\times3^7)$ 上，见表 12-27。

表 12-27　汽车操纵特性实验的外表

序号	K	L	M		N	P	Q	
	1	2	3	4	5	6	7	8
1	1	1	1	1	1	1	1	1
2	1	1	2	2	2	2	2	2
3	1	1	3	3	3	3	3	3
4	1	2	1	1	2	2	3	3
5	1	2	2	2	3	3	1	1
6	1	2	3	3	1	1	2	2
7	1	3	1	2	1	3	2	3
8	1	3	2	3	2	1	3	1
9	1	3	3	1	3	2	1	2
10	2	1	1	3	3	2	2	1
11	2	1	2	1	1	3	3	2
12	2	1	3	2	2	1	1	3
13	2	2	1	2	3	3	3	2
14	2	2	2	3	1	1	1	3
15	2	2	3	1	2	2	2	1
16	2	3	1	3	2	1	1	2
17	2	3	2	1	3	2	2	3
18	2	3	3	2	1	3	3	1

（3）实验数据

把内设计中的每一组实验条件与外表直积，可以测得 18 个转弯半径数据。实际上，准备了 B_1、B_2 两辆汽车，用容易进行的顺序对前弹簧硬度 A 的三个水平与外表 L_{18} 的共 54 种组合进行实验。在这 54 种组合下，变化 C_1、C_2、C_3 三种车速，汽车每转一圈测一次转弯半径。表 12-28 列出了 A_1B_1 和 A_1B_2 组合下的数据，其他均省略。

表 12-28　汽车转弯半径的数据

序号	A_1B_1			A_1B_2		
	C_1	C_2	C_3	C_1	C_2	C_3
1	41.9	44.0	47.6	40.3	41.7	44.3
2	33.7	34.2	34.9	28.3	29.3	30.3
3	27.2	27.4	26.7	23.9	22.8	22.8
4	42.2	43.7	45.2	39.1	40.3	41.7
5	31.4	31.9	31.8	29.2	29.4	29.0
6	30.1	31.8	34.5	26.4	29.8	32.4
7	44.4	46.6	49.4	43.0	46.2	48.9
8	33.6	35.5	37.2	32.3	33.4	35.0
9	27.0	27.3	26.9	24.7	24.7	24.4

(续)

序号	A_1B_1			A_1B_2		
	C_1	C_2	C_3	C_1	C_2	C_3
10	37.4	37.2	37.1	40.4	40.4	41.0
11	36.2	42.8	45.0	37.3	43.0	46.6
12	25.5	25.5	26.7	25.9	26.3	26.1
13	38.1	38.2	37.0	37.0	36.8	36.7
14	31.8	33.7	36.2	34.0	35.8	38.5
15	26.7	27.6	29.2	26.3	27.4	32.3
16	38.1	39.5	40.6	35.7	37.3	38.8
17	27.6	28.1	27.5	28.5	29.1	28.5
18	30.2	34.6	39.0	29.3	33.7	37.4

3. 信噪比计算

本案例假定理想功能为线性式。下面仅以 $A_1B_1C_1$ 条件下 18 个数据为例，说明信噪比的计算过程。首先，制作辅助表，见表 12-29；再计算信噪比，见表 12-30。

表 12-29 $A_1B_1C_1$ 的信噪比计算辅助表

	1	2	3	4	5	6	和
M_1	41.9	42.2	44.4	37.4	38.1	38.1	242.1
M_2	33.7	31.4	33.6	36.2	31.8	27.6	194.3
M_3	27.2	30.1	27.0	25.5	26.7	30.2	166.7
和							603.1

表 12-30 信噪比计算表

序号	A	B	C	S_T	S_β	S_e	V_e	η/db
1	1	1	1	586.67	473.76	112.91	7.06	7.41
2	1	1	2	719.67	468.75	250.92	15.68	3.82
3	1	1	3	907.86	455.10	452.76	28.30	0.99
4	1	2	1	641.02	520.08	120.94	7.56	7.52
5	1	2	2	790.70	507.00	283.70	17.73	3.62
6	1	2	3	984.06	481.33	502.73	31.42	0.77

(续)

序号	A	B	C	S_T	S_β	S_e	V_e	η/db
7	2	1	1	671.16	500.52	170.64	10.66	5.94
8	2	1	2	870.09	501.81	368.28	23.02	3.14
9	2	1	3	1088.50	517.45	571.05	35.69	1.13
10	2	2	1	661.96	517.45	144.51	9.03	6.81
11	2	2	2	707.84	471.25	236.59	14.79	4.10
12	2	2	3	904.00	453.87	450.13	28.13	1.63
13	3	1	1	665.29	537.34	127.95	8.00	7.41
14	3	1	2	796.04	514.83	281.21	17.58	4.50
15	3	1	3	944.50	471.25	473.25	29.58	1.70
16	3	2	1	735.28	620.64	114.64	7.16	8.61
17	3	2	2	871.06	558.97	312.09	19.51	4.64
18	3	2	3	1159.01	512.21	646.80	40.42	0.85

4. 信噪比的统计分析

应用 Minitab 中的分析田口设计模块，可以输出信噪比平均值的响应表和主效应图。

(1) 信噪比平均值的响应表

表 12-31 汽车转弯半径信噪比平均值的响应表

水平	A	B	C
1	4.022	4.004	7.283
2	3.792	4.283	3.970
3	4.618		1.178
Delta	0.826	0.279	6.105
排秩	2	3	1

(2) 信噪比平均值的主效应图

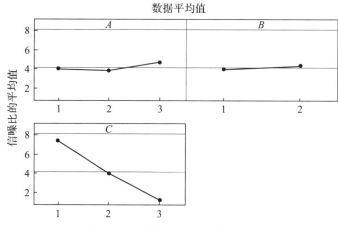

图 12-11 信噪比均值的主效应图

5. 最佳方案

从图 12-11 可以看出，B（转向机构型式）的影响不显著，因此最佳方案为 A_3C_1，即硬弹簧和慢速（15km/h）为最佳方案，而且影响大得惊人。

案例 12-7 稳健参数设计在机车玻璃行业中的应用

化学钢化工艺是机车玻璃生产中的一个重要工序，钢化后的产品具有强度高、抗弯强度好、抗冲击能力强等优点。同时，化学钢化产品使用也更安全，其耐冷耐热性质较普通玻璃提高 2~3 倍。

1. 明确目的、界定过程

化学钢化工艺还不够成熟，钢化周期过长，钢化时间长达 13 个小时，效率太低。同时，化学钢化容易受加热时间、盐的纯度、加热温度等影响，应力波动较大。因此，运用稳健参数设计优化化学钢化工艺，改善过程输出特性，力求降低化学钢化时间，改善玻璃应力及稳定性。

2. 确定输出特性及其目标

化学钢化实验输出特性及其目标，见表 12-32。

表 12-32 化学钢化实验输出特性及其目标

输出特性	现状	目标
应力值/MPa	460~550	520±30
应力层深度/μm	16~22	19±3

3. 选择可控因子及其水平

通过调研，确定了影响化学钢化的 8 个主要因子，见表 12 - 33，且因子之间存在交互作用。其中水平 1 组合为现有工艺。

表 12 - 33　化学钢化实验可控因子水平表

可控因子		水平 1	水平 2	水平 3
A	均质前酸洗	是	否	—
B	钢化温度/℃	B_1	$B_1 - 20$	$B_1 + 20$
C	浸泡时间/h	C_1	$C_1 - 3$	$C_1 + 3$
D	摆放间隙/mm	D_1	$D_1 - 10$	$D_1 + 10$
E	KNO_3 添加量（%）	E_1	$E_1 - 0.10$	$E_1 + 0.10$
F	KNO_3 添加时间/min	F_1	$F_1 - 12$	$F_1 + 12$
G	均质温度/℃	G_1	$G_1 - 20$	$G_1 + 20$
H	均质时间/h	H_1	$H_1 - 0.5$	$H_1 + 0.5$

4. 制定噪声策略，选择噪声因子及其水平

因玻璃设计形状不同，摆放角度会存在一定偏差，同时考虑到玻璃使用地域不同，所处环境也不一样，因此，使用玻璃摆放角度与外界温度来模拟外噪声。

由于生产过程中，整片玻璃存在组内误差，故每片玻璃测量 5 个点，采用测量不同位置来模拟产品间噪声。采用复合噪声因子来制定噪声策略，复合噪声因子及其水平见表 12 - 34。

表 12 - 34　复合噪声因子及其水平

	噪声因子	水平 1	水平 2
复合噪声因子	玻璃摆放角度	+15°	-15°
	外界温度	+40℃	-40℃
	测量位置点（见图 12 - 12）	P_1、P_2、P_3、P_4、P_5	P_1、P_2、P_3、P_4、P_5

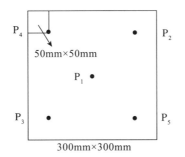

图 12 - 12　实验片及玻璃测量点

5. 将实验因子分配到内表或外表

实验选用 $L_{18}(2^1 \times 3^7)$ 正交表，这样可以不考虑因子之间的交互作用，实验方案设计见表 12-35。

表 12-35　化学钢化实验方案设计

序号	A	B	C	D	E	F	G	H
1	是	430	13	50	1.00%	36	280	2
2	是	430	10	40	0.90%	24	260	1.5
3	是	430	16	60	1.10%	48	300	2.5
4	是	410	13	50	0.90%	24	300	2.5
5	是	410	10	40	1.10%	48	280	2
6	是	410	16	60	1.00%	36	260	1.5
7	是	450	13	40	1.00%	48	260	2.5
8	是	450	10	60	0.90%	36	300	2
9	是	450	16	50	1.10%	24	280	1.5
10	否	430	13	60	1.10%	24	260	2
11	否	430	10	50	1.00%	48	300	1.5
12	否	430	16	40	0.90%	36	280	2.5
13	否	410	13	40	1.10%	36	300	1.5
14	否	410	10	60	1.00%	24	280	2.5
15	否	410	16	50	0.90%	48	260	2
16	否	450	13	60	0.90%	48	280	1.5
17	否	450	10	50	1.10%	36	260	2.5
18	否	450	16	40	1.00%	24	300	2

6. 进行实验并收集实验数据

由于篇幅所限，各号实验的输出特性数据的详细结果从略。

7. 计算信噪比和平均值

应力信噪比响应表、应力平均值响应表、应力层深度信噪比响应表及应力层深度均值响应表，分别见表 12-36、表 12-37、表 12-38 及表 12-39。

表 12-36　应力信噪比响应表（望目特性）

序号	A	B	C	D	E	F	G	H
1	31.78	29.28	25.42	30.84	37.28	26.25	33.57	36.43
2	31.64	34.35	41.28	33.03	31.82	37.48	33.42	31.05
3	\	31.49	28.43	31.26	26.03	31.41	28.14	27.65
Delta	0.14	5.07	15.85	2.19	11.25	11.23	5.43	8.78
排秩	8	6	1	7	2	3	5	4

表 12-37 应力平均值响应表

水平	A	B	C	D	E	F	G	H
1	552.5	525.3	541.2	519.4	532.1	515.1	528	537.6
2	501.5	553.1	539.9	527.8	531.7	542	535.9	545.4
3	\	502.5	499.8	533.8	517.1	523.8	517	498
Delta	51	50.6	41.4	14.4	15	26.9	18.9	47.4
排秩	1	2	4	8	7	5	6	3

表 12-38 应力层深度信噪比响应表（望目特性）

水平	A	B	C	D	E	F	G	H
1	27.39	21.14	19	23.94	23.59	25.16	28.3	26.18
2	20.73	30.31	32.74	20.21	24.63	22.6	27.04	27.13
3	\	20.73	20.45	28.03	23.96	24.43	16.84	18.87
Delta	6.66	9.58	13.74	7.82	1.04	2.56	11.46	8.26
排秩	6	3	1	5	8	7	2	4

表 12-39 应力层深度均值响应表

水平	A	B	C	D	E	F	G	H
1	17.74	19.6	18.33	20.09	20.5	20.25	18.94	19.52
2	21.63	17.53	18.2	19.55	19.52	17.84	19.96	16.79
3	\	21.93	22.53	19.42	19.04	20.96	20.16	22.75
Delta	3.89	4.4	4.33	0.67	1.46	3.12	1.22	5.96
排秩	4	2	3	8	6	5	7	1

8. 生成信噪比和平均值的主效应图

相关主效应图见图 12-13 和图 12-14。

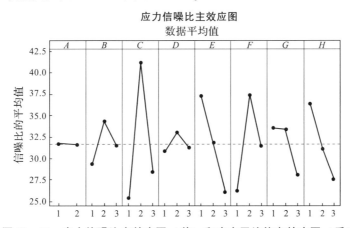

图 12-13 应力信噪比主效应图（前）和应力平均值主效应图（后）

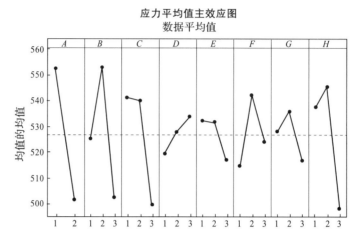

图 12-13 应力信噪比主效应图（前）和应力平均值主效应图（后）（续）

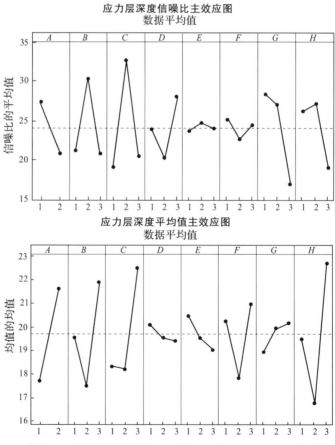

图 12-14 应力层深度信噪比主效应图（前）和应力层深度均值主效应图（后）

9. 选择最优条件

按综合平衡法、信噪比之和分析法得出最佳方案，见表 12-40。

表 12-40　化学钢化最佳方案分析

因子	A	B	C	D	E	F	G	H
最佳方案（综合平衡法）	A_1	B_2	C_2	D_3	E_1	F_2	G_1	H_1
最佳方案（信噪比之和分析法）	A_1	B_2	C_2	D_3	E_1	F_2	G_1	H_1
原工艺方案	A_1	B_1	C_1	D_1	E_1	F_1	G_1	H_1

从表 12-40 可以看出，综合平衡法与信噪比之和分析法选出的最佳方案完全相同。

10. 进行验证实验

分别将原工艺方案（水平 1 组合）与两种方法得出的最佳方案进行验证实验，实验结果见表 12-41。

表 12-41　化学钢化验证实验结果

工艺方案	应力值		应力层深度	
	信噪比/db	均值/MPa	信噪比/db	均值/μm
原工艺方案	34.99	533.06	25.12	19.51
最佳方案	52.0466	525.291	37.0167	18.18
增益	17.0566	-7.769	11.8967	-1.33

可见，最佳方案，即 $A_1B_2C_2D_3E_1F_2G_1H_1$ 组合，信噪比最高，稳定性最好，效果最佳，而且预测结果与确认实验的结果相符，具有重现性。

12.7　在能源工程中的应用

案例 12-8　稳健参数设计在蓄电池行业中的应用

铅酸蓄电池容量一致性是影响整组电池寿命的关键指标。电池容量一致性主要取决于正极板容量一致性，而正极板容量一致性与正极板游离铅含量呈负相关。在电池固化过程中所发生的反应与游离铅含量的大小直接相关，因此，本案例应用稳健参数设计方法优化固化反应过程。

1. 明确目的、确定输出特性

探索固化反应过程，应用稳健参数设计方法优化工艺。输出特性为正极板游离铅含量 y，此为望小特性，目标上限设为 1.5%。

2. 选择可控因子及其水平

固化反应过程是在一定温度、湿度环境下正极板持续发生氧化、再化合的过程，在实际生产过程中会受到固化方式、固化温度、固化湿度、固化架数量等因素影响，选择可控因子及其水平见表 12-42。

表 12-42 铅酸蓄电池固化反应可控因子及其水平

因子水平	固化方式	固化温度/℃	固化湿度(%)	固化架数量
1	一	68	85	18
2	二	72	90	20
3	三	74	95	22

为了减少实验次数，其他一些因子如固化架摆放方式、蒸汽压力等因子均固定不变。

3. 制定噪声策略，选择噪声因子及其水平

本案例通过重复实验，模拟固化过程中的制造误差。

4. 将实验因子分配到内表或外表

可控因子分配到内正交表 $L_9(3^4)$，实验方案设计见表 12-43。

表 12-43 铅酸蓄电池固化实验方案表

序号	A	B	C	D
1	1（方式一）	1（68）	1（85）	1（18）
2	1	2（72）	2（90）	2（20）
3	1	3（74）	3（95）	3（22）
4	2（方式二）	1	2	3
5	2	2	3	1
6	2	3	1	2

(续)

序号	A	B	C	D
7	3（方式三）	1	3	2
8	3	2	1	3
9	3	3	2	1

5. 进行实验并收集实验数据

由于篇幅所限，各号实验的数据从略。

6. 计算信噪比和平均值

固化实验内表的信噪比和平均值见表 12-44。

表 12-44 固化实验内表的信噪比和平均值

序号	信噪比/db	平均值(%)
1	34.88117	0.018
2	36.18885	0.0155
3	36.45892	0.015
4	40.43351	0.0095
5	42.32844	0.0075
6	39.1364	0.011
7	41.87087	0.008
8	40.43351	0.0095
9	45.85027	0.005

7. 生成信噪比和平均值的响应表和主效应图

根据内表的信噪比和平均值数据，计算内表中信噪比和平均值的响应表，见表 12-45。

表 12-45 固化实验信噪比和平均值的响应表

可控因子		信噪比/db			平均值(%)		
		水平 1	水平 2	水平 3	水平 1	水平 2	水平 3
A	固化方式	35.84	40.63	42.72	0.0162	0.0093	0.0075
B	固化温度/℃	39.06	39.65	40.48	0.0118	0.0108	0.0103
C	固化湿度（%）	38.15	40.82	40.22	0.0128	0.0100	0.0102
D	固化架数量	41.02	39.07	39.11	0.0102	0.01150	0.0113

生成信噪比和平均值的主效应图,见图 12 – 15。

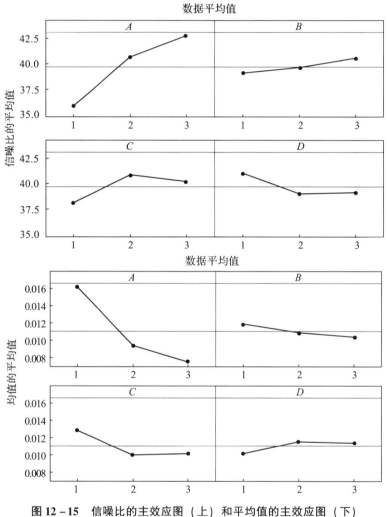

图 12 – 15　信噪比的主效应图（上）和平均值的主效应图（下）

8. 选择最优条件

选择信噪比最大的可控因子水平组合作为最佳固化工艺,故最优条件为 $A_3 B_3 C_2 D_1$。

9. 估计最佳工艺的信噪比和平均值

对最佳工艺 $A_3 B_3 C_2 D_1$ 应用 Minitab 中的预测田口结果模块,预测信噪比和平均值如下。

信噪比：45.8503db；平均值：0.5%。

10. 进行验证实验，检查增益的重现性

对最佳工艺进行了 6 次验证实验，实验数据如下（%）：

0.54　0.62　0.56　0.60　0.64　0.57

经过计算，信噪比为 44.59db，平均值为 0.59%。

验证实验结果与预测结果基本一致，说明增益具有重现性。

12.8　在纺织服装工程中的应用

案例 12 – 9　稳健参数设计在纺织行业中的应用

某公司针对近 18 个月中生产的 993478 件含可溶性纤维的产品，对其汽蒸缩率一次不合格率的统计数据进行分析，发现面料汽蒸缩率偏大而且不稳定，这增加了成衣的制作难度，影响了服装尺寸的稳定性。

1. 明确目的、确定指标

本案例运用稳健参数设计技术优化工艺，提高汽蒸缩率一次合格率，让其大于 93.4%。

2. 确定输出特性的测量方法

由于汽蒸缩率一次合格率无法直接测量，所以将目标转化为按国家标准测量汽蒸操作后的长度变化 y：

$$y = 面料原长度 - 汽蒸后长度$$

y 为望小特性。

3. 选择可控因子及其水平

选取 5 个可控因子，其中因子 A（预缩超喂）选取两水平，其他四个因子选取三个水平进行实验，1 水平组合为当前的生产工艺，见表 12 – 46。

表 12 – 46　面料汽蒸实验可控因子及其水平

水平	A（预缩超喂）	B（热定型温度）	C（热定型速度）	D（蒸呢时间）	E（热定型超喂）
1	Ⅰ档	1 节	V_1	K_{31}	Ⅰ档
2	Ⅱ档	2 节	V_2	K_{32}	Ⅱ档
3		3 节	V_3	K_{33}	Ⅲ档

4. 制定噪声策略，选择噪声因子及其水平

通常一匹布的两端汽蒸缩率较大而且不稳定，故取样品布匹的两端进行分析。

5. 将实验因子分配到内表或外表

实验选用 $L_{18}(2^1 \times 3^7)$ 正交表，实验方案设计见表 12-47。

表 12-47 面料汽蒸实验方案设计

序号	A（预缩超喂）	B（热定型温度）	C（热定型速度）	D（蒸呢时间）	E（热定型超喂）	e_1	e_2	e_3
1	1（Ⅰ档）	1（1节）	1（V_1）	1（K_{31}）	1（Ⅰ档）	1	1	1
2	1	1	2（V_2）	2（K_{32}）	2（Ⅱ档）	2	2	2
3	1	1	3（V_3）	3（K_{33}）	3（Ⅲ档）	3	3	3
4	1	2（2节）	1	1	2	2	3	3
5	1	2	2	2	3	3	1	1
6	1	2	3	3	1	1	2	2
7	1	3（3节）	1	2	1	3	2	3
8	1	3	2	3	2	1	3	1
9	1	3	3	1	3	2	1	2
10	2（Ⅱ档）	1	1	3	3	2	2	1
11	2	1	2	1	1	3	3	2
12	2	1	3	2	2	1	1	3
13	2	2	1	2	3	1	3	2
14	2	2	2	3	1	2	1	3
15	2	2	3	1	2	3	2	1
16	2	3	1	3	2	3	1	2
17	2	3	2	1	3	1	2	3
18	2	3	3	2	1	2	3	1

6. 进行实验并收集实验数据

由于篇幅所限，各号实验的输出特性数据的详细结果从略。

7. 计算信噪比和平均值

面料汽蒸实验的信噪比与平均值见表 12 – 48。

表 12 – 48　面料汽蒸实验内表的信噪比与平均值

序号	信噪比/db	平均值
1	– 9.7378	3.0625
2	– 11.9142	3.9375
3	– 13.0776	4.5000
4	– 10.0840	3.1875
5	– 11.4854	3.7500
6	– 12.7028	4.3125
7	– 12.1769	4.0625
8	– 12.8231	4.3750
9	– 12.5828	4.2500
10	– 8.3924	2.6250
11	– 8.5893	2.6875
12	– 8.1185	2.5375
13	– 7.2848	2.3125
14	– 7.7417	2.4375
15	– 9.2055	2.8750
16	– 9.7233	3.0625
17	– 8.8224	2.7500
18	– 5.4793	1.8750

8. 生成信噪比和平均值的主效应图

信噪比和平均值的主效应图见图 12 – 16。

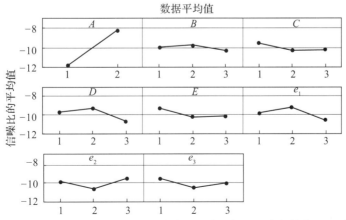

图 12 – 16　变化长度的信噪比主效应图（前）与平均值主效应图（后）

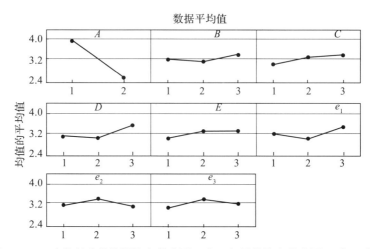

图 12-16 变化长度的信噪比主效应图（前）与平均值主效应图（后）（续）

9. 选择最优条件

首先进行信噪比分析，然后进行平均值分析，分别找出因子的主次关系和最佳方案，两者得到的最佳方案是完全一致的，结果见表 12-49。

表 12-49 面料汽蒸实验的最佳方案分析

	主→次	最佳方案
信噪比分析	A————D、E、C、B	$A_2 B_2 C_1 D_2 E_1$
平均值分析	A、D————C、E、B	$A_2 B_2 C_1 D_2 E_1$
最佳工艺	$A_2 B_2 C_1 D_2 E_1$	

10. 进行验证实验

用最佳工艺 $A_2 B_2 C_1 D_2 E_1$ 进行 6 次验证实验，y 的平均值为 2.3mm，合格率为 99.5%，超过了设定的目标 93.4%。验证实验结果见表 12-50。

表 12-50 面料汽蒸验证实验结果

方案	信噪比/db		平均值/mm	
	预测值	验证值	预测值	验证值
最佳条件	-6.29545	-7.29165	1.90139	2.3000
原工艺	-10.6354	-10.2169	3.40069	3.2385
增益	4.33995	2.92525	-1.4993	-0.9385

从验证实验的结果来看，增益具有重现性。

案例 12-10 应用稳健参数设计优化印染工艺

在印染过程中,色牢度是重要的输出特性。本案例,应用稳健参数设计技术优化印染工艺,提高色牢度。

1. 因子分类

(1) 可控因子及其水平

根据生产实际经验,选择可控因子及其水平见表 12-51。

表 12-51 印染实验可控因子及其水平

因子 水平	A (颜料种类)	B (印染温度)	C (芒硝量)	D (pH 值)	E (溶比)
1	新颜料	常温	原用量的一半	原有值 -0.5	原有值的两倍
2	现用颜料	高温	原用量	原有值	原有值

此外,还要考虑交互作用 $B \times E$ 和 $E \times C$。

(2) 标示因子及其水平

本案例的标示因子是染色浓度 R,其三个水平选取为:

R_1——(低浓度)0.1%

R_2——(中浓度)1.0%

R_3——(高浓度)10%

(3) 信号因子及其水平

本案例选择染料用量比(染料用量占纺织品重量之比)M 为信号因子,其水平为:

M_1——0.333%

M_2——1%

M_3——3%

(4) 噪声因子及其水平

本案例的噪声因子有:纺织品的纱支数、股数、带浆度(带浆与否)、印染用水水质等。为了简化设计,仅选取带浆度 K 作为噪声因子,取两个水平:

K_1——不带浆

K_2——带浆

2. 设计与数据

选 $L_8(2^7)$ 作为内表，将可控因子 A, B, C, D, E 及交互作用 $B \times E$, $E \times C$ 配列于内表，其表头设计见表 12-52。

表 12-52 印染实验内表的表头设计

列号	1	2	3	4	5	6	7
因子	B	E	$B \times E$	C	A	$E \times C$	D

将选定的信号因子 M（三水平）和噪声因子 K（二水平）配置于外表。本例外设计采用全部实验，将内表与外表直积得到实验方案表。为了提高实验精度，在内、外表直积后的每一号条件下，都用两匹布做实验来获取数据。这样共有 $N = 8 \times 6 \times 2 = 96$ 个数据。

表 12-53 印染实验方案和实验结果

序号	内表							外表					
	1	2	3	4	5	6	7	M_1		M_2		M_3	
	B	E	$B \times E$	C	A	$E \times C$	D	K_1	K_2	K_1	K_2	K_1	K_2
1	1	1	1	1	1	1	1	5.2 5.6	5.9 5.8	12.3 12.1	12.4 12.5	22.4 22.6	22.5 22.2
2	1	1	1	2	2	2	2	6.0 5.7	5.9 6.0	14.4 14.8	15.4 14.4	27.8 26.9	28.3 28.8
3	1	2	2	1	1	2	2	5.1 5.4	5.5 5.8	10.5 10.6	10.9 10.8	17.7 17.2	18.4 18.3
4	1	2	2	2	2	1	1	6.4 6.7	6.4 5.8	15.5 14.9	16.0 15.8	29.0 28.3	29.7 31.1
5	2	1	2	1	2	1	2	5.1 5.4	5.4 5.5	12.1 11.9	11.6 11.7	25.2 24.8	25.5 25.7
6	2	1	2	2	1	2	1	6.4 6.6	6.9 6.6	14.8 15.0	15.0 15.0	31.0 31.3	32.5 31.4
7	2	2	1	1	2	2	1	5.5 5.5	5.9 6.0	11.8 12.4	13.6 13.2	23.2 23.6	24.0 25.4
8	2	2	1	2	1	1	2	6.8 6.6	6.8 6.5	15.9 16.3	15.9 16.7	31.8 31.7	31.4 32.4

3. 信噪比计算

信噪比的计算结果见表 12-54。

表 12-54 印染实验信噪比计算结果

序号	1	2	3	4	5	6	7	信噪比 /db
	B	E	$B \times E$	C	A	$E \times C$	D	
1	1	1	1	1	1	1	1	13.6
2	1	1	1	2	2	2	2	13.1
3	1	2	2	1	1	2	2	12.0
4	1	2	2	2	2	1	1	13.0

(续)

序号	1	2	3	4	5	6	7	信噪比 /db
	B	E	B×E	C	A	E×C	D	
5	2	1	2	1	2	1	2	19.3
6	2	1	2	2	1	2	1	18.3
7	2	2	1	1	2	2	1	13.4
8	2	2	1	2	1	1	2	14.8

4. 信噪比的统计分析

应用 Minitab 中的分析田口设计模块，可以输出信噪比平均值的响应表和主效应图。

(1) 信噪比平均值的响应表

表 12-55 印染实验信噪比平均值的响应表

水平	B	E	B×E	C	A	E×C	D
1	12.93	16.08	13.73	14.58	14.68	15.18	14.58
2	16.45	13.30	15.65	14.80	14.70	14.20	14.80
Delta	3.52	2.78	1.92	0.22	0.02	0.98	0.22
排秩	1	2	3	5	7	4	5

(2) 信噪比平均值的主效应图

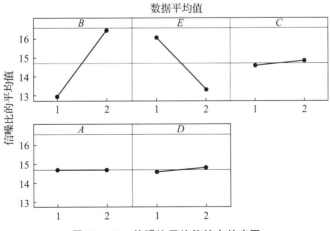

图 12-17 信噪比平均值的主效应图

(3) 信噪比平均值的交互作用图

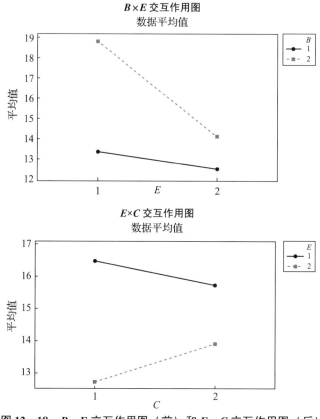

图 12-18 $B \times E$ 交互作用图（前）和 $E \times C$ 交互作用图（后）

5. 确定最佳方案

按照因子影响大小，从主到次的原则确定最佳方案。从表 12-55 可以看出因子的主次关系为：$B—E—B \times E—E \times C—C$、$D—A$，$B$ 选取 B_2、E 选取 E_1、$B \times E$ 选取 $B_2 \times E_1$、$C \times E$ 选取 $C_1 \times E_1$，C 若选取 C_2 与 $C_1 \times E_1$ 相矛盾，C 只能选取 C_1，D 选取 D_2，A 选取 A_2，最后确定最佳方案为 $A_2B_2C_1D_2E_1$。此即表 12-53 中第 5 号方案。

6. 工程平均估计

经过计算，最佳方案信噪比工程平均的估计为 19.3db，这与第 5 号方案的实验结果是一样的，说明增益具有重现性。

12.9 在电线电缆工程中的应用

案例 12-11 应用稳健参数设计进行 MV8000 系列铝合金电缆研发

1. 明确目的、界定过程

在相同截面积的前提下,铝的导电能力是铜的两倍;在相同导电能力的前提下,铝的价格是铜的六分之一。可见,铝芯电缆的性价比远高于铜芯电缆。因此,铝芯电缆的应用越来越受到行业的重视。

铝芯电缆具有较大的经济优势,但是由于其高温稳定性差,导致其终端存在不安全性,制约了其推广。为解决铝芯导体存在的不足,开发抗蠕变性能好、终端连接可靠的 MV8000 系列铝合金电缆,以满足用户要求。

本案例包含两个过程:首先优化 MV8000 系列铝合金杆的成分,即配方设计;其次,优化 MV8000 系列铝合金杆的生产工艺。

2. 确定输出特性

y_1:铝合金杆的抗拉强度在 110~130MPa

y_2:铝合金杆的电阻率 $\leqslant 0.028592\Omega \cdot mm^2/m$

y_3:铝合金杆的伸长率 $\geqslant 15\%$

3. 选择可控因子及其水平

(1) 成分因子及其水平

铝合金杆的成分,除铝以外,还有金属 A、B 和 C。本案例中,将金属 A、B、C 的含量作为可控因子,其水平见表 12-56。

表 12-56 成分因子及其水平

水平	金属 A (%)	金属 B (%)	金属 C (%)
1	$A_1 \pm 0.05$	$B_1 \pm 0.005$	$C_1 \pm 0.01$
2	$A_2 \pm 0.05$	$B_2 \pm 0.005$	$C_2 \pm 0.01$
3	$A_3 \pm 0.05$	$B_3 \pm 0.005$	$C_3 \pm 0.01$

(2) 工艺因子及其水平

铝合金杆的生产工艺参数主要有:浇铸机速度、乳化液温度、乳化液压力,将它们作为可控因子，其水平见表 12-57。

表 12-57 工艺因子及其水平

水平	A（浇铸机速度）/(r/min)	B（乳化液温度）/℃	C（乳化液压力）/MPa
1	$A_1 \pm 5$	$B_1 \pm 2$	$C_1 \pm 0.01$
2	$A_2 \pm 5$	$B_2 \pm 2$	$C_2 \pm 0.01$
3	$A_3 \pm 5$	$B_3 \pm 2$	$C_3 \pm 0.01$

4. 制定噪声策略，选择噪声因子及其水平

模拟因子的波动和制造误差，对内表中的每个方案各制造 5 个产品。

5. 将实验因子分配到内表或外表

成分实验选用 $L_9(3^4)$ 正交表，实验方案设计见表 12-58。

表 12-58 成分实验方案设计

序号	金属 A（%）	金属 B（%）	金属 C（%）
1	1（$A_1 \pm 0.05$）	1（$B_1 \pm 0.005$）	1（$C_1 \pm 0.01$）
2	1	2（$B_2 \pm 0.005$）	2（$C_2 \pm 0.01$）
3	1	3（$B_3 \pm 0.005$）	3（$C_3 \pm 0.01$）
4	2（$A_2 \pm 0.05$）	1	2
5	2	2	3
6	2	3	1
7	3（$A_3 \pm 0.05$）	1	3
8	3	2	1
9	3	3	2

成分实验确定最佳成分后，再对工艺进行实验设计，确定最佳生产工艺。工艺实验也选用 $L_9(3^4)$ 正交表，具体实验方案设计见表 12-59。

表 12-59 工艺实验方案设计

序号	A（浇铸机速度）/(r/min)	B（乳化液温度）/℃	C（乳化液压力）/MPa
1	1（$A_1 \pm 5$）	1（$B_1 \pm 2$）	1（$C_1 \pm 0.01$）
2	1	2（$B_2 \pm 2$）	2（$C_2 \pm 0.01$）
3	1	3（$B_3 \pm 2$）	3（$C_3 \pm 0.01$）

(续)

序号	A（浇铸机速度）/(r/min)	B（乳化液温度）/℃	C（乳化液压力）/MPa
4	2（$A_2 \pm 5$）	1	2
5	2	2	3
6	2	3	1
7	3（$A_3 \pm 5$）	1	3
8	3	2	1
9	3	3	2

6. 进行实验并收集数据

由于篇幅所限，各号实验的输出特性数据的详细结果从略。

7. 计算信噪比和平均值

成分实验铝合金杆抗拉强度的信噪比和平均值计算结果见表 12-60，电阻率、伸长率的信噪比计算结果见表 12-61 和表 12-62。

表 12-60 成分实验铝合金杆抗拉强度的信噪比和平均值计算结果（$n=5$）

序号	A	B	C	信噪比/db	平均值/MPa
1	1	1	1	37.53	114.1
2	1	2	2	26.65	115.7
3	1	3	3	27.94	120.4
4	2	1	2	38.01	120.6
5	2	2	3	34.02	123
6	2	3	1	34.40	113.8
7	3	1	3	30.18	123.8
8	3	2	1	36.33	117.2
9	3	3	2	20.12	132.8

表 12-61 成分实验铝合金杆的电阻率信噪比计算结果（$n=5$）

序号	A	B	C	信噪比/db
1	1	1	1	31.00
2	1	2	2	31.00
3	1	3	3	30.98

(续)

序号	A	B	C	信噪比/db
4	2	1	2	30.86
5	2	2	3	30.87
6	2	3	1	30.88
7	3	1	3	30.79
8	3	2	1	30.81
9	3	3	2	30.77

表 12-62 成分实验铝合金杆伸长率的信噪比计算结果 ($n=5$)

序号	A	B	C	信噪比/db
1	1	1	1	25.54
2	1	2	2	24.20
3	1	3	3	25.04
4	2	1	2	25.45
5	2	2	3	25.21
6	2	3	1	26.56
7	3	1	3	24.61
8	3	2	1	26.13
9	3	3	2	22.06

工艺实验铝合金杆抗拉强度的信噪比和平均值计算结果见表 12-63，电阻率、伸长率的信噪比计算结果见表 12-64 和表 12-65。

表 12-63 工艺实验铝合金杆抗拉强度的信噪比和平均值计算结果 ($n=5$)

序号	A	B	C	信噪比/db	平均值/MPa
1	1	1	1	43.48	149.6
2	1	2	2	43.43	148.4
3	1	3	3	43.73	154.2
4	2	1	2	43.09	142.8
5	2	2	3	43.31	146.8
6	2	3	1	41.94	125.2
7	3	1	3	42.32	130.6

（续）

序号	A	B	C	信噪比/db	平均值/MPa
8	3	2	1	42.20	128.8
9	3	3	2	42.35	131

表 12-64　工艺实验铝合金杆电阻率的信噪比计算结果（$n=5$）

序号	A	B	C	信噪比/db
1	1	1	1	30.80
2	1	2	2	30.78
3	1	3	3	30.72
4	2	1	2	30.77
5	2	2	3	30.72
6	2	3	1	30.85
7	3	1	3	30.81
8	3	2	1	30.83
9	3	3	2	30.72

表 12-65　工艺实验铝合金杆伸长率的信噪比计算结果（$n=5$）

序号	A	B	C	信噪比/db
1	1	1	1	17.44
2	1	2	2	18.21
3	1	3	3	19.56
4	2	1	2	20.07
5	2	2	3	21.04
6	2	3	1	26.39
7	3	1	3	23.18
8	3	2	1	28.61
9	3	3	2	25.60

8. 生成信噪比和平均值的主效应图

成分实验信噪比和平均值的主效应图，见图 12-19 和图 12-20。

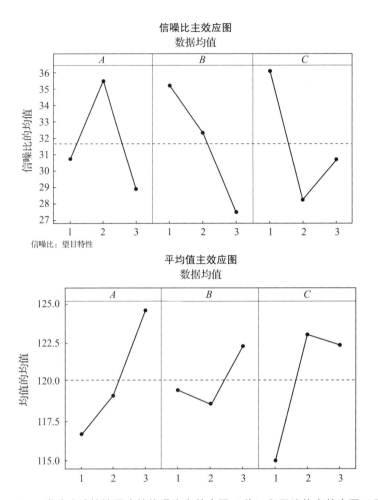

图 12-19 成分实验抗拉强度的信噪比主效应图（前）和平均值主效应图（后）

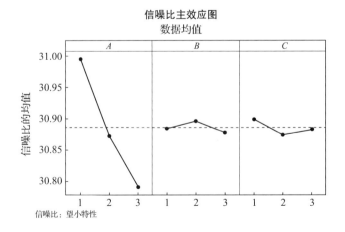

图 12-20 成分实验电阻率的信噪比主效应图（前）和伸长率的信噪比主效应图（后）

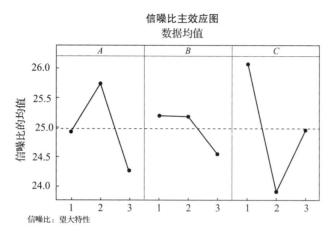

图 12-20 成分实验电阻率的信噪比主效应图（前）和伸长率的信噪比主效应图（后）（续）

工艺实验的信噪比和平均值的主效应图，见图 12-21 和图 12-22。

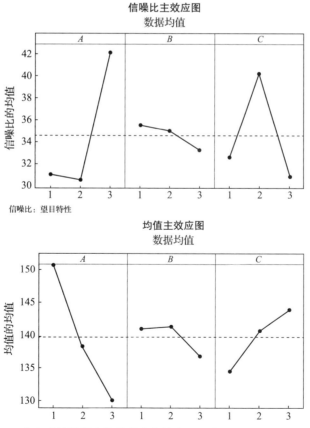

图 12-21 工艺实验抗拉强度的信噪比主效应图（前）和平均值主效应图（后）

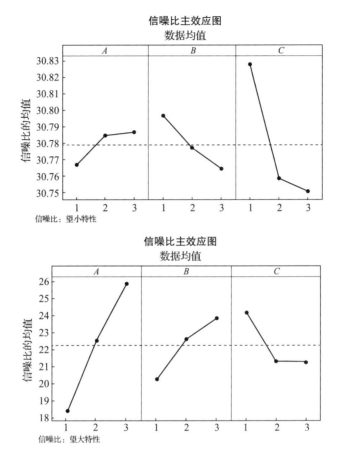

图 12-22　工艺实验电阻率的信噪比主效应图（前）和伸长率的信噪比主效应图（后）

9. 选择最优条件

本案例将抗拉强度、电阻率、伸长率的信噪比求和得到综合信噪比，然后按照综合信噪比最大的原则确定最佳方案。成分实验的综合信噪比见表 12-66，综合信噪比响应表见表 12-67，综合信噪比主效应图见图 12-23。

表 12-66　成分实验综合信噪比计算结果

序号	A	B	C	综合信噪比/db
1	1	1	1	94.07
2	1	2	2	81.85
3	1	3	3	83.96
4	2	1	2	94.32

(续)

序号	A	B	C	综合信噪比/db
5	2	2	3	90.10
6	2	3	1	91.84
7	3	1	3	85.58
8	3	2	1	93.27
9	3	3	2	72.95

表 12 – 67 成分实验综合信噪比响应表

水平	A	B	C	e
1	86.63	91.32	93.06	85.71
2	92.09	88.41	83.04	86.42
3	83.93	82.92	86.55	90.52
Delta	8.16	8.40	10.02	4.81
排秩	3	2	1	4

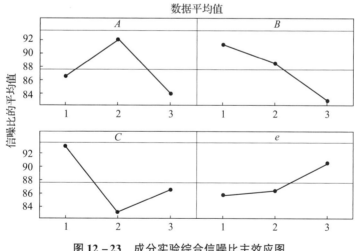

图 12 – 23 成分实验综合信噪比主效应图

按照综合信噪比最大的原则，从图 12 – 23 可以看出，成分实验的最佳方案为 $A_2B_1C_1$。应用 Minitab 中的预测田口结果模块，最佳方案的信噪比为 101.372db。

工艺实验仿照上面成分实验的方法进行分析如下。工艺实验的综合信息噪比计算结果见表 12 – 68，综合信噪比响应表见表 12 – 69，综合信噪比主效应图见图 12-24。

表 12-68　工艺实验综合信噪比计算结果

序号	A	B	C	综合信噪比/db
1	1	1	1	91.72
2	1	2	2	92.42
3	1	3	3	94.01
4	2	1	2	93.93
5	2	2	3	95.07
6	2	3	1	99.18
7	3	1	3	96.31
8	3	2	1	101.64
9	3	3	2	98.67

表 12-69　工艺实验综合信噪比响应表

水平	A	B	C	e
1	92.72	93.99	97.51	95.15
2	96.06	96.38	95.01	95.97
3	98.87	97.29	95.13	96.53
Delta	6.15	3.30	2.50	1.38
排秩	1	2	3	4

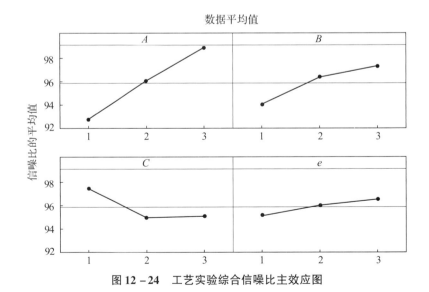

图 12-24　工艺实验综合信噪比主效应图

按照综合信噪比最大的原则,从图 12-24 可以看出,工艺实验的最佳方案为 $A_3B_3C_1$。应用 Minitab 中的预测田口结果模块,最佳方案的信噪比为 101.907db。

10. 进行验证实验

本案例按照最佳成分方案和最佳工艺方案生产铝合金杆,共生产了 20 根,并测量了抗拉强度、电阻率和伸长率。三种质量特性都达到了规定的要求,具体结果见表 12-70。

表 12-70 铝合金杆抗拉强度、电阻率和伸长率的对比

输出特性	抗拉强度 均值(MPa)/信噪比	电阻率 均值($\Omega \cdot mm^2/m$)/信噪比	伸长率 均值(%)/信噪比
目标值	110~130	≤0.028592	≥15%
原工艺	149.6/43.48	0.028827/30.80	8.5%/17.44
最佳方案	114.58/32.66	0.0285089/30.90	21.445%/26.49

注:其中抗拉强度验证结果的信噪比比原工艺的信噪比低是因为平均值下降了。

12.10 在制药工程中的应用

案例 12-12　应用稳健参数设计技术提高中药提取物 A 喷干粉收率

某中药材经前处理、提取、浓缩、分离、吸附洗脱、浓缩、喷雾干燥、粉碎等多道生产工序,得到合格的中药提取物 A 喷干粉。影响 A 喷干粉收率的因子较多,如将各工序的影响因子都纳入考虑不易实现。在本案例中,为了提高中药提取物 A 喷干粉收率,选取其中的吸附洗脱工序进行稳健参数设计。中药提取物 A 喷干粉收率是指合格中药提取物 A 喷干粉重量与药材重量的比值。因本案例中只讨论吸附洗脱工序,即分离后的药液经树脂柱吸附洗脱后得到含有效成分的部分,而洗脱液加工最终制得合格中药提取物 A 喷干粉,所以该过程可描述为分离后药液量与合格中药提取物 A 喷干粉重量之间的关系。

1. 明确系统的理想功能

吸附洗脱过程是分离后的药液与大孔树脂、洗脱溶剂乙醇溶液相互作用,去除杂质,得到纯化后的有效成分,经过加工最终制得合格中药提取物 A 喷干粉。

理想的功能为，输入是含有杂质和有效成分的药液量 M，经吸附洗脱得到含有效成分的洗脱液，经加工最终输出合格中药提取物 A 喷干粉的重量 y。

理想功能可以表示为 $y = \beta M$。

随着药液量的增加，合格中药提取物 A 喷干粉的重量与分离后的药液量成正比。但在实际生产中，树脂的吸附量、洗脱溶剂的性质会造成理想功能的偏离和洗脱效率的下降。

2. 选择信号因子及其水平

吸附洗脱过程是通过加入一定分离后的药液量来得到含有效成分的洗脱液，洗脱液经加工最终制得合格中药提取物 A 喷干粉。在同一药液浓度下，选择分离后的药液量作为信号因子，水平设置分别为 25、30、35L。

表 12 - 71　吸附洗脱实验信号因子及其水平

水平	M_1	M_2	M_3
分离后的药液量/L	25	30	35

3. 确定输出特性的测量方法

输出特性为合格中药提取物 A 喷干粉的重量，可通过电子秤测量。

4. 确定噪声策略，选择噪声因子及其水平

吸附洗脱过程的性能会受到树脂装柱量的影响，大孔树脂的饱和吸附量约为 10 倍柱体积，越临近饱和吸附量越小，得到的有效成分越少。选择树脂装柱量为噪声因子，设置 3.0 kg/柱（未饱和）、3.5kg/柱（临界饱和）、4.0kg/柱（过饱和）三个水平。

表 12 - 72　吸附洗脱实验信号因子及其水平

噪声因子 N	水平 1	水平 2	水平 3
树脂装柱量/（kg/柱）	3.0	3.5	4.0

5. 从设计空间中选择可控因子及其水平

从吸附洗脱过程中，选择 A、B、C、D 4 个工艺参数作为可控因子，每个因子选取 3 个水平，其因子水平见表 12 - 73。

表 12-73　吸附洗脱实验可控因子及其水平

	可控因子	水平 1	水平 2	水平 3
A	第一次洗脱乙醇用量/L	4	6	8
B	第一次洗脱乙醇浓度（%）	10	15	20
C	吸附流速/(mL/min)	80	115	150
D	第一次洗脱流速/(mL/min)	65	100	135

6. 将实验因子分配到内表或外表

将可控因子分配到内正交表 $L_9(3^4)$，实验方案设计见表 12-74。

表 12-74　吸附洗脱实验方案设计

序号	A	B	C	D
1	4	10	80	65
2	4	15	115	100
3	4	20	150	135
4	6	10	115	135
5	6	15	150	65
6	6	20	80	100
7	8	10	150	100
8	8	15	80	135
9	8	20	115	65

7. 进行实验并收集实验数据

进行实验，收集数据，见表 12-75。

表 12-75　合格中药提取物 A 喷干粉重量测量结果　　（单位：g）

序号	M_1			M_2			M_3		
	N_1	N_2	N_3	N_1	N_2	N_3	N_1	N_2	N_3
1	74.69	76.71	76.68	85.04	90.13	92.37	86.97	106.7	110.05
2	72.73	77.53	78.99	90.24	93.98	95.67	93.55	108.04	115.07
3	68.74	70.73	73.32	85.07	91.53	93.46	95.51	104.56	109.96
4	70.98	69.61	72.22	88.64	89.56	95.43	87.43	104.07	106.68
5	70.78	68.51	69.95	93.03	95.07	94.51	89.87	108.77	110.05
6	77.44	81.94	78.93	83.57	98.42	105.47	84.66	98.89	115.54
7	69.95	70.60	75.16	90.80	91.30	93.33	90.09	95.63	109.94
8	62.97	63.02	66.73	83.08	88.97	90.07	90.50	103.29	105.88
9	91.08	93.11	93.32	112.58	113.59	115.43	137.70	145.23	149.76

8. 计算信噪比和灵敏度

当药液量为 0 时，合格中药提取物 A 喷干粉的重量为 0。因此，用零点比例式理想功能的公式来计算信噪比和灵敏度。

内表 $L_9(3^4)$ 的第一行数据的计算如下：

(1) 总平方和

$$S_T = 74.69^2 + 76.71^2 + 76.68^2 + 85.04^2 + 90.13^2 + 92.37^2$$
$$+ 86.97^2 + 106.7^2 + 110.05^2 = 72289.95 \quad (f_T = 9)$$

(2) 输入信号分离后药液量的平方和（有效除数）

$$r = 25^2 + 30^2 + 35^2 = 2750$$

(3) 每个噪声水平的线性形式

$$L_1 = 25 \times 74.69 + 30 \times 85.04 + 35 \times 86.97 = 7462.40$$
$$L_2 = 25 \times 76.71 + 30 \times 90.13 + 35 \times 106.7 = 8356.15$$
$$L_3 = 25 \times 76.68 + 30 \times 92.37 + 35 \times 110.05 = 8539.85$$

(4) 线性斜率 β 引起的波动平方和

$$S_\beta = \frac{(7462.40 + 8356.15 + 8539.85)^2}{3 \times 2750} = 71918.99 \quad (f_\beta = 1)$$

(5) 由噪声与线性斜率 β 的变化引起的波动平方和

$$S_{N \times \beta} = \frac{(7462.40^2 + 8356.15^2 + 8539.85^2)}{2750} - 71918.99 = 241.63 \quad (f_{N \times \beta} = 2)$$

(6) 误差引起的波动平方和

$$S_e = 72289.95 - 71918.99 - 241.63 = 129.33 \quad (f_e = 6)$$

(7) 误差引起的方差（误差方差）

$$V_e = \frac{129.33}{6} = 21.56$$

(8) 合并误差引起的方差（误差）和噪声引起的方差

$$V_N = \frac{241.63 + 129.33}{2 + 6} = 46.37$$

(9) 信噪比 η 和灵敏度 S

$$\eta = 10 \lg \frac{(71918.99 - 21.56)}{3 \times 2750 \times 46.37} = -7.26 \ (\text{db})$$

$$S = 10 \lg \frac{(71918.99 - 21.56)}{3 \times 2750} = 9.40 \ (\text{db})$$

(10) 同理，对内表的每一行进行计算，信噪比和灵敏度计算结果见表 12-76。

表 12-76　吸附洗脱实验内表的信噪比和灵敏度

序号	信噪比/db	灵敏度/db
1	-7.26	9.40
2	-5.91	9.70
3	-4.29	9.37
4	-6.79	9.26
5	-7.56	9.46
6	-11.20	9.64
7	-6.82	9.27
8	-7.01	8.97
9	-4.70	11.86

9. 生成信噪比和灵敏度的响应表与主效应图

根据内表的信噪比和灵敏度数据，计算内表中分配的可控因子各水平的信噪比和灵敏度的平均值，并生成主效应图。

表 12-77　吸附洗脱实验信噪比和灵敏度的响应表

可控因子		信噪比/db			灵敏度/db		
		水平 1	水平 2	水平 3	水平 1	水平 2	水平 3
A	树脂装柱量	-5.82	-8.52	-6.18	9.49	9.45	10.03
B	第一次洗脱乙醇浓度	-6.96	-6.83	-6.73	9.31	9.38	10.29
C	吸附流速	-8.49	-5.80	-6.22	9.34	10.27	9.37
D	第一次洗脱流速	-6.51	-7.98	-6.03	10.24	9.54	9.20

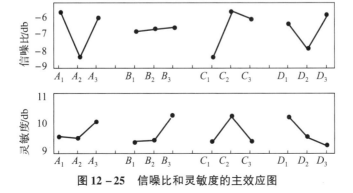

图 12-25　信噪比和灵敏度的主效应图

10. 选择最优条件

为使各可控因子的信噪比达到最大，应选择信噪比较高的因子水平作为可控因子的最优水平。由图 12-25 可知，信噪比最大的组合为 $A_1B_3C_2D_3$，即最佳设计为 $A_1B_3C_2D_3$。

11. 通过计算增益，估计稳健性的改进

（1）计算信噪比的增益

最佳设计为 $A_1B_3C_2D_3$，基线设计是 $A_1B_1C_1D_1$。

1）信噪比的总平均值

$$\overline{T}_{SN} = \frac{1}{9}(-7.26 - 5.91 - \cdots - 4.70) = -6.84$$

2）最佳设计信噪比估计值

$$\eta_{\text{opt}} = \eta_{A_1} + \eta_{B_3} + \eta_{C_2} + \eta_{D_3} - 3\overline{T}_{SN}$$
$$= -5.82 - 6.73 - 5.80 - 6.03 - 3 \times (-6.84) = -3.86$$

3）基线设计信噪比估计值

$$\eta_{\text{base}} = \eta_{A_1} + \eta_{B_1} + \eta_{C_1} + \eta_{D_1} - 3\overline{T}_{SN}$$
$$= -5.82 - 6.96 - 8.49 - 6.51 - 3 \times (-6.84) = -7.26$$

4）信噪比的增益

$$\Delta\eta = \eta_{\text{opt}} - \eta_{\text{base}} = -3.86 - (-7.26) = 3.40(\text{db})$$

（2）计算灵敏度的增益

1）灵敏度总平均值

$$\overline{T}_{\beta} = \frac{1}{9}(9.40 + 9.70 + \cdots + 11.86) = 9.66$$

2）最佳设计灵敏度估计值

$$S_{\text{opt}} = S_{A_1} + S_{B_3} + S_{C_2} + S_{D_3} - 3\overline{T}_{\beta}$$
$$= 9.49 + 10.29 + 10.27 + 9.20 - 3 \times 9.66 = 10.27$$

3）基线设计灵敏度估计值

$$S_{\text{base}} = S_{A_1} + S_{B_1} + S_{C_1} + S_{D_1} - 3\overline{T}_{\beta} = 9.49 + 9.31 + 9.34 + 10.24 - 3 \times 9.66 = 9.40$$

4）灵敏度的增益

$$\Delta S = S_{\text{opt}} - S_{\text{base}} = 10.27 - 9.40 = 0.87(\text{db})$$

12. 进行验证实验，检查增益的重现性

在基线设计和最佳设计的基础上进行验证实验。根据验证实验数据计算信噪比和灵敏度，见表12-78。

表12-78 吸附洗脱验证实验结果

方案	信噪比/db		灵敏度/db	
	估计值	验证值	估计值	验证值
最佳设计	-3.86	-4.07	10.27	10.16
基线设计	-7.26	-7.53	9.40	8.97
增益	3.40	3.46	0.87	1.19

信噪比和灵敏度增益的估计值与验证值基本相同，说明参数设计的实验结果具有较高的重现性。稳健性的提高让制得的合格中药提取物 A 喷干粉重量平稳，收率的稳定性获得了提高。

灵敏度的提高意味着在最优条件下制得的合格中药提取物 A 喷干粉的量比基线条件下多。经证实，在最佳设计下，合格中药提取物 A 喷干粉收率平均值约为 1.58%，而在基线设计下这个值为 1.40%，可见收率得到了提高。

案例 12-13 应用稳健参数设计技术快速研发抗某种新病毒的特效药

1. 问题的提出

本案例探讨如何应用稳健参数设计技术快速研发抗某种新病毒的特效药。

2. 研发过程

（1）可控因子及其水平

假设该新药中有 8 种成分：A、B、C、D、E、F、G、H（如果少于 8 种也没有关系），其中 A 为 2 水平，其他均为 3 水平。可控因子及其水平见表12-79。

表12-79 新药研究可控因子及其水平

因子	A	B	C	D	E	F	G	H
水平1	A_1	B_1	C_1	D_1	E_1	F_1	G_1	H_1
水平2	A_2	B_2	C_2	D_2	E_2	F_2	G_2	H_2
水平3	/	B_3	C_3	D_3	E_3	F_3	G_3	H_3

(2) 实验方案的设计

选择正交表 $L_{18}(2^1 \times 3^7)$，实验方案设计见表 12-80。

表 12-80　新药研究实验方案设计

因子	A	B	C	D	E	F	G	H
列号	1	2	3	4	5	6	7	8
1	1 (A_1)	1 (B_1)	1 (C_1)	1 (D_1)	1 (E_1)	1 (F_1)	1 (G_1)	1 (H_1)
2	1	1	2 (C_2)	2 (D_2)	2 (E_2)	2 (F_2)	2 (G_2)	2 (H_2)
3	1	1	3 (C_3)	3 (D_3)	3 (E_3)	3 (F_3)	3 (G_3)	3 (H_3)
4	1	2 (B_2)	1	1	2	2	3	3
5	1	2	2	2	3	3	1	1
6	1	2	3	3	1	1	2	2
7	1	3 (B_3)	1	2	1	3	2	3
8	1	3	2	3	2	1	3	1
9	1	3	3	1	3	2	1	2
10	2 (A_2)	1	1	3	3	2	2	1
11	2	1	2	1	1	3	3	2
12	2	1	3	2	2	1	1	3
13	2	2	1	2	3	1	3	2
14	2	2	2	3	1	2	1	3
15	2	2	3	1	2	3	2	1
16	2	3	1	3	2	3	1	2
17	2	3	2	1	3	1	2	3
18	2	3	3	2	1	2	3	1

(3) 实验的实施与结果

1) 挑选 18 只小白鼠注入某种新病毒作为实验鼠，这些小白鼠的检测结果为阳性，即确认感染了新病毒。

2) 实验方案中的每一个方案代表一种新药，给一只感染了新病毒的小白鼠注入新药做实验，连续观察一个星期，每天检测一次，检测结果如果呈现阳性记录为 1，如果呈现阴性记录为 0。

3) 实验结果（模拟）见表 12-81。

表 12 - 81　新药实验信噪比结果表

序号	Y_1	Y_2	Y_3	Y_4	Y_5	Y_6	Y_7	信噪比/db
1	1	1	1	1	1	1	1	0.00000
2	1	1	1	1	1	1	0	0.66947
3	1	1	1	1	0	0	0	2.43038
4	1	1	1	0	0	0	0	3.67977
5	1	1	0	0	0	0	0	5.44068
6	1	0	0	0	0	0	0	8.45098
7	1	1	1	1	1	1	0	0.66947
8	1	1	1	1	1	1	1	0.00000
9	1	1	0	0	0	0	0	5.44068
10	1	1	1	1	0	0	0	2.43038
11	1	1	1	1	0	0	0	2.43038
12	1	1	1	0	0	0	0	3.67977
13	1	0	0	0	0	0	0	8.45098
14	1	1	0	0	0	0	0	5.44068
15	1	1	1	1	1	1	1	0.00000
16	1	0	0	0	0	0	0	8.45098
17	1	1	0	0	0	0	0	5.44068
18	1	1	1	1	1	1	1	0.00000

（4）实验结果的统计分析

1）信噪比的计算

按照望小特性计算信噪比，计算公式如下：

$$\eta = -10\lg \frac{1}{n}\sum_{i=1}^{n} y_i^2 \text{ (db)}$$

2）信噪比平均值响应表

新药实验信噪比平均值响应表见表 12 - 82。

表 12 - 82　新药实验信噪比平均值响应表

水平	A	B	C	D	E	F	G	H
1	2.976	1.940	3.947	2.832	2.832	4.337	4.742	1.312
2	4.036	5.244	3.237	3.152	2.747	2.943	2.943	5.649
3		3.334	3.334	4.534	4.939	3.237	2.832	3.557
Delta	1.060	3.304	0.710	1.702	2.192	1.394	1.910	4.337
排秩	7	2	8	5	3	6	4	1

3）信噪比平均值的主效应图

新药实验信噪比平均值的主效应图见图 12-26。

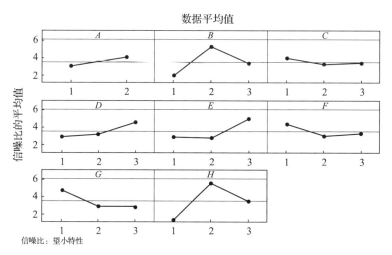

图 12-26 信噪比平均值的主效应图

(5) 最佳特效药的确定

使信噪比最大的组合就是最佳方案，从响应表和主效应图可以看出，最佳特效药为：$A_2B_2C_1D_3E_3F_1G_1H_2$。

3. 验证实验

(1) 最佳特效药信噪比的估计

根据计算，最佳特效药 $A_2B_2C_1D_3E_3F_1G_1H_2$ 信噪比的工程平均为 12.8868db。

(2) 验证实验

再用一只感染新病毒的小白鼠做实验，为其注入新特效药 $A_2B_2C_1D_3E_3F_1G_1H_2$，并连续观察一个星期，每天检测一次，检测结果如果呈现阳性记录为 1，如果呈现阴性记录为 0。然后计算信噪比，如果与 12.8868db 差不多，说明结果具有再现性。此时可以确认抗新病毒的特效药 $A_2B_2C_1D_3E_3F_1G_1H_2$ 研发成功。

12.11 在食品工程中的应用

案例 12-14　利用稳健参数设计优化豆芽生产工艺

豆芽生产过程的函数可以表示为豆芽的生长曲线。动态理想功能的信噪比可用于评定生长曲线的效率和变异性。本案例采用稳健参数设计方法，对食品工业的豆芽生产工艺进行优化。

1. **明确系统的理想功能**

豆芽生长过程是指豆子在没有土壤的无光照环境中，在水中浸泡、发芽、生长的过程。这个过程分为三个阶段，即发芽期、生长期和衰退期，见图 12 – 27。

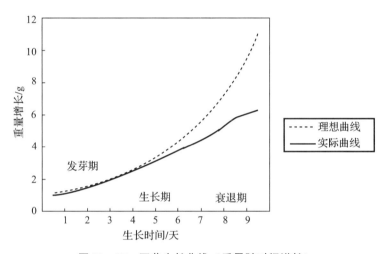

图 12 – 27 豆芽生长曲线（重量随时间增长）

（1）发芽期

豆子通常处于干燥和冬眠的环境中，所以它们必须在水中浸泡并加热一段时间才能发芽。发芽期的条件对发芽率和杀菌率有重要影响。

（2）生长期

豆子发芽后吸收大量水分，生长迅速。发芽机制与生长机制没有明显的区别，发芽期与生长期难以严格区分。本案例采用信噪比和灵敏度对豆芽生长期的生长进行评定。

（3）衰退期

由于生产环境中没有光照，豆芽在吸收了所有的营养后通常会腐烂。豆芽要在衰退期腐烂期之前装运，衰退期一般在浸泡后 7 天或 8 天开始。

根据植物生长理论，豆芽理想的生长过程可以表示为

$$Y_S = Y_0 e^{\beta M}$$

式中，Y_0 为豆芽在起始点的初始重量（时间 $M = 0$）；Y_S 为豆芽在 M 时刻的重

量。这是豆芽生长的一般函数,这个公式可以用作理想函数。为了使这个公式线性化,应用自然对数进行变换,公式可以写成:

$$\ln\left(\frac{Y_S}{Y_0}\right) = \beta M$$

令

$$y = \ln\left(\frac{Y_S}{Y_0}\right)$$

公式可以写为

$$y = \beta M$$

因此,可以将豆芽生长的理想功能表示为零点比例式 $y = \beta M$,其中输入信号 M 为时间,输出特性 y 为 M 时刻豆芽的重量与初始重量之比的自然对数。本案例利用零点比例式理想功能的信噪比和灵敏度来评定豆芽生长的效率和变异性。

2. 选择信号因子及其水平

选取从起始点(开始浸泡)经过的时间作为信号因子 M,并选取 3 个水平 5 天、6 天、7 天,见表 12 – 83。

表 12 – 83　豆芽生长实验的信号因子及其水平

信号	M_1	M_2	M_3
生长时间/天	5	6	7

3. 选择输出特性的测量方法

输出特性 y_i 是在 M_i 时间的重量 Y_S 除以初始重量 Y_0,然后再取自然对数获得的。

4. 制定噪声策略,选择噪声因子及其水平

在实验中,由于湿度易于控制,所以选择生长室内湿度作为噪声因子,见表 12 – 84。由于发芽期的条件通常对发芽率和灭菌率有较大的影响,所以每次实验时,除了室内湿度外,其他条件都是固定的,以避免干扰。

表 12 – 84　豆芽生长实验的噪声因子及其水平

噪声因子	N_1	N_2
湿度(%)	60	80

5. 从设计参数中选择可控因子及其水平

本案例采用豆芽生长时期的工艺参数作为可控因子。乙烯气体对豆芽的生长有影响，就像植物激素一样，它与豆芽的生长和腐烂密切相关。选择与乙烯气浴有关的条件作为可控因子，如 C 因子和 D 因子；可控因子 E、F、G 则与发泡水有关。本案例中的发芽条件，如浸泡时间是固定的，没有选择作为可控因子。选定的可控因子及其水平见表 12-85。

表 12-85 豆芽生长实验的可控因子及其水平

	可控因子	水平 1	水平 2	水平 3
A	种子种类	黑豆	绿豆	—
B	室内温度/℃	18	24	30
C	每日乙烯气体喷淋次数/次数	1（早）	2（早中）	3（早中晚）
D	乙烯气体浓度（%）	10	20	30
E	每日喷洒次数/次数	1（早）	2（早中）	3（早中晚）
F	每次喷洒喷雾量/（×0.5mL）	1	2	3
G	喷洒用水中矿物质含量（%）	0	0.1	1.0

6. 将实验因子分配到内表或外表

选用正交表 L_{18} 作为内表分配可控因子，见表 12-86。在每一行所分配的可控因子水平的组合下进行了实验。

表 12-86 豆芽生长实验方案设计

序号	A	B/℃	C/次数	D（%）	E/次数	F/mL	G（%）
1	黑豆	18	1	10	1	1	0
2	黑豆	18	2	20	2	2	0.1
3	黑豆	18	3	30	3	3	1
4	黑豆	24	1	10	2	2	1
5	黑豆	24	2	20	3	3	0
6	黑豆	24	3	30	1	1	0.1
7	黑豆	30	1	20	1	3	0.1
8	黑豆	30	2	30	2	1	1

(续)

序号	A	B/℃	C/次数	D(%)	E/次数	F/mL	G(%)
9	黑豆	30	3	10	3	2	0
10	绿豆	18	1	30	3	2	0.1
11	绿豆	18	2	10	1	3	1
12	绿豆	18	3	20	2	1	0
13	绿豆	24	1	20	3	1	1
14	绿豆	24	2	30	1	2	0
15	绿豆	24	3	10	2	3	0.1
16	绿豆	30	1	30	2	3	0
17	绿豆	30	2	10	3	1	0.1
18	绿豆	30	3	20	1	2	1

7. 进行实验并收集实验数据

采用内、外表直积法进行实验，测量不同因子水平组合下豆芽的重量。表 12-87 给出了正交表 L_{18} 每一行的输出特性 y_i，所示数据仅为重量比自然对数变换后的数据，以便于分析。

表 12-87 豆芽增长率实测数据（变换后）

序号	M_1（5天）		M_2（6天）		M_3（7天）	
	N_1	N_2	N_1	N_2	N_1	N_2
1	1.500	1.625	1.623	1.697	1.692	1.758
2	1.468	1.440	1.569	1.511	1.649	1.782
3	1.502	1.581	1.569	1.579	1.647	1.658
4	2.012	2.167	2.171	2.301	2.230	2.308
5	2.046	2.131	2.175	2.294	2.222	2.254
6	1.937	2.046	2.079	2.177	2.170	2.239
7	1.921	2.063	2.044	2.039	1.991	2.108
8	1.908	2.019	1.991	2.113	1.982	1.989
9	1.870	1.921	1.974	2.041	2.058	2.092
10	1.597	1.690	1.675	1.798	1.758	1.730

(续)

序号	M_1 (5天)		M_2 (6天)		M_3 (7天)	
	N_1	N_2	N_1	N_2	N_1	N_2
11	1.495	1.558	1.591	1.656	1.652	1.696
12	1.575	1.692	1.652	1.714	1.777	1.873
13	1.798	1.901	1.949	2.008	2.078	2.083
14	1.823	1.952	1.978	2.077	2.115	2.162
15	1.723	1.768	1.815	1.887	1.886	1.977
16	1.833	1.826	1.834	1.852	1.852	1.996
17	1.837	1.949	1.883	1.933	1.858	1.981
18	1.707	1.726	1.733	1.873	1.960	1.947

8. 计算信噪比和灵敏度

计算内表 L_{18} 每一行的信噪比和灵敏度，采用零点比例式理想功能的信噪比。内表 L_{18} 中第 1 行数据的计算如下。

总平方和：

$$S_T = 1.500^2 + 1.623^2 + 1.692^2 + 1.625^2 + 1.697^2 + 1.758^2 = 16.357991 \quad (f_T = 6)$$

输入信号水平的平方和（有效除数）：

$$r = 5^2 + 6^2 + 7^2 = 110$$

每个噪声水平的线性式：

$$L_1 = 5 \times 1.500 + 6 \times 1.623 + 7 \times 1.692 = 29.082$$

$$L_2 = 5 \times 1.625 + 6 \times 1.697 + 7 \times 1.758 = 30.613$$

由线性斜率 β 引起的波动平方和：

$$S_\beta = \frac{(29.082 + 30.613)^2}{2 \times 110} = 16.197696 \quad (f_\beta = 1)$$

由于噪声水平之间的线性斜率 β 的不同而引起的波动平方和：

$$S_{N \times \beta} = \frac{(29.082 - 30.613)^2}{2 \times 110} = 0.010654 \quad (f_{N \times \beta} = 1)$$

由误差引起的波动平方和：

$$S_e = 16.357991 - 16.197696 - 0.010654 = 0.149641 \quad (f_e = 4)$$

误差方差：

$$V_e = \frac{0.149641}{4} = 0.037410$$

由汇总误差引起的方差：

$$V_N = \frac{0.149641 + 0.010654}{1 + 4} = 0.032059$$

信噪比 η 和灵敏度 S：

$$\eta = 10\lg \frac{[1/(2 \times 110)](16.197696 - 0.037410)}{0.032059} = 3.601(\text{db})$$

$$S = 10\lg \frac{1}{2 \times 110}(16.197696 - 0.037410) = -11.340(\text{db})$$

表 12-88 为经类似计算后的豆芽生长实验内表的信噪比和灵敏度。

表 12-88　豆芽生长实验内表的信噪比和灵敏度

序号	信噪比/db	灵敏度/db
1	3.601	-11.340
2	6.176	-11.732
3	2.854	-11.677
4	2.973	-8.854
5	2.681	-8.905
6	3.802	-9.205
7	1.454	-9.586
8	0.948	-9.714
9	3.562	-9.700
10	2.297	-11.058
11	3.551	-11.562
12	4.011	-10.998
13	4.248	-9.729
14	4.657	-9.573
15	3.867	-9.375
16	2.142	-10.297
17	1.068	-10.128
18	4.887	-10.444

计算各可控因子水平的信噪比和灵敏度的平均值（以可控因子 A 为例）。

$$\eta_{A_1} = \frac{3.601 + 6.176 + 2.854 + 2.973 + 2.681 + 3.802 + 1.454 + 0.948 + 3.562}{9}$$

$$= 3.12$$

$$\eta_{A_2} = \frac{2.297 + 3.551 + 4.011 + 4.248 + 4.657 + 3.867 + 2.142 + 1.068 + 4.887}{9}$$

$$= 3.41$$

$$S_{A_1} = \frac{-11.339 - 11.732 - 11.677 - 8.854 - 8.905 - 9.205 - 9.586 - 9.714 - 9.700}{9}$$

$$= -10.08$$

$$S_{A_2} = \frac{-11.085 - 11.562 - 10.998 - 9.729 - 9.573 - 9.375 - 10.297 - 10.128 - 10.444}{9}$$

$$= -10.35$$

表 12-89 为各可控因子水平信噪比和灵敏度的平均值的响应表。

表 12-89 豆芽生长实验信噪比和灵敏度的平均值的响应表

可控因子		信噪比/db			灵敏度/db		
		水平 1	水平 2	水平 3	水平 1	水平 2	水平 3
A	种子种类	3.12	3.41	—	-10.08	-10.35	—
B	室内温度	3.75	3.71	2.34	-11.39	-9.27	-9.98
C	每日乙烯气体淋雨次数	2.79	3.18	3.83	-10.14	-10.27	-10.23
D	乙烯气体浓度	3.10	3.91	2.78	-10.16	-10.23	-10.25
E	每日喷洒次数	3.66	3.35	2.79	-10.29	-10.16	-10.20
F	每次喷洒喷雾量	2.95	4.09	2.76	-10.19	-10.23	-10.23
G	喷洒用水中矿物质含量	3.44	3.11	3.24	-10.14	-10.18	-10.33
e	误差	3.05	3.91	2.84	-10.14	-10.37	-10.14

9. 生成信噪比和灵敏度的主效应图

图 12-28 为豆芽生长实验中各可控因子信噪比和灵敏度的主效应图。

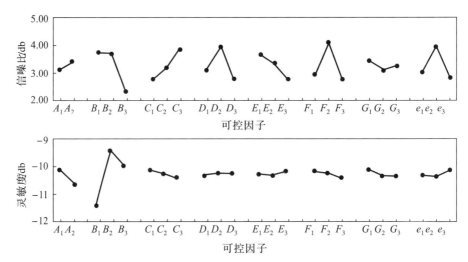

图 12-28　豆芽生长实验信噪比和灵敏度的主效应图

由图 12-28 可知，可控因子 B、D、F 对信噪比有较强的影响，可控因子 A、B 对灵敏度有较强的影响。

最大信噪比的组合为 $A_2B_1C_3D_2E_1F_2G_1$，最大灵敏度的组合为 $A_1B_2C_1D_2E_3F_1G_1$。最大信噪比与最大灵敏度之间存在一定的矛盾。

10. 选择最优条件

高信噪比意味着更强的稳健性，高灵敏度意味着更快的生长速度或更高的生产效率。优化决策过程如下：

首先选择可控因子水平，使信噪比达到最大。通常，最大信噪比具有较高的优先级，然后再利用对信噪比影响最小的可控因子调整灵敏度。然而，可控因子 B 对稳健性和灵敏度都有很强的影响，而最优水平是不同的：B_1 表示稳健性最好，B_2 表示灵敏度最大。但是，B_1 和 B_2 在信噪比上的差异仅为 0.04db，而在灵敏度上的差异为 2.12db。在此基础上，按灵敏度选择 B_2。最后确定豆芽生长的最优条件为 $A_2B_2C_3D_2E_1F_2G_1$。$A_1B_1C_3D_2E_1F_1G_1$ 的组合为当前条件，也称为基线条件。

11. 通过增益估计稳健性的改进

（1）估计信噪比的增益

计算最优条件和基线条件下的信噪比估计值，以估计信噪比的增益。如前面所述，可控因子 B、D、F 对信噪比有较强的影响，所以选取因子 B、D、F，计算信噪比的估计值。

信噪比的总平均值：

$$\overline{T}_{SN} = \frac{\eta_1 + \eta_2 + \cdots + \eta_{18}}{18} = \frac{3.601 + 6.176 + \cdots + 4.887}{18} = 3.265$$

最优条件下的信噪比估计值：

$$\eta_{opt} = \eta_{B_2} + \eta_{D_2} + \eta_{F_2} - 2\overline{T}_{SN} = 3.71 + 3.91 + 4.09 - 2 \times 3.265 = 5.18(\text{db})$$

当前条件下信噪比的估计值：

$$\eta_{cur} = \eta_{B_1} + \eta_{D_2} + \eta_{F_1} - 2\overline{T}_{SN} = 3.75 + 3.91 + 2.95 - 2 \times 3.265 = 4.08(\text{db})$$

信噪比的增益：

$$\Delta\eta = \eta_{opt} - \eta_{cur} = 1.10(\text{db})$$

（2）估计灵敏度的增益

计算最优条件和当前条件下的灵敏度估计值，以估计灵敏度的增益。如前面所述，可控因子 A 和 B 对灵敏度影响较大，所以选取可控因子 A、B，计算灵敏度的估计值。

灵敏度的总平均：

$$\overline{T}_\beta = \frac{S_1 + S_2 + \cdots + S_{18}}{18} = \frac{-11.340 - 11.732 - \cdots - 10.444}{18} = -10.22$$

最优条件灵敏度的估计值：

$$S_{opt} = S_{A_2} + S_{B_2} - \overline{T}_\beta = -10.35 - 9.27 - (-10.22) = -9.40(\text{db})$$

当前条件灵敏度的估计值：

$$S_{cur} = S_{A_1} + S_{B_1} - \overline{T}_\beta = -10.08 - 11.39 - (-10.22) = -11.25(\text{db})$$

灵敏度的增益：

$$\Delta S = S_{opt} - S_{cur} = 1.85(\text{db})$$

12. 进行验证实验，检查增益的重现性

在最优条件和基线条件下进行验证实验，验证基于实验数据所预测的改善情况，见表 12 - 90。

表 12 - 90　豆芽生长验证实验结果

方案	信噪比/db		灵敏度/db	
	估计值	验证值	估计值	验证值
最优条件	5.18	5.72	-9.40	-8.93
基线条件	4.08	3.52	-11.25	-11.49
增益	1.10	2.20	1.85	2.56

估计的增益和验证的增益在信噪比和灵敏度上并没有太大的不同,所以增益具有重现性。稳健性的提高让豆芽生长平稳,生长曲线的可控性提高,即生长速度的可控性、运输的可控性或数量的可控性。

灵敏度提高了 2.56db,这意味着在最优条件下豆芽的生长速度要比在当前的基线条件下快得多。事实上,经证实在最优条件下豆芽完全生长只需 4 天,而在当前的基线条件下则需要 7 天,生产率提高了 43%。

可见,通过稳健参数设计,提高了豆芽生产过程的稳健性和效率。

12.12 在生物工程中的应用

案例 12-15 应用稳健参数设计技术改良 BRN 真菌培养基

BRN 是真菌产生的一种酶,具有分解某些成分的效力(总滴度)。生产 BRN 的真菌微生物是在培养箱(培养基)生产 BRN 的。BRN 的总滴度与微生物的效力密切相关,因此寻找具有高总滴度生产潜力的真菌具有重要意义。为此,采用稳健参数设计对 BRN 真菌培养基进行改进。从培养基生产条件中选择可控因子,并将其赋值到内表 L_{18},这里不讨论可控因子的细节,本案例仅从外表数据计算信噪比。

总滴度(U/mL)是一种输出特性,它是在 1mL 中分解预定成分的效力的度量。总滴度被视为越大越好的输出特性。采用越大越好特性的信噪比来评定系统的性能和稳健性,选择两种类型的真菌作为噪声因子。最优培养基应对所选的每一种真菌具有较大且相同的效力。表 12-91 显示了内表 L_{18} 第 1 行的外表的数据。

表 12-91 外表数据 [总滴度(U/mL)]

序号	真菌的种类	
	R_1	R_2
1	5030	5340

由表 12-91 的数据,计算望大特性的信噪比。

均方偏差:

$$\hat{\sigma}^2 = \frac{1}{2}\left(\frac{1}{y_1^2} + \frac{1}{y_2^2}\right) = \frac{1}{2}\left(\frac{1}{5030^2} + \frac{1}{5340^2}\right) = 3.73 \times 10^{-8}$$

望大特性的信噪比表示响应值倒数的均方：

$$\eta = -10\lg \hat{\sigma}^2 = 10\lg \frac{1}{\hat{\sigma}^2} = 10\lg \frac{1}{3.73 \times 10^{-8}} = 74.28(\text{db})$$

望大特性的倒数被认为是望小特性，对望大特性也不用计算灵敏度。

12.13 在测量工程中的应用

案例 12-16　应用稳健参数设计技术评定测量系统的稳健性

设定测量系统对无源信号具有动态理想功能，即 $y = \beta M$，其中 M 为无源信号，即被测量的值，y 为仪器指示值。在这种情况下，信号被称为被动信号，不是主动信号。在测量系统中，输入信号的值（被测值），在测量开始时就已经是固定的，这是用户想知道的。测量系统的功能是根据给定值的输出特性反映输入信号的值，所以这种信号被称为被动信号。

下面是一个三维坐标测量仪稳健性评定的实例。

近年来，三维坐标测量仪被广泛应用于非标准件的测量。三维坐标测量仪的使用条件因测量过程的不同而不同。安装在测量仪上的传感器对于保证测量精度非常重要，并且在任何条件下都需要表现出足够的性能。从三种传感器设计方案中选择合适的传感器进行稳健性评定。

传统的测量仪器评定方法是在一定的使用条件下进行重复测量，计算标准偏差，以确定仪器测量误差的大小。在该方法中，其他使用条件下的稳健性是未知的，因此无法保证在不同的使用条件下测量仪器有相同的性能。

本案例提出了一种评定测量仪器稳健性的方法。仪器通过在多种不同的使用条件下进行测量作为噪声条件。包含传感器的测量系统的功能表示为零点比例式 $y = \beta M$，其中 M 为被测量的值，y 为仪器的指示值。测量系统的稳健性表现为在各种噪声条件下比例关系变化小，即在用户使用时测量误差小。

首先，研究了测量速度、探头旋转角度等使用条件，确定了四个噪声因子，每个噪声因子有三个水平。将这四个三水平因子分配到正交表 L_9 中，得到 9 个噪声条件，N_1，N_2，…，N_9。当许多噪声因子占主导地位，并且不容易复合或复合没有意义时，建议将它们分配到外正交表中。

接下来，对于信号因子 M，选取三个已知值且不确定度令人满意的不同试件，设置信号因子的三个水平。信号因子水平和传感器 A 的测量结果见表 12-92。

表 12-92　信号因子水平和传感器 A 的测量结果　　　　（单位：mm）

噪声	信号		
	M_1	M_2	M_3
	9.9996	**109.9989**	**209.9992**
N_1	9.9990	109.9989	210.0001
N_2	9.9987	109.9991	210.0006
N_3	9.9980	109.9986	209.9996
N_4	9.9991	109.9987	210.0003
N_5	9.9970	109.9970	209.9978
N_6	9.9989	109.9988	210.0000
N_7	9.9973	109.9971	209.9988
N_8	10.0006	110.0005	210.0023
N_9	10.0000	109.9999	210.0014

在这些实验因子的影响下，分别使用 A、B、C 三种不同的传感器进行测量，并比较三种传感器的稳健性。表 12-92 为传感器 A 的测量结果，利用三水平被动信号和九种噪声条件获得 27 个数据，计算信噪比和灵敏度如下。

总平方和：

$$S_T = 9.9990^2 + 109.9989^2 + 210.0014^2$$
$$= 506697.64206429 \quad (f_T = 27)$$

输入信号水平的平方和（有效除数）：

$$r = 9.9996^2 + 109.9989^2 + 209.9992^2 = 56299.41400201$$

每个噪声水平的线性式：

$$L_1 = 9.9990 \times 9.9996 + 109.9989 \times 109.9989 + 210.0001 \times 209.9992$$
$$= 56299.59700153$$

$$L_2 = 9.9987 \times 9.9996 + 109.9991 \times 109.9989 + 210.0006 \times 209.9992$$
$$= 56299.72100103$$

$$\vdots$$

$$L_9 = 10.0000 \times 9.9996 + 109.9999 \times 109.9989 + 210.0014 \times 209.9992$$
$$= 56299.98999899$$

由线性斜率 β 引起的波动平方和：

$$S_\beta = \frac{(L_1 + L_2 + \cdots + L_9)^2}{9r}$$

$$= \frac{(56299.59700153 + 56299.72100103 + \cdots + 56299.98999899)^2}{9 \times 56299.41400201}$$

$$= 506697.64201887 \quad (f_\beta = 1)$$

由于线性斜率 β 在不同噪声水平之间的差异而引起的波动平方和：

$$S_{N \times \beta} = \frac{L_1^2 + L_2^2 + \cdots + L_9^2}{r} - S_\beta$$

$$= \frac{56299.59700153^2 + 56299.72100103^2 + \cdots + 56299.98999899^2}{56299.41400201}$$

$$- 506697.64201887 = 0.00002419 \quad (f_{N \times \beta} = 8)$$

由误差引起的波动平方和：

$$S_e = S_T - S_\beta - S_{N \times \beta} = 506697.64206429 - 506697.64201887 - 0.00002419$$

$$= 0.00002123 \quad (f_e = 18)$$

由误差引起的方差（误差方差）：

$$V_e = \frac{S_e}{f_e} = \frac{0.00002123}{18} = 0.00000118$$

由汇总误差引起的方差：

$$V_N = \frac{S_e + S_{N \times \beta}}{f_e + f_{N \times \beta}} = \frac{0.00002123 + 0.00002419}{18 + 8} = 0.00000175$$

信噪比与灵敏度：

$$\eta = 10\lg \frac{[1/(9r)](S_\beta - V_e)}{V_N}$$

$$= 10\lg \frac{[1/(9 \times 56299.41400201)](506697.64201887 - 0.00000118)}{0.00000175}$$

$$= 57.57 (\text{db})$$

$$S = 10\lg \frac{1}{9r}(S_\beta - V_e)$$

$$= 10\lg \frac{1}{9 \times 56299.41400201}(506697.64201887 - 0.00000118)$$

$$= 0.00002499 \ (\text{db})$$

同理，也计算了传感器 B 和 C 的信噪比和灵敏度。测量系统的信噪比非常重要，因为它显示了测量误差的大小。本案例不要求为了灵敏度而忽略信噪比，因为测量系统很容易校准。因此，两步优化很适用于测量系统。

表 12-93 为三种传感器的信噪比比较。从这些结果可以看出，传感器 A 比传感器 B 的稳健性优 3.14 db，比传感器 C 的稳健性优 8.93 db。这意味着经过校准后，传感器 A 测量误差的标准差是传感器 B 的 0.68 倍，是传感器 C 的 0.35 倍。通过这种评价，可以全面评定测量系统的稳健性。

表 12-93 比较信噪比

	传感器 A	传感器 B	传感器 C
信噪比/db	57.57	54.43	48.64

12.14 稳健参数设计在各个领域的应用提示

表 12-94 给出了具有理想功能的动态特性稳健参数设计的应用实例提示。

表 12-94 稳健参数设计实例（动态特性）

领域	系统	信号因子	输出特性	噪声因子	可控因子
机械	焊接过程	电流	电压	温度、振动、测量位置	焊头形状、焊头温度、焊丝直径、预热时间、焊头进给时间、焊头进给后加热时间、焊头进给速度、焊丝进给角度
	注射成型的塑化设备	螺杆旋转时间×螺杆旋转速度	熔融树脂质量	塑化间隔	螺杆压缩比、螺距、1号加热区温度、2号加热区温度、3号加热区温度、螺杆位置
	加工中心	旋转时间	累计电能	电机+主轴，仅电机	轴承类型、壳体尺寸、主轴尺寸、垫片尺寸、垫片形状、轴承形状、冷却尺寸
	模具加工（单刃雕刻）	加工量的平方根	加工能量的平方根	材料	加工方法、转速、单刃体积、最小进给量、刀架类型、刀具类型、下颈长度、切削油浓度
	感光器清洁系统	感光器旋转时间	时间、积分、转力值	无论感光器旋转是否中途停止，转矩波形的最大值、最小值	两种不同的调色剂配方、五种不同的工艺条件、感光剂配方

（续）

领域	系统	信号因子	输出特性	噪声因子	可控因子
机械	切削过程	加工时间的平方根、切削质量的平方根	电能的平方根	电力的最小值和最大值、切断的次数	切削油浓度、切削深度、刀尖前端角、刀尖前倾角、侧切削刃角度、切屑表面倒角、转速、进给速度
电气	静电复印带固定系统	电压	电流、横截面	外加电压频率	六种不同的药物、两种不同的生产条件
电气	磁光盘（交换耦合覆盖）	激光辐射时间	记录标志长度	环境退化（连续记录、记录场、激光功率）、生产条件（内存组成、记录层组成、各层厚度）	材料、沉积过程
电气	静电印刷开发系统	开发潜力的差异	碳粉量	显影材料的退化	两种不同的载体条件、一套墨粉条件、五种不同的显影装置条件
制药	药品喷雾干燥	引入液体量	收集的数量	溶液浓度	雾化器转速、喷雾角、气流速度、排气温度、顶部气流速度、底部气流速度、顶部气流喷射角、空气湿度
制药	生药材焙烧	焙烧时间	药材质量的总体变化	未经处理的药材水分含量	热风流量、原料用量、原料导入温度、焙烧温度、加热速度、搅拌速度、热风温度
制药	中草药混合	时间	血清肌酐水平的变化	大鼠病理（重、中、轻）	5种不同成分的药物
食品	耐热细菌的培养条件	运行时间	细菌数量	稀释水的pH值	菌株、稀释剂类型、培养时间、基础培养基类型、过氧化氢酶含量、溶菌酶含量、丙酮酸钠含量、丙氨酸含量

表 12-95 为静态特性稳健参数设计的应用实例提示。

表 12-95　稳健参数设计实例（静态特性）

领域	系统	输出特性	噪声因子	可控因子
机械	模拟铸造	金属熔化的雷诺数（望目特性）	金属熔融温度、填充率、流道	垂直流道、涡状形水平流道、涡状形进口堰、旋流下堰
机械	打印机墨盒交换工作的可用性	易交换性（望小特性）	单臂、双臂、使用部门、明亮、黑暗、房间照明、前面、底座	前盖、锁定、释放、旋钮、塞子、锁
建筑	聚合物水泥砂浆的摊铺	气孔总数（望小特性）	摊铺速度、摊铺量、温度、材料黏度	水泥配合比、添加剂种类、添加剂用量、骨料粒径、骨料配合比
生物	酶培养基改良	总滴度（望大特性）	细菌种类	培养温度、活化剂用量、含锌量
市场营销	文本分类	两种错误（数字特性）	—	分类用单词

参 考 文 献

［1］韩之俊. 三次设计［M］. 北京：机械工业出版社，1992.

［2］韩之俊，许前，钟晓芳. 质量管理［M］. 4版. 北京：科学出版社，2017.

［3］田口玄一. 开发、设计阶段的质量工程学［M］. 中国兵器工业质量管理协会，译. 北京：兵器工业出版社，1990.

［4］韩之俊，章渭基. 质量工程学——线外、线内质量管理［M］. 北京：科学出版社，1991.

［5］韩之俊，靳京民. 测量质量工程学［M］. 北京：中国计量出版社，2000.

［6］吴玉印，吴以晴. 田口式的稳健性设计［M］. 徐留平，王建昌，译. 北京：兵器工业出版社，1997.

［7］GOTO T. BRN（酶）真菌培养基生产过程改进［J］. 质量工程学，1997（5）：53 – 59.

［8］Applications of statistical and related methods to new technology and product development process—Robust parameter design（RPD）. ISO 16336：2014.

附　录

附录A　稳健参数设计常用正交表

稳健参数设计推荐采用以下特殊正交表，见表A-1、表A-2和表A-3，特别是表A-2应用广泛。

表A-1　$L_{12}(2^{11})$ 正交表

列号 序号	1	2	3	4	5	6	7	8	9	10	11
1	1	1	1	1	1	1	1	1	1	1	1
2	1	1	1	1	1	2	2	2	2	2	2
3	1	1	2	2	2	1	1	1	2	2	2
4	1	2	1	2	2	1	2	2	1	1	2
5	1	2	2	1	2	2	1	2	1	2	1
6	1	2	2	2	1	2	2	1	2	1	1
7	2	1	2	2	1	1	2	2	1	2	1
8	2	1	2	1	2	2	2	1	1	1	2
9	2	1	1	2	2	2	1	2	2	1	1
10	2	2	2	1	1	1	1	2	2	1	2
11	2	2	1	2	1	2	1	1	1	2	2
12	2	2	1	1	2	1	2	1	2	2	1

表A-2　$L_{18}(2^1 \times 3^7)$ 正交表

列号 序号	1	2	3	4	5	6	7	8
1	1	1	1	1	1	1	1	1
2	1	1	2	2	2	2	2	2
3	1	1	3	3	3	3	3	3
4	1	2	1	1	2	2	3	3
5	1	2	2	2	3	3	1	1
6	1	2	3	3	1	1	2	2
7	1	3	1	2	1	3	2	3
8	1	3	2	3	2	1	3	1
9	1	3	3	1	3	2	1	2
10	2	1	1	3	3	2	2	1
11	2	1	2	1	1	3	3	2
12	2	1	3	2	2	1	1	3
13	2	2	1	2	3	1	3	2
14	2	2	2	3	1	2	1	3
15	2	2	3	1	2	3	2	1
16	2	3	1	3	2	3	1	2
17	2	3	2	1	3	1	2	3
18	2	3	3	2	1	2	3	1

表 A-3 L_{36} ($2^{11}\times3^{12}$) 正交表

序号 \ 列号	1	2	3	4	5	6	7	8	9	10	11	12	13	14	15	16	17	18	19	20	21	22	23	1′	2′	3′	4′
1	1	1	1	1	1	1	1	1	1	1	1	1	1	1	1	1	1	1	1	1	1	1	1	1	1	1	1
2	1	1	1	1	1	1	1	1	1	1	1	2	2	2	2	2	2	2	2	2	2	2	2	1	1	1	1
3	1	1	1	1	1	1	1	1	1	1	1	3	3	3	3	3	3	3	3	3	3	3	3	1	1	1	1
4	1	1	1	1	1	2	2	2	2	2	2	1	1	1	1	2	2	2	2	3	3	3	3	1	2	2	1
5	1	1	1	1	1	2	2	2	2	2	2	2	2	2	2	3	3	3	3	1	1	1	1	1	2	2	1
6	1	1	1	1	1	2	2	2	2	2	2	3	3	3	3	1	1	1	1	2	2	2	2	1	2	2	1
7	1	1	2	2	2	1	1	1	2	2	2	1	1	2	3	1	2	3	3	1	2	2	3	2	1	2	1
8	1	1	2	2	2	1	1	1	2	2	2	2	2	3	1	2	3	1	1	2	3	3	1	2	1	2	1
9	1	1	2	2	2	1	1	1	2	2	2	3	3	1	2	3	1	2	2	3	1	1	2	2	1	2	1
10	1	2	1	2	2	1	2	2	1	1	2	1	1	3	2	1	3	2	3	2	1	3	2	2	2	1	1
11	1	2	1	2	1	1	2	1	1	1	2	2	2	1	3	2	1	3	1	3	2	1	3	2	2	1	1
12	1	2	1	2	2	1	2	2	1	1	2	3	3	2	1	3	2	1	2	1	3	2	1	2	2	1	1
13	1	2	2	1	2	2	1	2	1	2	1	1	2	3	1	3	2	1	3	3	2	1	2	1	1	1	2
14	1	2	2	1	2	2	1	2	1	2	1	2	3	1	2	1	3	2	1	1	3	2	3	1	1	1	2
15	1	2	2	1	2	2	1	2	1	2	1	3	1	2	3	2	1	3	2	2	1	3	1	1	1	1	2
16	1	2	2	2	1	2	2	1	2	1	1	1	2	3	2	1	1	3	2	3	3	2	1	1	2	2	2
17	1	2	2	2	1	2	2	1	2	1	1	2	3	1	3	2	2	1	3	1	1	3	2	1	2	2	2
18	1	2	2	2	1	2	2	1	2	1	1	3	1	2	1	3	3	2	1	2	2	1	3	1	2	2	2
19	2	1	2	2	1	1	2	2	1	2	1	1	2	1	3	3	3	1	2	2	1	2	3	2	1	2	2
20	2	1	2	2	1	1	2	2	1	2	1	2	3	2	1	1	1	2	3	3	2	3	1	2	1	2	2
21	2	1	2	2	1	1	2	2	1	2	1	3	1	3	2	2	2	3	1	1	3	1	2	2	1	2	2
22	2	1	2	1	2	2	2	1	1	1	2	1	2	2	3	3	1	2	1	1	3	3	2	2	2	1	2
23	2	1	2	1	2	2	2	1	1	1	2	2	3	3	1	1	2	3	2	2	1	1	3	2	2	1	2
24	2	1	2	1	2	2	2	1	1	1	2	3	1	1	2	2	3	1	3	3	2	2	1	2	2	1	2
25	2	1	1	2	2	2	1	2	2	1	1	1	3	2	1	2	3	3	1	3	1	2	2	1	1	1	3
26	2	1	1	2	2	2	1	2	2	1	1	2	1	3	2	3	1	1	2	1	2	3	3	1	1	1	3
27	2	1	1	2	2	2	1	2	2	1	1	3	2	1	3	1	2	2	3	2	3	1	1	1	1	1	3
28	2	2	2	1	1	1	1	2	2	1	2	1	3	2	2	2	1	1	3	2	3	1	3	1	2	2	3
29	2	2	2	1	1	1	1	2	2	1	2	2	1	3	3	3	2	2	1	3	1	2	1	1	2	2	3
30	2	2	2	1	1	1	1	2	2	1	2	3	2	1	1	1	3	3	2	1	2	3	2	1	2	2	3
31	2	2	1	2	1	2	1	1	1	2	2	1	3	3	3	2	3	2	2	1	2	1	1	2	1	2	3
32	2	2	1	2	1	2	1	1	1	2	2	2	1	1	1	3	1	3	3	2	3	2	2	2	1	2	3
33	2	2	1	2	1	2	1	1	1	2	2	3	2	2	2	1	2	1	1	3	1	3	3	2	1	2	3
34	2	2	1	1	2	1	2	1	2	2	1	1	3	1	2	3	2	3	1	2	2	3	1	2	2	1	3
35	2	2	1	1	2	1	2	1	2	2	1	2	1	2	3	1	3	1	2	3	3	1	2	2	2	1	3
36	2	2	1	1	2	1	2	1	2	2	1	3	2	3	1	2	1	2	3	1	1	2	3	2	2	1	3

附录 B 稳健参数设计符号名词对照表

f	自由度
k	信号因子的水平数
L	线性模型
L_i	i 水平的线型模型
M	信号因子/输入信号
M_i	信号因子的第 i 水平
M_i	信号因子的第 i 水平值
N	噪声因子
n	噪声因子的水平数
N_i	噪声因子的第 i 水平
p_0	标准错误率
r	信号因子水平值的平方和/有效除数
S	灵敏度
S_T	总平方和
S_m	由均值引起的平方和
S_β	由线性斜率 β 引起的平方和
$S_{N\times\beta}$	由噪声因子 N 与线性斜率 β 之间交互作用引起的平方和
S_e	由误差引起的平方和
S_{opt}	最优条件下灵敏度的估计值
S_{base}	基线条件下灵敏度的估计值
S_{cur}	当前条件下灵敏度的估计值
V_e	由误差引起的方差/误差方差
V_N	由汇总误差引起的方差/由误差和噪声引起的方差
y	输出响应值
β	灵敏度系数/线性斜率
ΔS	灵敏度增益
$\Delta \eta$	信噪比增益
η	信噪比
η_{opt}	最优条件下信噪比的估计值
η_{base}	基线条件下信噪比估计值
η_{cur}	当前条件下信噪比的估计值
ρ_0	标准化贡献率